YACHT CLUB OF PC LONDON

TWENTY FIVE YEARS

1982 – 2007

DWADZIEŚCIA PIĘĆ LAT

London 2007

© Yacht Klub Polski Londyn – 2007
ykp@london.com

Materiały zebrali i przygotowali do druku – Editors:
Jerzy Knabe   Sekretarz YKP Londyn
Maciej Gumplowicz   Komador YKP Londyn

Redakcja techniczna i opracowanie graficzne – Designer:
Marcin Piotrowski & Maciej Koczanowicz/Empestudio

Zdjęcia z archiwum autorów i redaktorów
Photos from authors' and editors' archives

Zdjęcie na tylnej okładce – Photo on the back cover:
Maciej Gumplowicz   Storm on the river La Plata

Korekta tekstów polskich: Proof reading English texts:
prof. Stefania Szczurkowska   **Frances Gumplowicz**

Druk – Printer:
EFEKT s.j.

Published by Yacht Klub Polski Londyn
Yacht Club of Poland London

ISBN 978-0-9555583-0-6

PRZEDMOWA

Ćwierćwiecze polskiego klubu żeglarskiego w Londynie stało się impulsem, aby zebrać wspomnienia i relacje od wielu osób i stworzyć możliwie pełny, ale nie napuszony zapis blasków i cieni jego działalności. Dziękujemy wszystkim, którzy dostarczyli swoje wypowiedzi i współpracowali w tym przedsięwzięciu. Może zbiór ten nie zanudzi czytelników pomimo ‚jubileuszowego' charakteru.

Klub nasz działa w Anglii, zatem zamieściliśmy zarówno teksty polskie jak i angielskie. Na ogół nie są one tłumaczone na drugi język. Jeżeli temat zaciekawi czytelnika polskiego – to promujemy w ten sposób znajomość angielskiego, który jest potrzebny nie tylko żeglarzom. A że trudno znaleźć wśród Anglików wielu znających polski? Niestety: nie ma sprawiedliwości na tym świecie – „Life is brutal i full of zasadzkas..."

Zarząd Główny Yacht Klubu Polski wydał już dwie książki; na 75 i 80-lecie istnienia YKP. Celowo przyjmujemy taki sam format naszego wydawnictwa aby mogło ono dołączyć na półce biblioteki do serii – która czeka na dalsze pozycje. Klubów YKP jest wiele a każdy ma swoją godną wspomnień i zapisu historię.

Jerzy Knabe
styczeń 2007

PREFACE

This is a story of a few sailing fanatics who, sacrificing their personal life and compromising professional careers, have been trying to prove that THE SAILING IS GOOD FOR YOU! Read on.

Maciej Gumplowicz
January 2007

*   *   *

ON AN ANCIENT WALL OF CHINA
WHERE A BROODING BUDDHA BLINKS
DEEPLY CARVED IS THE MESSAGE:
„IT IS LATER THAN YOU THINK"

THE CLOCK OF LIFE IS WOUND BUT ONCE
AND NO ONE HAS THE POWER
TO SAY JUST WHEN THE HANDS WILL STOP
AT LATE OR EARLY HOUR

NOW IS THE TIME YOU OWN
THE PAST BUT A GOLDEN LINK
GO CRUISING NOW MY BROTHER
IT IS LATER THAN YOU THINK...

Author unknown

JACHTING POLSKI
POZA KRAJEM

Przyjacielowi i żeglarzowi
z kolejnej okazji
spotkania

Josiek Oleszkiewicz

Szanowni Koledzy Jubilaci

Nam nie trzeba baśni o morzu
Ani przybrzeżnych ruin i baszt
Ni klechd o wielkim wodnym przestworzu
Nam potrzebny żagiel i maszt
(Władysław Buchner)

Wielu z nas, powiada, że żeglarstwo jest sposobem na życie. Tak, to nie tylko dziedzina sportu wodnego, to coś więcej – dlatego żagiel i maszt jest elementem wewnętrznej tęsknoty za spotkaniem z Neptunem na szerokich wodach, jest możliwością realizacji marzeń bez względu na wiek, wykorzystania wiatru do przenoszenia się do odległych romantycznych miejsc naszego globu.

YKP LONDYN jest jednym z trzech Klubów zagranicznych z 19 Klubów tworzących YACHT KLUB POLSKI. W swej historii przebywał w ciężkich sztormach i ciepłych, lekkich baksztagach. Obecnie skupia i tworzy wokół siebie klimat rozwoju dla wielu grup żeglarzy w Anglii i w Polsce, tworzy platformę wymiany żeglarzy różnych narodowości i ich szkolenia. Realizuje wiele ciekawych rejsów mając swój udział w rejsach dookoła świata i regatach atlantyckich, osiągając wysokie wyniki, nagradzane wieloma wyróżnieniami.

Na świata stron cztery
Na setki set lat
My polskie bandery
Wzniesiemy nad świat

Tak pisał w 1925 roku nasz pierwszy Komandor Generał Mariusz Zaruski – i stało się. Otrzymaliśmy w 1927 roku prawo używania bandery marynarki wojennej Rzeczpospolitej Polskiej z naszym godłem w lewym, górnym rogu białego pola. Banderę tę nosimy z dumą.

Dzisiaj obchodząc 25 lecie YKP LONDYN tworzymy jedną rodzinę, którą łączą silne więzy oparte na długiej i bogatej tradycji kulturowej, dobrej praktyce morskiej oraz dobrych obyczajach żeglugi śródlądowej.

Ciepłe wzajemne stosunki i nasz patriotyzm niech będą bazą dalszej współpracy przy rozsławianiu naszej bandery na świecie. Tak trzymać. Gratulując, życzę pomyślnych wiatrów i ściskam Wam serdecznie dłonie

Komandor ZG YKP
Jerzy Łyżwiński

ŻEGLARSTWO POLONIJNE

Zacznę od stwierdzenia, że żeglarstwo polonijne trudno precyzyjnie oddzielić od żeglarstwa polskiego. Ich historia jest w gruncie rzeczy wspólna z nieustannie przeplatającymi się ludźmi i wydarzeniami. Już samo zdefiniowanie żeglarza polonijnego jest bardzo trudne. Czy to taki co mieszka, pracuje i żegluje poza granicami Polski? Morski żeglarz polski z natury rzeczy też tam bardzo często żegluje! Mieszka i pracuje zagranicą – dobrze, ale jak długo? Jeden mieszkał ale już wrócił do Polski. Drugi właśnie wyjechał lub wypłynął z Polski i sam nie wie na jak długo. A co z jego paszportem, co z obywatelstwem? A co z banderą jachtu? Natychmiast znajdą się przypadki, które od każdej ustalonej definicji będą odstawać. Na dodatek upływ czasu powoduje, że wszystko się nieustannie zmienia. Nie darmo słynny uczony radziecki Pantariejew pierwszy powiedział, że „Wsio płyniot"...Niektórzy z czytelników z pewnością znają i pamiętają jeszcze ten szyderczy żart rodem z PRL-u.

Mówiąc poważnie, dzieje naszego narodu były takie, że pierwsi polscy żeglarze sportowi i „przyjemnościowi" albo „turystyczni" – czyli jachtsmeni, zaczynali działać i organizować się poza krajem, który jako państwo wtedy nie istniał. Zatem byli żeglarzami „polonijnymi". Mariusz Zaruski zaczynał w Odessie i Archangielsku, Antoni Aleksandrowicz i Ludwik Szwykowski w Sankt Petersburgu, Józef Tuliszkowski w Rydze, Józef Klejnot-Turski w Tallinie, Czesław Czarnowski w Nowgorodzie Wielkim nad jeziorem Ilmen a Stanisław Maria Saliński i Józef Jakóbkiewicz we Władywostoku... Mikołaj Osiński żeglował po Dnieprze. Po Adriatyku szkunerem „Litwa" pływał Ignacy Korwin Milewski – założyciel Jacht Klubu w Puli, a Tadeusz Ziółkowski pływał

Antoni Aleksandrowicz

Mariusz Zaruski

Jacht, na którym Mikołaj Osiński pływał na Dnieprze od 1899 roku

żaglowcami po oceanach i szkolił się pod banderą niemiecką. Stefan Szolc-Rogoziński zorganizował wyprawę do Afryki, z Havru do Fernando Po na jachcie „Łucja Małgorzata". Wielu z nich stało się potem czołowymi organizatorami żeglarstwa w Polsce, po odzyskaniu niepodległości. Odwrotnie – Hrabia Benedykt Tyszkiewicz wypłynął z Polski na „Dramajtis", a w końcu osiadł na Maderze – zatem stał się żeglarzem polonijnym...Powtarzam to wszystko za Włodzimierzem Głowackim i jego książką „Dzieje Żeglarstwa Polskiego". Dla żeglarzy są to sprawy naogół znane, bo nauczane na porządnych kursach żeglarskich. Wspominam to dla ludzi nie związanych z żeglarstwem gdyż może to być dla nich interesujące. Czyli to też są Dzieje Żeglarstwa Polonijnego...

„Łucja Małgorzata" – jacht polskiej oceanicznej wyprawy naukowej

Informacje zebrane poniżej dotyczą nowszej działalności żeglarzy polskich poza granicami kraju. Nie podam swojej definicji kierującej wyborem materiału. Jest on oczywiście subiektywny, arbitralny oraz ograniczony rozmiarem opracowania. Nieco więcej informacji znajduje się w równolegle sporządzonym chronologicznym zestawieniu wydarzeń, ale i to nie wyczerpuje tematu.

DZIEJE ŻEGLARSTWA POLSKIEGO Włodzimierz Głowacki

W okresie II Rzeczpospolitej, w dwudziestoleciu międzywojennym, polska emigracja do Stanów Zjednoczonych przeniosła tam działania powołanej w Polsce Ligi Morskiej – i Kolonialnej. Z koloniami nam jakoś, na szczęście, nie wyszło, ale Liga Morska w Ameryce do dzisiaj tam istnieje jako organizacja niezależna już od krajowej. Jej profil działania jest i był szerszy niż samo tylko żeglarstwo, ale już przed wojną, dzięki tej właśnie Lidze Morskiej sukces pierwszych wypraw transatlantyckich z Polski na jachtach „Dal" i „Poleszuk" został odpowiednio propagandowo podkreślony.

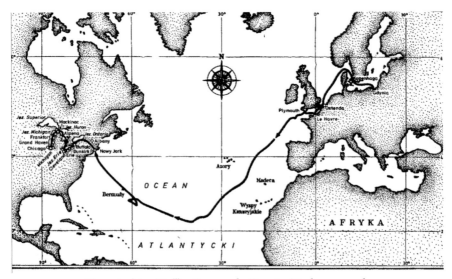

Trasa jachtu „Dal" z Europy do Stanów Zjednoczonych

Wielu polskich żeglarzy tego okresu stało się w wyniku dalszego ciągu wydarzeń żeglarzami „polonijnymi" – ponieważ znaleźli się zagranicą... Z najbardziej znanych można by tu wymienić weteranów tej pierwszej przedwojennej wyprawy do Chicago – Andrzeja Bohomolca (zamieszkał w Kanadzie) i Jerzego Świechowskiego (miał w Południowej Afryce willę, którą nazwał DAL). Władysław Wagner mieszkał na Wyspach Karaibskich i na Florydzie, Erwin Weber pozostał w Nowej Zelandii.

Władysław Wagner w swoim domu w Winter Park, Floryda, 1992

Przy okazji chcę podkreślić, że to właśnie Weber, jako żeglarz według mojej oceny polonijny, został pierwszym polskim oceanicznym samotnym żeglarzem już w roku 1936, kiedy to pływał po Pacyfiku jachtem „Farys". Dwaj następni nasi samotnicy to też żeglarze polonijni: Krzysztof Grabowski na jachcie „Tethys" jako pierwszy Polak przepłynął Atlantyk w roku 1959, a Stanley Jabłoński powtórzył taki rejs na kupionym w Polsce jachcie „Amethyst" w roku 1963. Leonid Teliga, a o nim chyba wszyscy mieli okazję posłyszeć, był dopiero czwartym oceanicznym samotnikiem – ale pierwszym, co przepłynął dookoła świata. Tu odbiegliśmy trochę od tematu, ponieważ ten rejs zaliczam do historii żeglarstwa polskiego – nie polonijnego.

Wydarzenia dotyczące żeglarstwa polskiego poza Polską, w okresie PRLu, zasłaniała polityczna mgła przemilczeń. Każdy mieszkający lub pozostający zagranicą, czy to żeglarz czy nie, stawał się z założenia przeciwnikiem ustroju krajowego. Postać jego nie zasługiwała na wspomnienie, ba – nawet mogła niepotrzebnie zachęcić naśladowców...Odwrotną stroną medalu wynikającą z „zimnej wojny" było, że żeglarze przybywający z Polski też często napotykali na trudności ponieważ, także z założenia, byli postrzegani jako „komuniści" i potencjalni agenci PRL. Na szczęście w samym środowisku żeglarskim takie uprzedzenia nie trwały zwykle długo. Wspólnota tradycji żeglarskich i zainteresowań, które trudno barwić na polityczne kolory, pomagała wznieść się ponad ponad podziały i rodziła więź jednoczącą wszystkich Polaków żeglarzy, niezależnie od miejsca pochodzenia czy zamieszkania.

Z upływem czasu coraz więcej żeglarzy, w najróżniejszych okolicznościach, różnymi drogami i z różnych indywidualnych powodów, wynosiło się z „najweselszego baraku w obozie socjalistycznym" zagranicę. Osiadali na całym świecie. Jednym z nich był Andrzej Urbańczyk,

 który w latach siedemdziesiątych ubiegłego stulecia rozpoczął, ze swojej nowej życiowej bazy nad Pacyfikiem, serię samotnych żeglarskich wyczynów. Ze wspomnianych wyżej powodów jego rejsy zyskały mu więcej sławy i uznania na arenie międzynarodowej niż w Polsce. Nawet do dzisiaj nie wszyscy zdają sobie sprawę, że to właśnie ten polonijny żeglarz był już w połowie lat 90-tych notowany w Księdze Rekordów Guinessa za ponad 75000 mil morskich i ponad 750 dni samotnej żeglugi. To było ponad 10 lat temu, a Urbańczyk dalej żegluje jak mu się podoba – a najbardziej odpowiadają mu tratwy z żaglem, w czym nie ma konkurentów na świecie.

Oprócz „indywidualistów" i samotników, wśród żeglarzy znajdujących się zagranicą, było wielu, którym potrzebna była więź socjalna i atmosfera towarzyskiej współpracy na bazie klubu żeglarskiego. Pierwszym takim polonijnym klubem żeglarskim stał się Joseph Conrad Yacht Club w Chicago. Powstał w 1969 roku z pomocą i błogosławieństwem wspominanej już Ligi Morskiej w Ameryce. Wśród założycieli widzimy nazwiska Henryka Lubera, Izydora Ryzaka, Ireneusza Gieblewicza... Powrót do Polski historycznego już jachtu „Dal", który po usunięciu z Muzeum Techniki w Chicago, został w 1980 roku przekazany do Muzeum Morskiego w Gdańsku, był wynikiem wieloletnich starań Ireneusza Gieblewicza i środowiska żeglarskiego Joseph Conrad Yacht Club. Przy tej okazji szersza opinia publiczna w Polsce dowiedziała się mimochodem o istnieniu takiego zjawiska jak żeglarska Polonia...

Później grupa znajomych z pod żagli w Polsce, która odszukała się w Londynie, postanowiła założyć swój klub. W 1982 roku na zebraniu zwołanym w angielskim pubie powstał Polski Yacht Club London, z inicjatywy Macieja Gumplowicza, Gabrieli Teligi i mojej. Niektórzy wtedy byli przeświadczeni, że uczestniczą w tworzeniu pierwszego żeglarskiego klubu polonijnego na świecie... Faktycznie był on drugim – po Chicago. Potem doszły słuchy, że nawet na terenie samego Londynu było to już drugie podejście do tematu. Pierwsze, w gronie emigracji wojennej, nie wytrzymało próby czasu. Ale o tym brakuje danych i jeżeli żyje ktoś, kto wie więcej, niechaj pośpiesza naszą wspólną historię uzupełniać.

Wielu żeglarzy na obczyźnie nie znalazło bratniej duszy w swojej okolicy, inni – wiem o takich również w Anglii – często ci posiadający już własne jachty – zupełnie celowo unikali wiązania się z kimś drugim. O ile o istnieniu gdzieś klubu dowiedzieć się teraz stosunkowo łatwo to pojedyńczy żeglarze, nie dbający o rozgłos i towarzystwo, nadal pozostają nieznani a ich odkrycie to czysty przypadek. Ale są oni wszędzie i napewno to nie jest to fikcja bo wzmianki o spotkaniach z nimi gdzieś w dalekim świecie stale wychodzą na jaw w reportażach z dalekich rejsów...

Wzajemne kontakty między klubami polonijnymi zdecydowanie rozwinęły się poczynając od jesieni roku 1989, kiedy to, widząc rozwój sytuacji politycznej w Polsce, kluby z Chicago i Londynu, zaczęły wszelkimi metodami rozgłaszać po całym świecie wezwanie do spotkania się w Polsce w roku 1991. Miał to być symboliczny powrót żeglarzy, rybaków i marynarzy powracających do wolnego kraju, tak jak go z własnej woli albo zmuszeni dziejową koniecznością opuścili – czyli na pokładach jednostek pływających. Ten Zlot nazwany „World Polonia Sailing Jamboree '91", z udziałem 23-ch jachtów przybyłych i z Europy i z za Oceanu, był wielkim sukcesem i wzruszającym wydarzeniem.

I Zlot. Gdynia 1991

Otworzył się nowy rozdział historii naszego żeglarstwa, zarówno polskiego jak i polonijnego, ponieważ działalność jednego i drugiego zaczęła coraz bardziej wzajemnie się przenikać. Jeszcze dwa zloty odbyły się, z rozpędu i entuzjazmu, w roku 1997 na 1000-lecie Gdańska i w roku 2000 – ale ze zmiejszającą się frekwencją, ponieważ formuła symbolicznego i zbiorowego powracania „Polonusów" do wolnej ojczyzny przestała mieć większy sens wkrótce po zakończeniu tego pierwszego, rzeczywiście historycznego spotkania. Obecnie każdy przyjeżdża czy przypływa wtedy kiedy mu wygodnie.

Uczestnicy Jamboree'97 w Gdańsku

Polish Sailing Club of Vancouver

Przez całą dekadę lat dziewięćdziesiątych ubiegłego wieku powstają zagranicą, głównie w Ameryce Północnej, nowe kluby i organizacje: W 1990 klub w Nowym Yorku, w 1992 Polish Sailing Center w Chicago, w 1993 roku klub na Florydzie, w 1994 Klub Spinaker w Kanadzie w Baltimore, w 1995 Klub w Vancouver oraz tak zwana ,Żeglarska Republika Karaibska' założona przez Sailing Center w Chicago. W 1996 roku powstał Klub Zawisza Czarny w Hamilton, Kanada, w 1997 Biały Żagiel w Toronto.

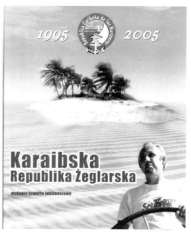

Karaibska
Republika Żeglarska

W roku 1999 dalszym przejawem rosnącej integracji polskich żeglarzy na całym świecie było przystąpienie Polskiego Yacht Clubu w Londynie do, istniejącej właściwie nieprzerwanie od 1924 roku, prestiżowej i zawsze pielęgnującej stare dobre tradycje, organizacji Yacht Klub Polski. YKP i jego przywilej no-

szenia bandery Polskiej Marynarki Wojennej zarejestrowany był już przed wojną na arenie międzynarodowej społecznosci żeglarskiej, czyli w brytyjskim Lloyd's Register od Yachts, pod nazwą Yacht Club of Poland. Na progu nowego Millenium, w roku 2000 powstał drugi już zagraniczny Yacht Klub Polski – w San Francisco.

Na mniej triumfalną nutę trzeba przypomnieć starą prawdę, że wśród Polaków dość często występuje nadmierny indywidualizm i pomimo, że żeglarstwo jest naogół znane jako dobra szkoła wspólnego działania, środowisko to nie jest całkowicie pozbawione osobników nie nadających się do pracy w zespole. Pół biedy, jeżeli oni z tego zdają sobie sprawę i w zespoły nie wchodzą. Małostkowość, podejrzliwość, agresywność, wygórowane ambicje osobiste czy też zazdrość powodują niestety konflikty w wyniku których istnienia klubów stają się zagrożone. Nie jest to zjawisko wyłącznie żeglarskie i myślę, że każdy zna je z własnego doświadczenia. Przysłowiowa pod tym względem wydaje się anegdota o piekle i braku pilnujących diabłów przy tym kotle gdzie gotują się Polacy. Jeżeli jednemu się uda i zacznie z niego wyłazić – to bez zbędnej interwencji obsługi pozostali sami go za nogi z powrotem do kotła wciągną... Wiemy przecież, że „nic tak nie szkodzi jak sukces", a „jak nie wiadomo o co chodzi – to chodzi o pieniądze".

Na takie to sposoby, nie wchodząc zbytnio w szczegóły, trzeba więc interpretować informację, że spośród wymienionych już powyżej – obecnie przestały istnieć kluby polonijne na Florydzie i w Baltimore a nasz klub londyński też przeżył kiedyś swoją śmierć kliniczną. Na szczęście został szybko reanimowany – chociaż wynikiem tego epizodu niestety stracił swoją siedzibę klubową w Ognisku Polskim. W komfortowej sytuacji znajduje się tylko Karaibska Republika Żeglarska, której twórca Andrzej Piotrowski od samego początku zapisał w Konstytucji, że jest dożywotnim Prezydentem Republiki i żadnych wyborów nie będzie...

Kapitan A.Piotrowski na sy „Gemini" w Gdyni

Nie mogę się tu powstrzymać przed zacytowaniem wypowiedzi pewnego polskiego konsula, który napisał co następuje:

„Polacy różnią się od Żydów dwiema cechami. Jeśli ktoś zaatakuje Icka, to Mosiek, Dawid i Szlomo stają za nim murem, nawet jeśli uważają go za „szmondaka". Jeśli ktoś zaatakuje Franka, to Józek i Zośka śmieją się, że Franio dostał po ryju. Po drugie: jeśli Żydzi organizują bankiet na cele społeczne, to najtańsze miejsce kosztuje 500 dolarów i sala jest pełna. Jeśli na polskim bankiecie na podobne cele miejsce kosztuje 50 dolarów, to cała Polonia aż huczy od plotek: „Kto na tym zarobił?".

Pomimo tych negatywów żeglarstwo polonijne ma wiele osiągnięć i rozwija się wielokierunkowo. Wystarczy uważnie obserwować coroczne nagrody, jak na przykład „Rejs Roku" przyznawany w Gdańsku. Polonijni żeglarze są tam obecnie często wyróżniani na równi z polskimi.

W roku 1999 powstało Stowarzyszenie Polskich Klubów Żeglarskich w Ameryce Północnej PYANA (Polish Yachting Association of North America) i uruchomiło swój organ prasowy „Nasze Żagle", a komandorem wybrano Izydora Ryzaka.

Wiadomo o Polakach zamieszkałych i uprawiających żeglarstwo we Francji, w Niemczech, Danii, Szwecji, Finlandii, na Wyspach Kanaryjskich i wyspach Oceanii na Pacyfiku a nawet w Malezji, gdzie od 1997 roku stacjonuje sy „Jędrek" Marka i Mimi Juszczaków. Na Malcie, po sześcioletniej podróży dookoła świata, bazuje „Bona Terra" Mieczysława Kurpisza. Jacek Rajch mieszka i żegluje po całym świecie na swoim „Osprey'u" od roku 1991 – niejako przejąwszy pałeczkę od Ludomira Mączki, który w tym to właśnie roku, wtedy już jako Polak z Kanady, powrócił do Polski na pokładzie sy „Maria" po 18-tu latach światowej włóczęgi. Podobnie, na pograniczu

Kpt. mgr. Ludomir Mączka 1928 - 2006

polskiego i polonijnego żeglarstwa – trudno precyzyjnie zakwalifikować – od 1979 roku, czyli przez 27 lat, przemierza morza i oceany „Czarny Diament" Jerzego Radomskiego. Stanisław Wiśniewski popłynął na Pacyfik w roku 1980 i tam pozostał kupując sobie wyspę na Tuamotu, a później następną na Bora-Bora. Podobnych włóczęgów dalekomorskich jest więcej...znanych i nieznanych.

sy SOLIDARITY

W dziedzinie turystyczno – podróżniczej nie ma już prawie akwenów na świecie gdzie polonijnych rejsów nie było. Aleuty, Andamany, Arktyka i Antarktyda, Bora-Bora, Tahiti, Haiti i Hawaje...Było ich wiele ale nie dam rady ich wszystkich wymienić. Nie mam tyle miejsca, a i tak napewno by się okazało, że któryś rejs lub któregoś żeglarza z braku informacji opuściłem. Ale wspominać trzeba: Ryszarda Rewuckiego (sy „Free Poland"), Leszka Sysaka (sy „Monotonie"), Jarka Hruzewicza (sy „Sweet Weather"), Andrzeja Kopczyńskiego (sy „Jolanta"), Andrzeja Plewika (sy „Panika"), Jacka i Basię Redłowskich (sy „Gdańsk"), Kazimierza i Ewę Biłyk (sy „High Life"), Jerzego Kuśmidra (sy „Varsovia"), Jędrka Prusaka (sy „Serenada"), Janusza Cichalewskiego... Ich relacje z dalekich rejsów po morzach i oceanach pojawiają się dość regularnie już od ładnych kilku lat. Polonijnych żeglarzy przyjmowało już Morze Czarne, Białe, Czerwone, a nawet Żółte. Członkowie klubu londyńskiego przez kilka lat pływali po morzach i oceanach na jachcie „Centuś" – niestety stojąc na lądzie został on z premedytacją zniszczony przez czołg w Marinie Dubrownik podczas jugosłowiańskiej wojny domowej. Nieco więcej informacji o tych wszystkich rejsach znajduje się we wspomnianym chronologicznym zestawieniu ale też nie jest to zestawienie wyczerpujące. Nie zawsze polska bandera była na flagsztoku na rufie, ale zawsze z polską flagą pod salingiem albo białym orłem na sztagu, albo spinakerze.

Są to przeważnie rejsy organizowane własnym kosztem i na własnych jachtach. W tej dziedzinie żeglarstwo polonijne ma przewagę nad krajowym nie tylko z oczywistych przyczyn finansowych, ale również z powodu, że nie dosięga go sztywny gorset restrykcyjnych przepisów nadal egzekwowanych w Polsce przez Polski Związek Żeglarski i Urzędy Morskie.

Ostatnio pojawiają się przedsięwzięcia podejmowane wspólnie – co pogłębia integrację i coraz bardziej utrudnia kwalifikację na polskie czy też polonijne. Tu trzeba wspomnieć „Żeglarski Tydzień Polonii" organizowany przez Jurka Kołakowskiego z USA na jeziorach mazurskich co roku od 2001 i bankiety „Republica Caribeña de los Marineros" w Kołobrzegu. Rejsy żeglarzy polonijnych na Antarktydę na „Zjawie IV" w roku 2004 i we fiordy norweskie

W przebraniu organizatorzy: Jerzy Kołakowski i Mieczysław Konarzewski.

na statku żaglowym „Fryderyk Chopin" w roku 2005. Nie zapominając o Polsko – Polonijnej Konferencji Żeglarskiej w Dąbrowie Górniczej w roku 2005 mającej na celu zorganizowanie wspólnego działania nad zalewem Kuźnica Warężyńska czyli Pogoria IV.

Były też godne upamiętnienia wydarzenia o szerszym od czysto żeglarskiego wymiarze jak na przykład 60-lecie obrony miasta Cowes przez ORP „Błyskawica", z udziałem polskich i polonijnych żeglarzy w roku 2002. Jak wspomaganą organizacyjnie przez YKP Londyn wyprawę polskich harcerzy w W. Brytanii „Do źródła", czyli do Polski, na pokładzie ORP „Iskra" w roku 2003. Jednak najważniejszym wydaje się „Memoriał Sikorskiego" w roku 1993 w Gibraltarze. Była to zainicjowana i zorganizowana przez żeglarzy, czyli konkretnie Polski Yacht Club London, uroczystość 50-lecia tragicznej i nadal do końca nie wyjaśnionej śmierci polskiego Premiera i Naczelnego Wodza z czasów II Wojny Światowej. W „Sikorski Memorial Rally" wzięły udział załogi polonijnych jachtów, ORP „Gryf" oraz liczni przedstawiciele innych organizacji.

Miejsce katastrofy samolotu Liberator gdzie zginął Gen.Sikorski w dniu 4 lipca 1943

Asia przed startem
Transat 2000

Fot. J.Knabe

Wśród Polonii żeglarskiej w dziedzinie regatowej ze znaczącymi sukcesami działają bracia bliźniacy Waldek i Krzysztof Zalescy. Zaczynali w rodzinnym Olsztynie, teraz mieszkają w Stanach i prowadzą firmę żaglomistrzowską Sail Spar. Już od conajmniej dziesięciu lat, jako Polish Sailing Team, zbierają laury na jachcie „Twins" w regatach klasy J24. Czterokrotny mistrz Polski w klasie Finn, słynny Andy Zawieja mieszkający teraz w Miami, jest trenerem ekip Hiszpanii, USA, Niemiec, Finlandii... W regatach Mackinac na jeziorze Michigan, począwszy od pierwszego występu „Solidarity" w roku 1988, polonijne jachty uczestniczą teraz regularnie. W roku 2003 jacht „Błyskawica" zwyciężył zdobywając pierwsze miejsce. Prestiżowe regaty Antigua Sailing Week, Heineken Regatta, International Rolex Regatta na Karaibach, cała gama regat na Azorach w roku 2005 – to wszytko miejsca gdzie, dzięki wytrwałym działaniom Andrzeja Piotrowskiego z Chicago, jacht „Gemini" nawiązuje równorzędną walkę ze światową czołówką regatową. Asia Pajkowska pod banderą YKP Londyn startowała w roku 2000 na jachcie „Ntombifuti" w samotnych regatach przez Atlantyk. Był to udany powrót polskiej bandery na regaty TRANSAT po dwudziestoletniej nieobecności.

Bal Pirata w Nowym Jorku

Obfity jest program wydarzeń kulturalnych i spotkań pod żaglami połączonych z regatami towarzyskimi jak, na przykład, „O Puchar

Konsula Generalnego" lub „O Złoty Guzik Komandora".... Tradycyjne już „Polonia Rendezvous" odbywają się regularnie co roku na wschodnim wybrzeżu Ameryki Północnej, począwszy od roku 1994. Organizowane są bale sylwestrowe, karnawałowe, koncerty szantowe na które przyjeżdżają zespoły z Polski, a polski zespół „Młynn" z Chicago występował w 2001 roku na Festiwalu w Krakowie.

Yacht Klub Polski w Londynie ma też swój udział w tej dziedzinie. Królewska Poczta wydała nam dwa znaczki okolicznościowe na 20-lecie. Na nasze zaproszenie występowali w W.Brytanii liczni polscy artyści: Piwnica pod Baranami, Kalina Jędrusik, Jacek Kaczmarski, Bogdan Łazuka, Andrzej Rosiewicz, Teatr Jednego Aktora w wykonaniu najpierw Kazimierza Borowca i następnym razem Andrzeja Grabowskiego. Pionierski polski zespół szantowy ‚Stare Dzwony' zaproszony do Anglii w roku 1986, dał się po raz pierwszy poznać na międzynarodowym festiwalu w Li-

„Proszę Państwa ! Proszę Państwa ! ...
... Po ogromnych sukcesach w Paryżu, Rzymie i Wiedniu — po raz pierwszy w Londynie, ten stary wiekiem — ma już 30 lat — a duszą wiecznie młody 26 osobowy kabaret, który zapewni nam niezapomniany wieczór pełen piosenek, poezji i satyry. Satyry oparte oczywiście na doświadczeniach naszego Kraju. Gościem kabaretu bywał za swoich krakowskich czasów niejaki Karol Wojtyła ...

Witamy ich, a Państwa serdecznie zapraszamy !"

Polski Yacht Club London

PIWNICA POD BARANAMI

Udział biorą: Marek GRECHUTA
Zygmunt KONIECZNY
Piotr SKRZYNECKI
Andrzej WARCHOŁ
Halina WYRODEK
i inni

HAMMERSMITH TOWN HALL, KING STREET, LONDON W6

Poniedziałek, 26 maja 1986 — godz. 20.00
Wtorek, 27 maja 1986 — godz. 20.00

Przedsprzedaż biletów w cenie £5.00 i £6.00 w Polskim Yacht Clubie 5 Princes Gate, Exhibition Road, London SW7. Tel. 01-581 1072 codziennie od godz. 18.00 — 21.00.

W dniu występu: w kasie Town Hall'u na godzinę, przed rozpoczęciem programu.

SALA KLUBU „ORZEŁ BIAŁY" 211 Balham High Road, London SW17. Środa, 28 maja 1986 — godz. 20.00.

Rezerwacja biletów w cenie £4.50 i £3.50 tel. 672 8447.

Występ "Starych Dzwonów" w Ognisku Polskim

verpool i w ten sposób zapoczątkował bardzo ścisłą współpracę międzynarodowego ruchu szantowego. Efekt jest taki, że światową stolicą pieśni żeglarskich jest – Kraków.

Prawie każdy klub publikuje swój druko-

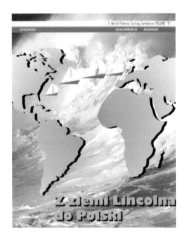

wany biuletyn. Najtrwalszy z nich to „Żeglarz" z Nowego Yorku, który ukazuje się nieprzerwanie i regularnie co miesiąc od roku 1993-go a od roku 2000-nego wydawany jest dodatkowo w postaci multimedialnej na krążkach CD. Wspominałem już poprzednio o „Naszych Żaglach" jako o wydawnictwie Związku Żeglarskiego PYANA. Inne tytuły to „Bryza" z Montrealu, „Głos z kubryku" z Chicago, „Kilwater" z Zawiszy Czarnego, „Na szerokich wodach" z Vancouver... Wydawnictwa okolicznościowe jak „Polskie Żagle w Chicago" czy „Z Ziemi Lincolna do Polski" to poszukiwane już „białe kruki". Obecnie, zgodnie z duchem czasu, rolę biuletynów drukowanych przejmują w dużej mierze witryny internetowe.

I tu chcę zaapelować i ostrzec tych, którzy uważają za wystarczające, że wiadomości znajdą się w internecie, mając nadzieję, że są one trwałym zapisem. Niestety, jak uczą stosunkowo krótkie jeszcze doświadczenia z działalności sieci, one trwałe mogą nie być i warto pamiętać też o innych zapisach. Papier okazuje się nadal nie do pobicia.

Notatki ze współczesności nie są jeszcze historią, na którą trzeba zwykle poczekać. Ale wydarzeń jest wiele a pamięć ludzka jest zawodna. Bez zapisów historia powstawać nie może. Dla dobra całego polskiego żeglarstwa i podtrzymania podupadającej niestety obecnie kultury morskiej naszego społeczeństwa serdecznie zachęcam wszystkich do pozostawiania pisemnych, papierowych śladów wydarzeń w których uczestniczą. Również apeluję o archiwizowanie istotnych dokumentów i przemyślanej selekcji przed przeznaczaniem ich na makulaturę. Raz stracone są zazwyczaj nie do odtworzenia.

Podam na to przykład z bardzo nam bliskiego rejonu. Otóż istnieją dane pochodzące z miejscowej gazety o Polaku z Southampton, panu Stefanie Szwarnowskim, który mając lat 76 samotnie i dwukrotnie na jachcie „TAWNY PIPIT" przepłynął Atlantyk. Z Southampton do New Jersey i rok później z powrotem do Kornwalii. Było to w latach 1988/89. Nie tak to bardzo dawno, jednak nikt już nic więcej o tym nie wie ani nie pamięta. Tak właśnie uchodzi w cień historia żeglarstwa polonijnego.Wszelkie poszukiwania rodziny, znajomych czy też niego samego spełzły na niczym.

Niestrudzony Krzysztof Sierant przyjmuje gratulacje z okazji 100-go nru 'Żeglarza'

W tym miejscu muszę wyrazić szczere uznanie i publiczne podziękowanie redaktorowi i wydawcy nowojorskiego „Żeglarza" Krzysztofowi Sierantowi, ponieważ to właśnie jego inicjatywa, mrówcza praca i praktycznie jednoosobowa publikacja była dla mnie kopalnią wiadomości.

Zestawione chronologicznie wydarzenia stanowią istotne uzupełnienie tej „polonijnej" historii. Historii, w której pominięto polskie
wydarzenia żeglarskie o charakterze niewątpliwie krajowym mimo,
że jest ich bardzo wiele, zarówo ciekawych jak istotnych. Na szczęście
te wydarzenia są zazwyczaj staranniej dokumentowane i łatwiej dostępne w kraju.

Jerzy Knabe
styczeń 2007

ARTUR ŻEBROWSKI – SAMOTNY ŻEGLARZ

W powyższej historii żeglarstwa polonijnego, wśród znaczących rejsów, przeoczony został Artur Żebrowski, wywodzący się z Polish Sailing Center w Chicago. Przypłynął on samotnie na Drugi Zlot Polonii Żeglarskiej w roku 1997, z Chicago do Kołobrzegu. na jachcie „Albatross" nie posiadającym silnika. W drogę powrotną do Stanów Zjednoczonych wyruszył też samotnie, tym samym jachtem. Za te wyczyny otrzymał statuetkę Conrada i dwukrotnie nagrody „Rejs Roku". Z przyjemnością zamieszczamy też jego zdjęcie, które wpadło nam w ręce tuż przed oddaniem książki do druku.

Jerzy Knabe
Luty 2007

CHRONOLOGIA WYDARZEŃ
Z POWOJENNEJ HISTORII
POLONII ŻEGLARSKIEJ

1959

Pierwsze polskie samotne przepłynięcie jachtem Atlantyku. Krzysztof Grabowski, lotnik polski w Wielkiej Brytanii z czasu wojny, na jachcie „Tethys", na trasie Tanger – Gibraltar – Nowy York.

1963

Stanley Jabłoński z USA przepływa samotnie Atlantyk na zakupionym w Polsce jachcie „Amethyst", na trasie Gdańsk – Norfolk,

1969

Powstaje „Joseph Conrad Yacht Club" w Chicago, początkowo jako oddział Ligi Morskiej w Ameryce.

1972

Zaginięcie na Atlantyku Wojciecha Białego w samotnym rejsie szalupą „Rozumek" w drodze z Kapsztadu do Rio de Janeiro. Biały pływał na niej po Morzu Śródziemnym i Atlantyku z wieloma przygodami od wyruszenia z Polski już w roku 1967. Mieszkał 3 lata w Kapsztadzie, przez co można zaliczyć go do żeglarzy polonijnych.

1975

Samotny rejs przez Atlantyk Jacka Pałkiewicza z Włoch ożaglowaną szalupą „Paty", 5,5m LOA, na trasie Dakar – Georgetown, Gujana Brytyjska, wyróżniony w nagrodach Rejs Roku 1975.

1978

Notowany w Księdze Guinnessa 49 dniowy rekord samotnej żeglugi na trasie Yokohama-San Francisco na jachcie „Nord III" przez Andrzeja Urbańczyka. III Nagroda Rejs Roku 1978. Była to ostatnia część samotnego rejsu na tym jachcie (1977-78) na trasie Los Angeles – San Francisco – Hawaje – Japonia – San Francisco.

1980

Kilkuletnie starania Ireneusza Gieblewicza z JCYC doprowadziły do wyremontowania i powrotu z Chicago do Polski jachtu „Dal", wsławionego wyprawą transatlantycką przed II Wojną Światową.

1982

Powstaje Polski Yacht Club London (PYCL). Samotny rejs A. Urbańczyka na sy „Nord IV" San Francisco – Hawaje i z powrotem. III Nagroda Rejs Roku 1982.

1984

PYCL zakłada siedzibę w Ognisku Polskim w Londynie. (Do roku 1991). A. Urbańczyk kończy samotny rejs na sy „Nord IV" dookoła świata. Podczas trwania rejsu opublikował pięć numerów magazynu „Nord". I Nagroda Rejs Roku 1984.

1985

Tomasz Miszewski z W. Brytanii buduje jacht „Solidarność". PYC London bierze udział w „Sail Amsterdam 1985" jachtem „Banjo Billy".

1986

Andrzej Piotrowski nazywa swój jacht f-my Dehler „Solidarity". PYC London zaprasza do W. Brytanii zespół „Stare Dzwony", który bardzo udanym występem na Festiwalu w Liverpoolu rozpoczyna szerokie międzynarodowe kontakty polskiego ruchu szantowego. PYC Londyn zaprasza na występy w Londynie krakowski kabaret „Piwnica pod Baranami".

1987

Tomasz Miszewski przepływa samotnie przez Atlantyk na trasie Kanary – Barbados jachtem „Solidarność" zbudowanym przed dwoma laty.

1988

Pierwszy start pod polską banderą w Mackinac Race, jez. Michigan (sy „Solidarity"). Janusz Kurbiel z Francji (sy „Vagabond"): pierwsze światowe pokonanie arktycznego Przejścia Północno Zachodniego, z zachodu na wschód. PYC London uruchamia swój oddział – filię w Niemczech w Bremen pod kierownictwem Ryszarda Lutosławskiego.

1989

Uroczyste 20-lecie JCYC w Chicago. Wydanie albumu „Polskie Żagle w Chicago". Stefan Szwarnowski z Southampton odnotowany w rekordach jako najstarszy (urodzony w 1912 r.) samotny żeglarz, który przepłynął Atlantyk. Rejs na jachcie „Tawny Pipit" z Southampton do New Jersey (1988r. – 84 dni) i z powrotem do Kornwalii (1989r -72 dni).

1990

Na wniosek aktualnego Zarządu rozwiązanie PYCL w Londynie uchwałą Walnego Zgromadzenia - i natychmiastowe przywrócenie go do istnienia przez pierwotnych założycieli (Maciej Gumplowicz, Jerzy Knabe, Gabriela Teliga). Zapisy członków od nowa. Samotny rejs 9500Mm Andrzeja Urbańczyka na sy „Nord V" „Szlakiem Słowian na Płn.Pacyfiku". Powstaje „Polski Klub Żeglarski w Nowym Jorku" (PKŻ NY – PSC NY). Start w regatach Newport-Bermudy (Krzysztof Kamiński – sy „Gryf II"). Jest to pierwsza polska i polonijna załoga biorąca udział w tych regatach.

1991

PYCL traci swoją siedzibę w Ognisku Polskim, która zmienia przeznaczenie na salon kosmetyczny. Pierwszy światowy zlot Polonii Żeglarskiej w Polsce - „World Polonia Sailing Jamboree 1991" zaproponowany i zorganizowany przez kluby z Chicago i Londynu. Powrót do Polski kpt.Ludomira Mączki z 18-letniego rejsu na sy „Maria". Kpt. Jacek Rajch rozpoczyna pływanie na sy „Osprey". Nawiązanie osobistych kontaktów z Władysławem Wagnerem przez JCYC z Chicago. W marinie w Dubrowniku w wyniku działań wojennych zostaje zniszczony jacht „Centuś", który od 1983 roku pływał po Atlantyku i Morzu Śródziemnym z załogami londyńskiego klubu. Sy „Gryf II" ponownie startuje w regatach Newport-Bermudy.

1992

W Chicago powstaje „Mesa Kpt. Piotrowskiego" czyli „Polish Sailing Center" (PSC). I Nagroda Rejs Roku 1991 – Janusz Kurbiel z Francji – za rejsy arktyczne na sy „Vagabond". Specjalne wyróżnienie Rejs Roku 1991 dla inicjatorów i organizatorów „World Polonia Sailing Jamboree 1991" Andrzeja Piotrowskiego – Chicago i Jerzego Knabe – Londyn. Uroczystość 10-lecia PYCL w Ramsgate z udziałem zagranicznych gości i sekretarza generalnego Royal Yachting Association. Samotny rejs non-stop po Pacyfiku A.Urbańczyka na sy „Nord V". Była to druga i ostatnia próba rejsu dookoła świata w czasie poniżej 100 dni. (Pierwsza – w roku 1989). III Nagroda Rejs Roku 1992. Samotny rejs Aleksandra Kociałkowskiego jachtem „Episode" z Nowego Jorku do Marsylii nagrodzony II Nagrodą Rejs Roku 1992. Nie dopłynął do Polski z obawy o brak formalnych polskich uprawnień – był sternikiem jachtowym.

1993

Powstaje „Florida Polish Yacht Club". PSC zaprasza do Chicago zespół szantowy „Ryczące Dwudziestki". PYCL organizuje żeglarski zlot – „Sikorski Memorial Rally" w Gibraltarze w 50-lecie słynnej katastrofy lotniczej. Florida Polish Yacht Club ustanawia nagrodę Rejs Roku dla członków swojego klubu. W czerwcu wychodzi pierwszy numer Biuletynu PKŻ NY „Żeglarz" (red.Krzysztof Sierant, New York). Druga nagroda Rejs Roku 1993 dla PSC Chicago – kpt.Andrzej Piotrowski za propagowanie żeglarstwa wśród Polonii. Trzecia nagroda Rejs Roku 1993 – kpt. Jacek Rajch, rejs Karaiby – Koper (Slovenia). A.Urbańczyk w rejsie na sy „Nord V" po Pacyfiku dolicza się 75 tysięcy mil przepłyniętych w samotnej żegludze.

1994

Miesięcznik „Żeglarz" z N.Yorku ogłasza I Konkurs Literacki. Pierwsze spotkanie żeglarzy z wschodniego wybrzeża Ameryki Płn. pod nazwą Polonia Rendezvous. Uroczystość 25-lecia JCYC w Chicago. Powstaje „Amerykańsko Polskie Towarzystwo Żeglarskie Spinaker" w Baltimore. PKŻ NY ustanawia nagrodę „Polonijny Rejs Roku". Sukces propagandowy wizyty „Pogorii" i „Zawiszy Czarnego" w Chicago na zaproszenie PSC Chicago. PSC rozpoczyna produkcję żeglarskich programów „Z wiatrem" w polskiej telewizji „Polvision" w Chicago. Honorowy Członek PYC London Andrzej Urbańczyk otrzymuje doktorat za pracę pt. „Samotny Jachting Oceaniczny 1876-1993". III Nagroda Rejs Roku 1994 dla Krzysztofa Czerwionki, który na jachcie „Aurora" samotnie wyruszył z Chesapeake Bay w Stanach i dotarł do Gdyni w środku zimy z odmrożonymi nogami...

1995

W JCYC debiutuje klubowy zespół muzyczny i szantowy „Młynn". Wyróżnienie Honorowe JCYC nagrodą im.L.Teligi miesięcznika „Żagle". PSC (Mesa kpt. Piotrowskiego) zakłada „Żeglarską Republikę Karaibską". Po spotkaniach w poprzedzajacych latach powstaje „Polski Klub Żeglarski w Vancouver" (PSCV). III Nagroda Rejs Roku 1995 dla Tadeusza Jakubowskiego z Vancouver za rejs dookoła świata z Gdańska do Gdańska w latach 1992-1995 na jachcie „White Eagle". Nagroda Polonijny Rejs Roku dla Krzysztofa Sieranta za rejs dookoła Long Island na katamaranie plażowym Hobie-Cat „Yellow Flying Submarine". Nagroda PZŻ dla PSC Chicago za popularyzację żeglarstwa wśród Polonii.

1996

Pierwszy polski koncert szantowy w Baltimore. Rozwiązuje się Polski Klub Żeglarski na Florydzie. Powstaje polski „Klub Żeglarski Zawisza Czarny" w Hamilton (YCZC). Pierwszy zlot żeglarski w Toronto. Nagroda specjalna Rejs Roku 1996 dla kpt.Leszka Ziółkowskiego z JCYC (sy „Pinnball Wizard") za osiągnięcia regatowe na jeziorze Michigan. Samotny rejs transatlantycki Eugeniusza Koniecznego (kwalifikacje – sternik jachtowy) z USA do Francji na sy „East Wind".

1997

Drugi Zlot „World Polonia Jamboree" w Polsce na 1000-lecie Gdańska. Uroczystość 15-lecia PYC London w klubie „Zejman" w Gdańsku. Powstaje „Klub Żeglarski Biały Żagiel" w Toronto. II Nagroda Rejs Roku 1997 – Artur Żebrowski – samotny rejs z Chicago do Kołobrzegu na sy „Albatross" – bez silnika, na Zlot Polonia Jamboree. Również otrzymuje nagrodę Bałtyckiego Bractwa Żeglarzy w Gdańsku – „Conrady 97". „Conrady 97" dla A. Piotrowskiego za organizację II Jamboree. Polonijny Rejs Roku 1997: z Florydy do źródeł Amazonki i z powrotem jachtem „Tiderace" w latach 1995-97: Kazimierz Kwasiborski, Andrzej Czapiewski

1998

Rozwiązuje się Klub Spinaker w Baltimore. Działa dalej „Kubryk u Jacka" (Sołtysa). Pierwszy koncert szantowy w Nowym Jorku. Klub „Zawisza Czarny" z Hamilton wydaje biuletyn „Kilwater"; Klub „Biały Żagiel" z Toronto wydaje „Dziennik pokładowy – Biały Żagiel". Ina Kulczyńska z klubu „Zawisza Czarny" uruchamia międzynarodową stronę internetową www.sailfree.com. Janusz Kurbiel – wyróżnienie Rejs Roku 1998 i nagroda Grotmaszta Bractwa Kaphornowców 1998. Janusz Kurbiel z Francji, Jerzy Knabe z W.Brytanii i Zbigniew Szafranowicz z Niemiec laureatami nagrody „Conrady 98". III Nagroda Rejs Roku 1998 dla Ryszarda Rewuckiego z JCYC za samotny rejs dookoła świata (1995-1998) na sy „Free Poland". Za ten sam rejs również nagroda Polonijny Rejs Roku od PKŻ NY.

1999

Polski Yacht Club London przyłącza się do Stowarzyszenia Yacht Klub Polski, staje się pierwszym klubem YKP poza granicami Polski i zmienia nazwę na Yacht Klub Polski Londyn. Powstaje Stowarzyszenie Polonijnych Klubów Żeglarskich w Am.Płn. – „Polish Yachting Association of North America" – PYANA. Pierwsze polskie regaty na jez. Michigan – Polonia Race. Nieformalne „Montrealskie Towarzystwo Żeglarskie" wydaje pierwszy numer kwartalnika „Bryza". II Nagroda „Rejs Roku 1999" - Janusz Kurbiel za wyprawę na Grenlandię. Wyróżnienia nagrody „Rejs Roku 1999" dla Artura Żebrowskiego (sy „Albatross") i Andrzeja Piotrowskiego (sy „Gemini"). Obaj z PSC Chicago. Nagroda Polonijny Rejs Roku dla Andrzeja Plewika za dwukrotne przejście Atlantyku i rejs po M.Śródziemnym na sy „Atlantis".

2000

Asia Pajkowska z YKP Londyn bierze udział w samotnych regatach TARS pokazując polską banderę po 20-letniej przerwie. Otrzymuje II Nagrodę „Rejs Roku 2000", nagrodę Polonijny Rejs Roku z PKŻ N.York oraz nagrodę Rejs Roku Yacht Klubu Polski. Powstaje „Yacht Klub Polski San Francisco". Trzeci Zlot „World Polonia Jamboree" w Polsce. Redaktor „Żeglarza" Krzysztof Sierant z PKŻ N.York rozpoczyna wydawanie „Żeglarza Multimedialnego" w formacie CD. Ukazuje się pierwszy numer pisma „Nasze Żagle" wydawanego przez PYANA. Pierwsze spotkanie i bankiet Republiki Karaibskiej w Kołobrzegu. Bankiet 10-lecia PKŻ w Nowym Jorku.

2001

PYANA ustanawia Honorową Odznakę Żeglarza Polonijnego z Am.Płn. Pierwszy „Żeglarski Tydzień Polonii" na jeziorach mazurskich z inicjatywy klubu „Biały Żagiel" w Toronto. Występ zespołu „Młynn" z JCYC Chicago na XX Festiwalu Shanties w Krakowie. Zakończenie w Szczecinie, pod banderą YKP Londyn, ponad 6-letniego rejsu dookoła świata na jachcie „Bona Terra" Mieczysława Kurpisza. Otrzymał nagrodę honorową „Rejs Roku 2001". Miesięczny biuletyn „Żeglarz" (PKŻ NY) ukazał się w grudniu po raz setny. Zatonięcie polonijnego jachtu „Atlantis" po wejściu na rafę na Pacyfiku między Fidżi i Nową Zelandią.

2002

Uroczystość 5-lecia Polsko-Kanadyjskiego Klubu Biały Żagiel – Toronto. YKP Londyn organizuje udział swoich i polskich żeglarzy w angielskich obchodach 60-lecia obrony przeciwlotniczej miasta Cowes przez ORP „Błyskawica". Królewska Poczta w W.Brytanii wydaje dwa znaczki pocztowe z emblematem YKP z okazji XX-lecia istnienia klubu londyńskiego. Na antenie radiowej w Stanach Zjednoczonych pojawia się Żeglarski Magazyn Informacyjny pod tytułem „10 w skali

Beauforta" prowadzony przez Jacka Sołtysa. Również dostępny przez internet: www.polskieradio.com. Kontrowersyjna śmierć Kazimierza Kwasiborskiego z braku leków w areszcie na Bahamach. Podejrzany o przemycanie nielegalnych emigrantów – Chińczyków, których uratował z tonącej jednostki. Nagroda Polonijny Rejs Roku 2002 – Krzysztof Grubecki jachtem „Inessa II" za rejs na trasie N.York – Bermudy i z powrotem w regatach Newport - Bermudy. Brały udział również jachty polonijne „Avatar", „Spiryt" i „Gryf II" (po raz trzeci). Nagroda „Conrady 2002" przyznawana co roku dla wybitnych indywidualności żeglarskich - dla Andrzeja Urbańczyka.

2003

Sy „Błyskawica" (Lightning) pod banderą „Żeglarskiej Republiki Karaibskiej" zajmuje 1 miejsce po przeliczeniu w klasie otwartej w regatach Mackinac. Kolejne dziesiąte spotkanie żeglarskie Polonia Rendezvous w USA – tym razem na pokładzie lotniskowca USS „Intrepid". Sy „Gemini" z polonijną załogą zajmuje 9 miejsce w „Antigua Sailing Week". Nagroda Poloniny Rejs Roku 2003 – Izydor Ryzak na sy „Julianna" z USA do Polski i na Bałtycką Operację Żagiel. Nagroda „Kolos 2003" dla A. Urbańczyka za 5880-milowy rejs tratwą z San Francisco na wyspę Guam w roku 2002.

2004

Start sy „Solidarity" zakończony czwartą pozycją w International Rolex Regatta na Karaibach. III nagroda „Rejs Roku 2004" dla załogi polonijnej na „Zjawie IV" za rejs do Antarktydy i Przylądka Horn; kpt. Michał Bogusławski z Kanady. Szósty Konkurs Literacki „ŻEGLARZA" z N.Yorku. Wyprawa „Herodot" na Morze Czarne jachtem „Bona Terra" z załogą YKP Londyn. Jędrek Prusak z Finlandii wyrusza w podróż dookoła Ameryki Południowej na zbudowanym samemu jachcie „Serenada". PKŻ NY pozyskuje siedzibę klubową na barce zakotwiczonej w Gateway Marina, Brooklyn NY.

2005

Piąty raz odbywa się doroczny Żeglarski Tydzień Polonii na jeziorach mazurskich. Jacht „Gemini" Karaibskiej Republiki Żeglarskiej zajmuje dwa razy pierwsze, raz drugie i raz trzecie miejsce w kilku regatach na Azorach. Polsko – Polonijna Konferencja Żeglarska w Dąbrowie Górniczej z inicjatywy YKP Londyn. Objęcie opieki przez YKP Londyn nad grobem w Hartlepool legendarnego „Znaczy Kapitana" Mamerta Stankiewicza, kapitana ms „Piłsudski" a wcześniej komendanta żaglowego statku szkolnego „Lwów". Wyprawa żeglarzy nowojorskich w fiordy norweskie na sts „Fryderyk Chopin". Jacek Rajch kończy okrążenie globu na sy „Osprey". Honorowe wyróżnienie „Rejs Roku 2005" dla Jerzego Kołakowskiego z PKŻ NY za aktywną działalność wśród Polonii amerykańskiej wschodniego wybrzeża USA. Polonijny Rejs Roku dla Andrzeja Kopczyńskiego sy „Jolanta" za rejs Fiji – Durban.

2006

YKP Londyn przedstawia władzom miejskim Dąbrowy Górniczej plan założenia „Międzynarodowego Centrum Sportów Wodnych" nad nowo powstającym wielkim zalewem Pogoria 4 – jako krajowej bazy wszystkich klubów polonijnych. Sy „Fazisi" (typu Maxi wybudowany w Gruzji celem udziału byłego ZSRR w Whitbread Race 1989 -1990) obecnie, od roku 2001 w polskich rękach, wyruszył z Karaibów na Bałtyk – do Gdańska i na Tall Ship Race 2007. Powstanie trzeciego w Kanadzie polonijnego klubu żeglarskiego pod nazwą „White and Red Sailing Club".

Jerzy Knabe
grudzień 2006

Wydawnictwo ,,Marpress"
ul. Targ Rybny 10B 80-838 Gdańsk

Książki popularnonaukowe dotyczące Gdańska,
morza i regionu a także żeglarstwa

www.marpress.pl

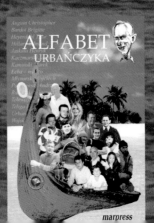

PENTLAND FIRTH
– TRIP AROUND SCOTLAND – 1978

It has always been my ambition to sail around Scotland and once the PYCL was created it became a possibility to make my dream come true. Research of any similar trips for tips and guidelines failed to materialize and instructions and support from the Clyde Cruising Club resulted in a letter from the Honorary Secretary and Treasurer which read as follows:

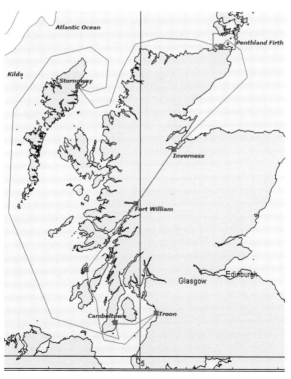

"Dear Mr Gumplowicz,

Owing to the fact that SV "Carrick" sank with our complete stock of Sailing Directions to the North and North East Coast on board, we are unable to supply you with a copy. We are therefore returning your cheque!"

This result coupled with comments from sailing colleagues that "I must be mad" still failed to put me off and with my favourite proverb, nothing ventured, nothing gained in my head the trip went ahead.

Crew at the end of Pentland Firth, from the left: M.Izbicki, F.Cox, J.Zając, M.Gumplowicz

The first step proved the easiest. A newly established yacht charter company was selected from Yachting Monthly and after only one telephone call the boat was booked. I paid the full charter fee myself which left my pockets almost empty. Now it was becoming more difficult. How to find a crew willing to undertake such a trip and to pay for the pleasure? I had no choice but to resort to aggressive marketing in order to salvage the project. I studied and learned a few tricks from holiday brochures and set out to solicit a willing crew telling everyone that Scotland has the best sailing waters in Europe, breathtaking scenery, crystal waters, long days, not overrun with tourists and very hospitable locals. However whimsical weather and powerful tides were hardly mentioned. It worked. A young and enthusiastic crew enrolled, the only problem being that they were all newcomers to the business of ocean sailing. "God bless us" was my motto at that time.

We took over the boat, a brand new Moody 36 named "Cyrana", which was based in Troon on the west coast of Scotland. She was really good looking and, although untested, appeared to be a very seaworthy craft with an aft cabin and everything one needs to complete such an endeavour. However, as it became apparent later during the trip, the assurance that there was only a negligible compass deviation proved to be completely wrong. The deviation was checked in Stornoway and turned out to be 10+ to 10– degrees. Yet another lesson learned!

We prepared and got ready to set sail but there was just one problem. It was the day of the World Cup football final, the crew wanted to see the game but there were no facilities. We walked along the seafront in oilskins and wellies and knocked on the door of a small hotel. Our request to watch the game was met with a welcome into the residents' lounge which was already almost full. We sat on the floor and joined in the banter with the paying guests. At half time we were served tea and biscuits but all attempts to pay for the excellent hospitality shown to us were declined. All we could do was arrange for a bouquet of flowers to be delivered as a thank you.

We set sail in good spirits and aimed for Campbeltown on the Mull of Kintyre. The weather deteriorated rapidly but we arrived safely, moored at the town Quay and went off to explore the town. We ended up in a small bar packed with friendly locals. At some point the landlord deposited a large bottle of whisky in front of us which we had not ordered. When we enquired where it had come from he pointed to two local gentlemen who we invited to join us. They turned out to be the "Mayor", the local butcher plus an Alsatian dog. They asked to see the yacht and stepped on board to continue the party. Somewhere around dawn the irate wife of one of them stood on the Quay and demanded their immediate return. This would appear to be a simple request but by that time the tide had fallen by several metres and any exit necessitated climbing a rather precarious ladder attached to the wall of the Quay. The most successful attempt to scale the wall was made by the dog which was mostly carried up by one of the more sober members of the crew. The visitors were less fortunate. An incredible amount of pushing, pulling, heaving on ropes and harnesses and weak attempts at firemen's lifts was required before feet touched dry land. The whole exercise, watched by early risers, was hilarious and the only person not splitting their sides was the irate wife!

The weather continued to be abysmal with bad weather reports being obtained from the local telephone box on the Quay and kept us in port for nearly three days. The only other yacht in the harbour and alongside was crewed by a group of Germans. They decided to leave at dawn on the second morning despite our pleas to them to wait until the weather improved. Sadly, we later learned that the yacht and all the crew had been lost.

After two attempts to sail west through the North Channel against W, SW or NW winds and strong currents we eventually cleared the southern tip of the Mull of Kintyre. Setting a course for the Isle of Islay the helmsman, an experienced dinghy sailor, decided while on his night watch to ignore the compass and visible lights of Islay and steer close to the wind, therefore, in his opinion, to build up a leeway. True! Consequently we ended up in the open Atlantic. That morning the scenery looked thus. Long swells rolling slowly from the west, no sign of any land and a completely overcast sky which made the use of a sextant useless. The reckoning position was in doubt due to compass error which had not yet been discovered. Strong currents made any assessment difficult, in other words planned costal navigation was lying in tatters. We turned east and sometime later spotted the Isle of Kilda to port and then the Butt of Lewis eventually mooring in Stornoway, without prior permission and went to sleep. The mooring turned out to be a permanent mooring of one of the local trawlers. The weather forecast was really bad with strong winds gusting to 60 knots. The harbour rapidly filled up with large trawlers including Spanish factory ships which rarely give in to bad weather and enter ports. We were spared any rough words or reprimands due to the conditions and the harbour master guided us to a sheltered spot alongside a smaller trawler. The trawler skipper lowered a sling and indicated that we should send up all our oilskins etc which he dried in his engine room. He then lowered a bucket which was full of fresh and delicious king prawns. Yet another example of the generous hospitality we encountered. We explored some of the Island and ate the most marvellous fish and chips we had ever tasted. If you are ever in Stornoway don't miss the chippie close to the harbour and of course the delights of sailing within the latitude of 58 degrees north!

"Cyrana" in Scrabster

We set off again along the northern coast of Scotland passing Cape Wrath and mooring in the north west corner of Scrabster, the only port before the Pentland Firth. The general directions of the tides are west going (ebb) and east going (flood) between slack water of only 20 minutes. The tides can reach up to 8 knots and the rate, timing and even direction varies considerably from one side to the other. In addition, every obstruction to a tidal stream causes eddies which impose their rotational effect on the main streams. Furthermore, the whole pattern can be upset by changes in the contours of the bottom and on top of all this the effect of wind against tide and swell from the Atlantic and North Sea can accumulate to produce the most dangerous seas.

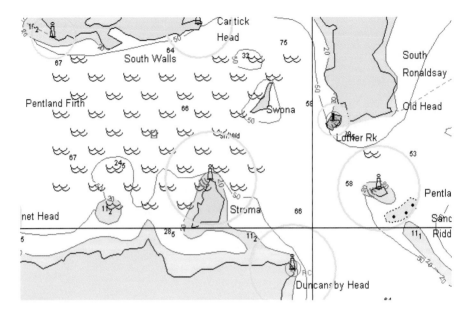

In calm conditions a passage through the Firth presents little danger but the change from smooth to broken water can occur very suddenly. Any swell opposing the tide causes such severe conditions that the safety of a small vessel can be in jeopardy. The hatches and scuttles of all yachts should be secured and all crew should wear safety harnesses before embarking on the passage. The rate of the tidal stream in various parts of the Firth is higher than that experienced in any other parts of the sea around our coast. There are a number of weather combinations and or tidal conditions which cause dangerous seas and if these are present the passage should not be undertaken. These are swells, spring tides, wind against tide and winds over force 4.

The spirits of the crew were very high. We had reached our target. The crucial passage was a few miles away. We had arrived at dusk and the following morning noticed another yacht sheltering in the far corner. The skipper told us that he had been waiting three weeks for favourable conditions. We decided to ask the Orkney Coastguards for assistance on deciding the best time to challenge the Pentland Firth. They were extremely helpful and agreed to call us when the timing was right so it was back to manning a telephone box on the Quay again. Then it came. The call to say that conditions were good to sail east! The boat was ready, everything battened down and sails reefed. Everyone was dressed and harnessed appropriately, nerves were taut and we left hold our breath. After all this meticulous preparation it took only thirty minutes at 12 knots to say goodbye to the Atlantic and welcome the North Sea!

"Joseph Conrad" resting in the Moray Firth, 1963

Clearing the Pentland Firth we headed for Inverness. Sailing into the Moray Firth the memory of a previous visit here was revived when the yacht "Joseph Conrad" ended up on the outgoing tide in fresh looking seaweed. The water was running out so fast that when the keel touched the bottom there was nothing else to do but wait for the next high tide. Another lesson learned! Be very meticulous with tide tables, strength and direction and the difference between high and low water. They are not the enemy of the sailor but if properly used can be very helpful. That passage took place in 1963 but this time the passage to Inverness was uneventful.

The next part of the trip was negotiating the Caledonian Canal which provides a short, safe route between the North Sea and the Atlantic. It runs southwest from Inverness to Fort William and Ben Nevis, has good facilities and beautiful scenery with mountains, lochs, glens, forests, waterfalls and ancient castles. We experienced a tranquil passage of sixty miles which was relaxed and very enjoyable.

Entry to Caledonian Canal, Inverness

We anchored on Loch Ness but after much searching failed to spot the monster! It was a lovely part of the holiday.

On leaving Fort William we made a short stop over on Colonsay Island but were running out of time. So we sailed on back to Troon, on time, intact, undamaged and delighted to have achieved a passage which was highly rated at that time and fulfilled the dream.

Frances and Maciek Gumplowicz

CLYDE CRUISING CLUB

Telephone: 041-552 2183/4

Dear Mr. Gumplowicz,

Owing to the fact that S.V. "Carrick" sank with our complete stock of Sailing Directions to the North and North East Coast on board, we are unable to supply you with a copy. We are therefore returning your cheque.

We shall be having them re-printed in due course and will keep you advised.

With

the Compliments of

the Honorary Secretary and Treasurer

Yours sincerely,

E. Brown

(MISS E.M. BROWN)

S. V. *Carrick*
Clyde Street
Glasgow G1 4LN

Temporary Address:—
c/o R. A. Clement & Co.,
62 Virginia Street,
Glasgow G1 1TX.

THE PARMELIA RACE – 1979
Plymouth – Cape Town – Freemantle – Perth.

Sailing trips seldom turn out the way you expect but that is part of the challenge.

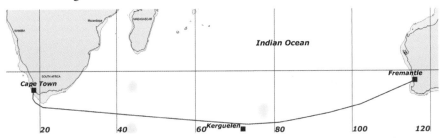

On a hot summer day in 1978 I was invited to lunch by Mrs Elizabeth Heath, a Polish aristocrat at her Earls Court home and from that point onwards my sailing programme for the next year was turned upside down, literally, for a trip down under.

An introduction to Lady Chichester, the wife of Sir Francis Chichester, led to a meeting with their son Giles Chichester and consequently to "Gipsy Moth V" and my participation in the second leg of the Parmelia race from Cape Town to Perth in Western Australia.

The Parmelia race was a fitting celebration of the voyage of the barge "Parmelia" which brought the first settlers to the Swan River Colony in 1829. The 1979 Parmelia Race was the fourth ocean race to start from Britian's shores, following the 1973 Whitbread, the 1975 Financial Times Clipper race and the second Whitbread in 1977. The Parmelia Race had 28 yachts competing with the Polish entry "Wojewoda Pomorski" in the Open Division along with "Gipsy Moth V". The yachts raced pursuit with no holds barred, although the

Open Division had a more leisurely concept. The pursuit idea had one tremendous advantage; not only did the competitors like it but the public at last understood the general idea that the first boat past the finishing line would be the winner.

Skipper Giles Chichester few moments after calling off
"Man Overboard" alarm

"Gipsy Moth V" in Cape Town

The crew of "Gipsy Moth V" was carefully selected by our skipper Giles. We had several training sessions on the boat in various weather conditions, mostly in the Solent. Tough regulation during those sessions proved essential for a successful trip. Eventually seven of us were chosen, four English, one South African, one Australian and myself. The celebration took place at the Rowing Club in Fulham when details of the voyage were discussed including the rendezvous in Cape Town.

Crew of "Gipsy Moth V": John, Maciek, Giles, Ian and Joel

"Gipsy Moth V" built at the Crosshaven boat yard in Eire was (she has since been stranded and written off) a staysail ketch with a hull of laminated wood and an LOA of 17.37 metres. Movement was quite comfortable although handling was quite difficult when taking into consideration the conditions of racing in the area of the Southern Ocean. However, the extensive experience of the crew, the fantastic atmosphere, the easygoing attitude and excellent teamwork made life easy and enjoyable.

When Gipsy rounded the Cape of Good Hope and then Cape Point the Southern Ocean started to show its teeth. It was blowing forty knots and heavy seas were building up. Joel, from South Africa, and I took the first watch. Spirits were high and no one took the choppy seas too seriously until the skipper announced "Sorry chaps, I am going to be out of business for a while" collected a bucket and retired to his bunk. Then the ravages of sea sickness enveloping our Master and the rest of the crew were revealed in all its misery. I am lucky enough never to have been affected by sea sickness.

"Gipsy Moth V" leaving Cape Town

So Joel and I were left alone to run the boat. She was making twelve knots and it was an exhilarating experience. Joel warned me in London that he found deck work a little difficult due to his limited mobility; in reality he was overweight. In temperatures ranging between 0 and 5 degrees Centigrade and constantly being wet getting him ready for a watch required enormous effort and determination. Multiple layers of clothing covered by oilskins were required of course but the most difficult part of the process was then pushing him through the narrow companionway and into position at the tiller. This took time and lots of calories! Once in position his skills as a helmsman were assured.

One morning around 07.00 I noticed that something was wrong with the main mast rigging. We all know that this is a time when our awareness is at its lowest ebb and making quick and clear decisions is not easy. My first reaction was to wait and see. Joel, who was glued to the tiller, did not react to my questioning and remained incommunicado. I then decided to unbuckle my harness and check the situation. It transpired that the only remaining operational halyard had loosened and the end was flying well above the deck. I started to climb the mast on the lee of the mainsail to reach the offending halyard but I was invisible from the cockpit.

Maciek enjoying the Southern Ocean

In the meantime Joel had looked around and shouted but I was not in his field of vision. He then called man overboard – all hands on deck. Incidentally a man overboard in those latitudes is usually a dead duck. So it happened, the scenario dreaded by all sailors, alarm followed by well organized pandemonium. Skipper on deck, position recorded, marker and life jacket thrown overboard. At that moment when Giles was just about to send a mayday call I caught the halyard, fastened it to the nearest cleat and descended the mast completely unaware of what was going on.

It was difficult to decide who was the most surprised, angry or relieved – the skipper, the crew or myself. The skipper was definitely not amused and following a very heated verbal expletive filled exchange I was ordered to pay for the lost safety equipment. That decision was later rescinded. For the next 4700 nautical miles discipline was tightened and we had to blow a whistle when leaving the cockpit.

There was not much to see on the Southern Ocean. There are rough seas, thick cloud cover and roaring winds envelop you while the boat struggles to make headway. The exception is the sight of the albatross, a long winged stout bodied bird of the Diomodeidac family which are related to petrels. Its long narrow wing span of up to three metres allows it to cover enormous distances, flying as much as ten thousand miles in a month or up to six hundred miles in one day. It continues flying after dark at speeds of up to fifty miles an hour. These birds are becoming increasingly rare and are in danger of extinction.

This magnificent creature, the best glider in the world of birds, can give you the feeling that you are not alone, abandoned, cold and miserable on the dawn watch. The albatross never glides behind a boat but always takes up position alongside, usually the windward side and from a distance of some twenty metres just watches, stares and even glares at you eye to eye with a perceptible shaking of its head in disbelief at what such a creature is doing fighting the elements down below. You, on the other hand, become jealous of its unbounded freedom and ease of movement in the air and the knowledge that it can get to where its going much more easily than you can!

Our strategy was to dip down south after leaving Cape Town and pick up the westerlies early, to run a great circular course to just north of the Kerguelen Islands. From this point, about half way through the leg, the plan was to shoot north on the first good southwesterly blow and gain a favourable approach into Fremantle. This tactic worked.

"Gipsy Moth V" came third overall in the Open Division class after an accumulation of the two legs.

Maciek Gumplowicz

POLSKI YACHT CLUB
LONDYN

POLSKI YACHT CLUB
LONDON

Zaproszenie

Mamy przyjemność poinformować,że grupa lekko zwariowanych Polaków-żeglarzy,znudzonych stagnacją życia,postanowiła założyć Polski Yacht Club w Londynie.

Klub będzie otwarty również dla nie-Polaków i nie-żeglarzy.Przede wszystkim chcemy zebrać ludzi chętnych i zdolnych do wspólnego działania celem uprawiania zajęć towarzyskich i sportowych jak np.żeglarstwo,windsurfing,kajakarstwo,pływanie,nurkowanie itp.

Spotkajmy się w miłym gronie z ludźmi o różnych zainteresowaniach, zawodach,którzy,bez względu na wiek i płeć,chcieliby wspólnie dokonać rzeczy niemożliwych w pojedynkę - a realnych w zorganizowanym zespole. Chcemy wprowadzić trochę kolorytu i aktywności do naszego życia.Dosyć siedzenia przed telewizorem i narzekania na niemożność.Ratujmy nasze marzenia,czas ucieka,spróbujmy sięgnąć po pełnię życia.

Być może skończy się to tylko na piciu w nowym gronie ale naszym zdaniem możemy już niedługo zacząć spotykać się pod żaglami na jeziorach, morzach i oceanach.Nikt nam tego nie poda na tacy - trzeba wziąć inicjatywę we własne ręce.

Pierwsze zebranie Klubu traktujemy jako okazję towarzyską celem zorientowania się na kogo można liczyć,czasowo i finansowo.Zaryzykuj i wpadnij dnia 24 czerwca 1982 o godz. 1900 do pubu THE PHENE ARMS Chelsea PHENE STREET S.W.3. niedaleko od Albert Bridge.

Przybycie nie zobowiązuje jeszcze do niczego.Wstęp jest wolny,co stanie się potem zależy od nas samych.Przekaż tą informację znajomym i przyjaciołom.

Zapraszamy wszystkich chętnych

POLSKI YACHT CLUB w LONDYNIE

P.S. Właścicieli sprzętu sportowego mogących ew. udostępnić go na cele klubowe prosimy o telefon pod nr.8007570 celem wstępnego omówienia warunków.

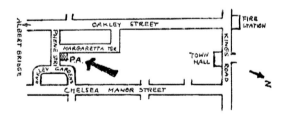

INVITATION

We have a pleasure in informing you, that a group of Polish yachtsmen, bored with a life's dull lot, have decided to found a Polish Yacht Club in London.

Club membership will be open to non-Poles and non-yachtsmen also. Our first aim is to gather a group of like minded people, willing and able to co-operate in social and sporting activities such as sailing, windsurfing, kayaking, swimming, diving etc.

To this end, we would like to meet in a pleasant atmosphere with people from all walks of life, with varying interests, off all ages, both sexes and to accomplish together, what is virtually impossible alone – yet can be achieved in an organized team. We want to bring some colour and activity into our lives. It is time to leave our TV sets and try to live a little.

It may well be that our meeting will end up as a drinking session with a new group of people but, in our opinion, it is perfectly feasible that we could soon start meeting on lakes, seas and oceans, under the sail. We will not be handed anything on a plate – we have to take the initiative into our own hands.

The first meeting of the Club is a social event with a theme – that of discovering who we can count on in terms of time and money. Take a chance and drop in on 24-th June 1982 at 7.00 PM to THE PHENE ARMS pub in Chelsea, Phene Street SW3, near Albert Bridge.

Your attendance commits you to nothing. Admittance is free. What happens next is up to all of us. Pass on this information to your friends and acquaintances who might be interested.

All willing hands are invited.

POLSKI YACHT CLUB LONDON

POLISH YACHTSMEN
organizing themselves in LONDON (1982-1991)

The first meeting of the Club took place in a London Chelsea pub and over fifty people gathered together, intrigued by a pamphlet starting with the words: "A group of nutty polish yachtsmen bored with life's dull lot have decided to found a Polish Yacht Club in London".

It soon became clear that we did not offer exclusive moorings, berths or prestigious premises but only an opportunity to join the efforts and expenses in order to make yachting more accessible and change mostly hopeless individual yearnings into real common achievements.

Some were not interested and left. Others stayed and formed the Club. Only one month after the first meeting first flotilla of the Club sailed on the English Channel. A. Kępiński offered his office and facilities as the Club's first address and many others contributed in different ways.

After two years of weekly Wednesday evening meetings held at the Polish Hearth Club we received an offer to run their basement Club premises. We accepted the offer, gained a Club Bar and office, even started to earn some surplus money enabling us to organise a wide scope of social and cultural activities.

The Mediterranean was the main cruising area because one friendly yacht "Centuś" (Carter 30) was based there almost permanently. But Atlantic islands and North Sea harbours were also frequented by our members. All those sea miles clocked up resulted eventually to the fruition in six new skipper certificates.

Cruising members, visiting yachtsmen, visiting shantymen and various other artists helped to spread the news about the Club. In Bremen there is a branch of PYCL run by Ryszard Lutosławski. The  Club is affiliated to the Royal Yachting Association, issues its own Yachtsman's Books for convenient records of sailing experiences and has accumulated a sizable library of Polish and English books about yachting.

Famous polish sailors living elsewhere in the world were contacted and invited to take up Honorary Membership of PYCL. Among them are such names as Władyslaw Wagner, Jerzy Świechowski, Andrzej Urbańczyk...Contact with another Polish yacht club outside of Poland – Joseph Conrad Yacht Club in Chicago was fateful. Our Clubs decided to join efforts and arrange a historic and symbolic homecoming of sailors to Poland in the summer of 1991 – World Polonia Sailing Jamboree.

The three people who called years ago a meeting in the London Chelsea pub were the lasting nucleus of the Club. After several changes in

the management Maciej Gumplowicz is actually again the Commodore, Jerzy Knabe is again the Secretary but Gabriela Teliga alas sadly died in the midst of preparations for the Jamboree. She was the one who designed Polski Yacht Club's logo, put years of work and enthusiasm into the Club's administration, yachting and social activities (won the title "Miss Polski Yacht Club London" in 1984) and enjoyed high esteem, recognition and popularity among fellow members. Her untimely departure, compounded by the simultaneous loss of the Club's premises and destruction of the yacht "Centus" in Dubrovnik, closed a distinctive chapter of PYCL history.

Jerzy Knabe
1991

THE FOLLOWING YEARS

One chapter closes, another opens up. Close ties between sailing members and ongoing process of preparation to World Polonia Sailing Jamboree in 1991 helped to keep the club going. This event in Poland was initiated between Polish Yacht Clubs in Chicago and London. It was designed as, perhaps symbolic but at long last possible, return of estranged fishermen, seamen and yachtsmen to free Poland in the same way as they left – by sea. Some of them waited for such occasion more than half of a century – since outbreak of WW II. It was a success. 23 yachts from various countries, some from as far as Chicago, sailed in to take part.

That historic occasion was organized by the same people twice again in 1997 and 2000 but with diminishing participation. In 1992 PYCL proudly celebrated its 10-th Anniversary in Ramsgate Royal Harbour. Second Jamboree, located in Gdańsk because of the town's 1000 years anniversary, hosted also a 15-th anniversary of the PYC London.

Year 1993 was another anniversary. It was called "Sikorski Memorial Rally" and celebrated memory of Polish Prime Minister and Commander in Chief who died 50 years earlier in Gibraltar in a suspicious air crash. Rally was initiated by PYCL and attended by Polish yachts and Polish Navy ORP "Gryf".

Old and prestigious Yacht Club of Poland (established in 1924) invited our Club to join their organization. Invitation was accepted and in 1999 PYCL changed its name to Yacht Club of Poland London (Yacht Klub Polski Londyn).

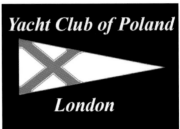

Notwithstanding all those anniversaries normal sailing activities were continued, long and short cruises executed. Cooperation with the Cruising Association resulted in edition of a special Pilot Book for CA members venturing to Baltic in 2000. A. Pajkowska started and finished on 4-th place in her class The Singlehanded Transatlantic Race 2000 on the yacht "Ntombifuti".

In 2001 yacht "Bona Terra" completed the final leg of its 6+ years around the world trip. That final leg from Malta to Poland was skippered by Jerzy Knabe and crewed by some members of our club under the flag of YKP which is an unique Polish special ensign: defaced flag of Polish Navy.

Influx of Poles to London after joining the European Union resulted in new members joining the club. They brought in some new ideas and requirements. Now all together they are getting ready to celebrate club's 25th anniversary scheduled on 23/24 June 2007.

Jerzy Knabe
February 2007

"Good intentions die... unless they are ... executed"

HISTORIA KLUBU

Pierwsze kroki 1982-1984

„Mamy przyjemność poinformować, że grupa lekko zwariowanych Polaków – żeglarzy, znudzonych stagnacją życia, postanowiła założyć Polski Yacht Club w Londynie". Tak zaczynało się ogłoszenie zwołujące chętnych na pierwsze organizacyjne zebranie w pubie THE PHENE ARMS na Chelsea.

Pomysł założenia klubu zrodził się w środowisku polskich żeglarzy znających się jeszcze z Polski, którzy spotkali się w Londynie. Klub powstał wkrótce po wprowadzeniu stanu wojennego w Polsce. Władze brytyjskie zareagowały udzieleniem prawa pobytu nawet tym, którzy byli nielegalnymi imigrantami. Indywidualne uprawianie żeglarstwa morskiego w nowym środowisku było z powodów finansowych i językowych utrudnione, zatem stworzenie własnego klubu było rozwiązaniem oczywistym.

Do czynów przystąpił zespół w składzie: Maciej Gumplowicz, Jerzy Knabe i Gabriela Teliga, którzy jako „Polski Yacht Club London" rozpowszechnili dwujęzyczne zaproszenia na pierwsze zebranie. Odbyło się ono w czwartek 24 czerwca 1982. Z kilkudziesięciu przybyłych osób ponad połowa straciła zainteresowanie zaraz po usłyszeniu odpowiedzi na pytania: „A co wy nam możecie dać?", „Ile macie jachtów?", „Czy jest przystań gdzie można trzymać jacht?"...

Odpowiedź w duchu, że narazie to mamy tylko propozycję wspólnego działania zadowoliła ponad dwadzieścia osób, które zdecydowały się dołączyć. I dokładnie miesiąc później odbył się pierwszy wspólny rejs na trzech jachtach z Brighton na wyspę Wight i do Newhaven.

Pierwsze zapisy do klubu

First flotilla sailing crew in Brighton Marina

Andrzej Kępiński użyczył swój firmowy adres na użytek klubu. Opracowano pierwszy statut. Gabriela zaprojektowała znaczek klubowy. Cotygodniowe środowe zebrania w Ognisku Polskim stały się regułą i ściągały do Klubu nowych członków. Już we wrześniu odbył się pierwszy rejs adriatycki na sy "Marko". Chorwacki żeglarz Joża Horvat wypożyczył go Jurkowi Knabe, tłumaczowi jego książki o rejsie dookoła świata.

Joża Horvat i jego jacht „Marko" w Jugosławii

Swój pierwszy bal sylwestrowy PYCL zorganizował na statku wycieczkowym „Marchioness" na Tamizie. To wtedy Jurek Jarosz wydawał koleżankom klubowym pamiętną instrukcję wykonawczą, że „sałatki mają być mokre"... Nasz bal był bardzo udany, ale kilka lat później ta sama „Marchioness" miała tragiczne zderzenie w którym wielu uczestników podobnej zabawy straciło życie.

W zapale rozwojowej działalności zaoferowany został członkom kurs żeglarski – bezpłatnie. Z perspektywy lat widać, że był to błąd, bo nie ceni się tego co się dostaje za darmo. Kurs padł z braku frekwencji, wykładowcy zniechęcili się i sprawa planowego szkolenia teoretycznego w klubie zamarła. Kto zechciał, zdobywał teraz wiadomości indywidualnie, w praktyce podczas rejsów, których raczej nie brakowało.

W Ognisku Polskim 1984 – 1991

Regularne środowe zebrania w Ognisku spowodowały, że jego Zarząd zweryfikował nieco typowe u starszej emigracji uprzedzenia do ludzi przybywających z PRL-u i zaoferował klubowi poprowadzenie działalności w piwnicznym lokalu tanecznym zwanym „Pegazem". Utrzymanie w nim porządku sprawiało Zarządowi coraz większą trudność. Orędownikami tego pomysłu byli panowie Bogdan Dyczkowski, Jan Gawlikowski i Jerzy Morawicz.

Otwarcie lokalu klubu w Ognisku Polskim. Prezes Jerzy Morawicz z żoną,
M.Gumplowicz i Bogdan Dyczkowski

Dla Klubu było to prawdziwe wyzwanie. Lokal wymagał przeróbki, malowania i nowego wystroju. Rychło okazało się, że bez gotówki, samą tylko pracą oferowaną chętnie przez członków, wykonać się tego nie da. Rozwiązaniem stała się spółka akcyjna. Ze sprzedaży akcji wśród członków Klubu zgromadzono odpowiednie fundusze i już po dwóch miesiącach, 4 lipca 1984 nastąpiło uroczyste otwarcie.

Od tej chwili popularność Klubu rosła. Jego szeregi zasilili liczni Polacy, Irlandczycy i inni żeglarze „barowi", którzy musieli zapisać się na członków aby w zgodzie z licencją klubu korzystać z nocnych dyskotek i degustować trunki o rozmaitej zawartości alkoholu. Większość z nich miała obrzydzenie do wody. I słodkiej i słonej. Lokal stał się modny, znany a nawet notoryczny. I był też dochodowy.

Liczenie pierwszej kasy

Posiadanie lokalu i dochodów umożliwiało Klubowi prowadzenie szerokiej działalności pozażeglarskiej. Odbywały się więc najróżniejsze imprezy kulturalne i rozrywkowe, z których ambitniejsze czasem jednak zamiast dochodu przynosiły straty.

POLSKI YACHT CLUB
LONDON

80 Norfolk Place, London W2, tel. 01-402-0148

Dalsze przedstawienia
klubu **VITEK** :

Wtorki godz. 21⁰⁰   Wstęp ₤1.60

8 marzec 1988.
        Polski Film p.t.
        MATKA KRÓLÓW
    (Po seansie niespodzianka dla Pań –
            – z okazji Dnia Kobiet)

15 marzec 1988
        Program Jubileuszowy
    10 LAT KABARETU DUDEK

Sala Klubowa otwarta od godz. 20⁰⁰

We czwartki 20⁰⁰ - 01⁰⁰ zapraszamy
na pokazy muzycznych video-nagrań
różnych orkiest, zespołów i solistów
        WSTĘP WOLNY

Bankers: Barclays Bank — London, St. Mary... No. 6... ...Street, London W2

Wystawy, wernisaże, recitale poezji, występy „Teatru Jednego Aktora", koncerty, własny klubowy kabaret „Kogucik"... Wielu artystów z Polski i Anglii produkowało się na małej estradzie PYCL. Prowadzone były regularne projekcje polskich filmów i seriali telewizyjnych (klub „ViTeK"), bale karnawałowe na których tańczono poloneza i mazura, ‚Mikołaje' dla dzieci, ‚Andrzejki', ‚Śledziki', cotygodniowe dyskoteki, wesela, urodziny ‚Byków'... Wybierana była „Miss Polski Yacht Club London", organizowane loterie fantowe... Członkowie klubu wyjeżdżali razem na nurkowania, na narty, na żeglarskie bazary czyli „jumble sale", na londyńską wystawę „Boat Show", na grzyby, do Plymouth na start regat transatlantyckich, chodzili razem do teatru, na pływalnię...

Boat Jumble sale. First experience in buying a boat

W roku 1986 Klub zaprosił do Anglii polski zespół szantowy „Stare Dzwony". Miało to umożliwić im pierwszy występ na forum międzynarodowym na festiwalu szant w Liverpoolu. Tak też się stało. Pobyt był sukcesem i nie skończył się tylko na występach w Liverpoolu i w klubie w Londynie. „Stare Dzwony" ściągnęły do nas do Londynu

Występ szantymenów w klubie

The Press Gang from USA "Sea Songs Sang"

zespół amerykański „The Press Gang" Wydana została unikalna kaseta pt. „Stare Dzwony – Live in England", zaś nawiązane wtedy kontakty rozpoczęły szeroką współpracę i rozgłos polskiego ruchu szantowego na świecie. Później gościliśmy również zespół „4 Refy". W tym samym 1986 roku, też na zaproszenie PYCL przyjechala na występy do Londynu krakowska „Piwnica pod Baranami".

Występ „Czterech Refów"

Samo żeglowanie odbywało się bez rozgłosu poza Londynem, na morzach i oceanach świata, ponieważ Klub miał zdecydowanie morski charakter. Wydane zostały własne książeczki żeglarskie „Yachtsman's Book – Discharge Book" do notowania odbytych rejsów i szkoleń, z fotografią, suchą pieczęcią oraz dużą ilością stron zatytułowanych 'For Official Remarks/Visas'. W kilku przypadkach skutecznie się one sprawdziły przy zagranicznych odprawach portowych – w zastępstwie brakującego, przeterminowanego albo też niewygodnego, z racji braku wymaganej wizy, polskiego paszportu.

Liczne rejsy turystyczne i szkoleniowe, zarówno dla doświadczonych, jak i początkujących, organizowane były na kilku jachtach na wodach M.Północnego, Atlantyku i M.Śródziemnego. Warto wspomnieć udział w Amsterdam Sail – 1985, w rejsie na 200-lecie Australii, gdzie klub reprezentowali Basia Osińska i Janek Oleszkiewicz, rejsy katamaranami na Wyspy Kanałowe... Najbardziej znany, lubiany i najczęściej używany był „Centuś" – Carter 30 pochodzącego z Krakowa Oleszkiewicza. Jacht ten niestety już nie istnieje, zniszczony w Dubrowniku przez działania jugosłowiańskiej wojny domowej. Efektem zdobytej praktyki było uzyskanie przez kilku członków uprawnień kapitańskich RYA.

„Centuś" wyrusza w rejs

Powstała duża klubowa biblioteka żeglarska z polskimi i angielskimi tytułami. Klub afiliował się do Royal Yachting Association (RYA), skąd otrzymał wiele pomocy w formie porad prawnych, a w pewnym okresie uzyskał też uprawnienia z PZŻ do wydawania polskich książeczek żeglarskich i nadawania stopnia żeglarza.

Istniał też przez pewien czas własny jacht klubowy oraz przystań nad Tamizą, (oba jako projekty ‚do wykończenia'), ale okazało się, że nie da się ich utrzymać. Koszt

Erith, London, Prospects of club's marina on Thames

Prospect of club's marina

w czasie i gotówce przekroczył granice klubowych możliwości. Natomiast w roku 1988 powstała filia Klubu w Bremie prowadzona przez Ryszarda Lutosławskiego.

Zaoferowano członkostwo honorowe znanym i zasłużonym polskim żeglarzom mieszkająym poza krajem. W roku 1989 delegacja z PYCL pojechała do Chicago na Jubileusz 20-lecia Joseph Conrad Yacht Club. Były to wówczas jedyne dwa polskie kluby żeglarskie zagranicą.

Entuzjazm pierwszych lat działalności z biegiem czasu trochę osłabł. Powodem było zakładanie ognisk rodzinnych, walka o byt i nie zawsze dostateczne zaangażowanie się w działalność wybieranych na roczną kadencję (za ich uprzednią zgodą!) członków kolejnych Zarządów. ,Brak czasu' – czyli naprawdę brak chęci – niekorzystnie zaważył na dalszych losach PYCL. W typowy sposób pojawili się krytycy, którzy dopuszczeni do steru nie zademonstrowali jednak obiecanej zmiany i poprawy. Co gorzej, po skierowaniu Klubu na finansową mieliznę – poprostu wysiedli. Aktualny zarząd klubu postawił wniosek rozwiązania Klubu! A obecni na zebraniu Walnym członkowie demokratycznie to zatwierdzili! Klub przeszedł „śmierć kliniczną", ale w tej dramatycznej sytuacji pierwotni założyciele Klubu ogłosili nowe zapisy członków i założyli swój Klub po-

nownie. Lokal klubowy i baza działalności gospodarczej i kulturalno – rozrywkowej przepadły jednak w wyniku tej operacji.

Zamieszanie to było bardzo na rękę przeciwnikom, składającym się głównie z pewnej części starszych członków Ogniska, którym ruch, gwar i zamieszanie nieuchronnie towarzyszące działalności podziemia zaczęły coraz bardziej doskwierać. Nie podobały się i inne sprawy: „Tam przychodzą ‚builderzy' w brudnych ubraniach!", „Tam są sami Irlandczycy!", „Moja pani, tam się PARY kojarzą!". Po odmowie dalszego wynajmu Ognisko odzyskało swój nobliwy spokój.

Klub po reanimacji 1991 – 1999

Trudno się dziwić, że Polski Yacht Club London, w świadomości tych, którzy kojarzyli go wyłącznie z lokalem w Ognisku Polskim i tamtejszą działalnością pozażeglarską, przestał istnieć po zamknięciu tego lokalu. Tak się jednak nie stało. Po odejściu „żeglarzy barowych", po nowych zapisach na członków, pozostali w nim prawdziwi żeglarze, zaprzyjaźnieni i związani ze sobą tym, co razem do tej pory zrobili i przeżyli. Ten socjalno-towarzyski aspekt zapewnił dalszą nieprzerwaną działalność.

Zebrania w mniejszym a bardziej zwartym gronie odbywały się teraz przeważnie w prywatnych domach, nie w każdą środę, jak było zwyczajem poprzednio, ale według potrzeby. Trwały nadal przygotowania do historycznego Zlotu Polonii Żeglarskiej w Polsce. Pomysł rzucony przez komandora klubu w Chicago Andrzeja Piotrowskiego został podchwycony przez klub w Londynie w przełomowym okresie, w roku 1989, zanim jeszcze istniała pewność, że będzie to wogóle możliwe. Ten zlot miał być i rzeczywiście stał się, jako 'World Polonia Sailing Jamboree – 1991', symbolicznym powrotem drogą morską do Kraju tych wszystkich, którzy opuścili Polskę na pokładach jachtów, statków i okrętów od czasu wybuchu II Wojny Światowej i z powodów politycznych powrócić nie mogli, bądź nie chcieli.

Utrata własnego lokalu spowodowała, że 10-lecie Klubu przypadające na rok 1992 musiało się odbyć w gościnie innego klubu żeglarskiego, Royal Thames Yacht Club w porcie Ramsgate. Nie zawiedli zamorscy goście. „Solidarity" Andrzeja Piotrowskiego zacumowała prawie pod oknami sali bankietowej, przyleciał też Leszek Kosek z Sydney. Przybył zaproszony mer Ramsgate Charles Goldsmith i sekretarz generalny RYA Robin Duchesne.

Bliskie więzi pomiędzy rozsianymi po świecie żeglarzami polskimi i klubami, które dla siebie stworzyli, trwają do dzisiaj. Owocowały one między innymi organizacją podobnych Zlotów Polonii Żeglarskiej w Polsce jeszcze dwukrotnie: w roku 1997 – na 1000-lecie Gdańska (a przy tej okazji w Klubie Morza „Zejman" PYCL obchodził uroczyście swoje 15-lecie) oraz ostatni w roku 2000.

Ale wcześniej, PYCL zorganizował Żeglarski Memoriał Sikorskiego. Dnia 4-go lipca 1993 ORP „Gryf" w asyście jachtów „Kaprys" (kpt. Mirosław Misayat), „Far Star" (kpt. Andrzej Mogiła Stankiewicz) i „Ostryga" (kpt. Zdzisław Wołoszczuk) złożył wieniec w kształcie Białego Orła na miejscu katastrofy. Wieczorem, dokładnie 50 lat od czasu śmierci Generała Sikorskiego i jego otoczenia, odbył się uroczysty Apel Poległych.

W Memoriale miał też wziąć udział świeżo pozyskany jacht klubowy „Gabriela T", nazwany imieniem zmarłej założycielki klubu.

Club's Carter in Gibraltar

„Gabriela T" in Gibraltar

Niestety do tego nie doszło mimo, że znajdował się w Gibraltarze. Towarzystwo ubezpieczeniowe zaaresztowało go twierdząc, że jacht ten był poprzednio przedmiotem oszustwa na jego niekorzyść. Nie udało się tego wyjaśnić. Mimo starań „Gabriela T" nigdy już do klubu nie powróciła.

Nowa, ale bardzo tradycyjna nazwa 1999 – 2004

Z inicjatywy komandorów Yacht Klubu Polski Wojciecha Babińskiego i Jerzego Łyżwińskiego PYCL dołączył do stowarzyszenia YKP jako pierwszy jego klub działający zagranicą. Stało się to w roku 1999 i od tego czasu klub londyński zmienił nazwę na Yacht Klub Polski Londyn.

Już pod nową nazwą klub uczestniczył w projekcie rezurekcji historycznego jachtu sy „Konstanty Maciejewicz" zakończonej

Wice Komandor YKP
Wojciech Babiński

Komanor YKP Jerzy Łyżwiński

w roku 2000. W tym samym roku Asia Pajkowska wystąpiła pod banderą YKP w Transatlantyckich Regatach Samotników a współpraca z Cruising Association owocowała wydaniem przez nich specjalnej locji dla członków wybierających się flotyllą na Bałtyk. No i odbył się jeszcze jeden, trzeci już Zlot Polonii Żeglarskiej w którym członkowie YKP Londyn uczestniczyli na amerykańskim jachcie sy „Quo Vadis".

Rok następny przyniósł zakończenie ponad 6-letniego rejsu Mieczysława Kurpisza dookoła świata na jego jachcie sy „Bona Terra". W dwóch etapach tej podróży kapitanem był Jerzy Knabe a w załodze byli członkowie klubu; w 1996 roku pomiędzy Brazylią a Kolum-

Kapitan Zdzisław Wołoszczuk steruje swoją sy „Ostryga"

bią i w roku 2001 w końcowym odcinku na trasie Malta – Szczecin. To zakończenie odbyło się już pod banderą YKP.

Z okazji 20-lecia klubu w roku 2002 Królewska Poczta w Wielkiej Brytanii wydała dwa okolicznościowe znaczki pocztowe.

Z dalszej działalności klubu warto wspomnieć udział w regatach z okazji obchodów 60-lecia ORP „Błyskawica" w Cowes (2002), w organizacji ekspedycji polskich harcerzy z Londynu do Polski na pokładzie ORP „Iskra" (2003), w Żeglarskim Tygodniu Polonii organizowanym corocznie na Mazurach.

Członkowie klubu nadal żeglowali po różnych akwenach i na różnych jachtach. Wśród nich często używana była „Ostryga" Zdzisława Wołoszczuka i „El Dhow" Pawła Frankowskiego. Klubową wyprawę „Herodot" na Morze Czarne zorganizowano na sy „Bona Terra" (2004).

Po wejściu do Unii Europejskiej 2005 –

Rok 2005 przyniósł zwiększone zainteresowanie klubem wśród Polaków przybywających do Wielkiej Brytanii po wejściu do Unii Europejskiej. Z nowymi członkami przyszły nowe pomysły i nowe potrzeby. Powstało zapotrzebowanie na dogodniejsze miejsce spotkań w zwiększonym gronie oraz na uprawianie żeglarstwa dziennego, na małych jachtach, na miejscu w Londynie, bez potrzeby wyjazdów i brania urlopów. Do tej pory klub koncentrował się prawie wyłącznie na żeglarstwie morskim w dłuższych rejsach. Wobec braku własnego lokalu testowane są różne współdziałania z ośrodkami istniejącymi w Londynie. Pogodzenie interesów nie jest łatwe, ale pewne umowy zostały zawarte. Jednak optymalne dla klubu rozwiązanie nie zostało jeszcze znalezione.

Trwa współpraca pomiędzy żeglarzami polonijnymi różnych krajów oraz między żeglarzami polonijnymi i polskimi. Zorganizowana przez YKP Londyn Konferencja Żeglarska „Z tradycją na pokładzie" w Dąbrowie Górniczej rozpoczęła długofalowe działania celem stworzenia dla Polonii własnej krajowej bazy sportów wodnych nad Jeziorem Pogoria 4, czyli Zalewem Warężyńskim.

Rozszerzane są kontakty z innymi organizacjami polonijnymi w Wielkiej Brytanii. W roku 2005 klub przejął od Stowarzyszenia Marynarzy Marynarki Handlowej RP opiekę nad grobem kapitana Mamerta Stankiewicza w Hartlepool. W roku 2006, przy współdziałaniu Stowarzyszenia Techników Polskich w Wielkiej Brytanii i Polskiego Uniwersytetu na Obczyźnie, YKPL zorganizował w Instytucie Polskim i Muzeum im. Gen. Sikorskiego w Londynie spotkanie na temat „Historia i perspektywy żeglarstwa polskiego zagranicą". Zebranie to było również okazją do uroczystego przekazania do Instytutu pełnej dokumentacji historycznego „Sikorski Memoriał Rally 1993" w Gibraltarze.

W roku 2006 udaną imprezą klubową był rejs flotyllą po Adriatyku. Poza Chorwacją atrakcją były odwiedziny w Kotorze, w Montenegro, które właśnie stało się niepodległym państwem.

A potem zaczęły się intensywne przygotowania do Jubiluszu 25-lecia planowanego na 23/24 czerwiec 2007 oraz do wydania z tej okazji specjalnej okolicznościowej książki zawierającej opisy sukcesów i porażek Klubu.

Jerzy Knabe
luty 2007

Under White & Red Sails

"Don't call at Gibraltar — they won't let you on shore. We had to sail out to Ceuta," warned Maciek, talking about his sailing trip from Corfu to the Canaries in a Carter 30 some weeks before.

Maciek's reminiscences are typical of the conversations heard each Wednesday evening at the Polski Yacht Club in London. In two sailing seasons the Club's members have clocked up over 37,000 nautical miles on eight different sailing yachts flying a variety of national flags. Quite a record for a club which is only two years old!

It was towards the end of May 1982 that invitations were sent out to the first meeting of the PYCL held in a Chelsea pub. The invitations pictured a navy blue hull under a red and white sail and read: "...a group of nutty Polish yachtsmen, bored with life's dull lot, have decided to found the Polski Yacht Club in London...We want to bring some colour and activity into our lives. It's time to leave our TVs and try to live a little!" From the beginning it was agreed that membership would be open to non-Poles and to people with no experience of sailing but willing to learn. Thus, for example, Basia first stepped aboard a sailing yacht during a Club flotilla sail around the Isle of Wight in August 1982. Today she is an experienced watchkeeper with a certified sea service record of 1904 nautical miles!

The Club's main activities are cruises organised on boats belonging to some of the members whose yachts would otherwise rot unused at the moorings for most of the season. Charges are well below normal charter fees and are even cheaper for enlisted members. In fact, there are many more yachts and possibilities for sailing them than there are people willing, or able, to participate.

Social events held by the Club are extremely popular and can draw over a hundred people for occasions such as the St. Andrew's Day party or New Year's Eve. In addition, there are mushroom-picking excursions, visits to boat shows, theatre outings, shanty and song evenings. Some of these are Club fund-raising events, others not; they all foster the Club's team spirit. On a more serious side, the Club organises tutorials and seminars designed to allow more people to become skippers willing to take responsibility for yachts and crew.

Just now the Club has started collecting funds for the purchase of an ocean-going yacht, able to take part in competitions. A world-wide appeal has been launched throughout the Polonia, and there is even a raffle offering a place on the new yacht's maiden voyage as first prize!

If you fancy the sound of wind on sail and sea spray in your hair and you live in the London area, why not come along to the Club on any Wednesday evening at 8.00pm at the Ognisko or else contact the Polish Yacht Club, 55 Exhibition Road, London SW7.

J. Knabe

Butelką szampana w „Ognisko Polskie"

Brałem udział w różnych uroczystościach, zwanych poświęceniem. I święcono wtedy rzeczywiście albo jakiś lokal, czy dom czy sztandary. Były modlitwy odprawiane przez kapłana, było kropienie wodą święconą a wszyscy odpowiadali kapłanowi ·pobożnie: „Amen!" a potem był jakiś kielich wina („Czy pan woli białe czy czerwone wino?" — pytała jakaś znajoma pani), no i na tym się kończyło. Czasami w telewizji widziałem jak jakaś księżna (co najmniej!) lub inny dygnitarz rządowy, ale najczęściej pięknie ubrana Lady — a działo się to zwykle przy poświęceniu jakiegoś okrętu wojennego czy statku handlowego — rzucała w kadłub wiszącą na linie butelkę szampana. Gdy butelka się rozbiła — okręt czy statek był poświęcony.

Lecz w pierwszych dniach lipca byłem świadkiem — oczywiście z ramienia redakcji „Dziennika Polskiego" — uroczystości poświęcenia wyjątkowego lokalu czy klubu. Nie miałem wątpliwości, że będzie ksiądz (i był!), że będzie modlitwa (i była!) i że może być coś „mokrego", bo było bardzo gorąco (i było!). Lecz jednocześnie było zupełnie inaczej. Piszę o uroczystości poświęcenia „Polskiego Jacht Klubu" w Londynie. Na początku kazano nam wyjść na ulicę, po czym wpuszczono nas przed wejściem, prowadzącym w głąb „Ogniska" czyli na parter. Było parę starszych osób i spora groma-

da młodzieży a wśród niej wiele przemiłych młodych dziewcząt. Najpierw komandor Maciej Gumplowicz powiedział parę słów o tym, co zobaczymy za chwilę (miał na myśli lokal klubowy), potem wicekomandor Andrzej Cichocki odsłonił tablicę, którą mogą odtąd wszyscy zobaczyć, bo wisi na ścianie „Ogniska" w pobliżu innej tablicy pamiątkowej, której odsłonięcie dokonane zostało przed wielu laty dla uczczenia powstania węgierskiego i widzimy wielki napis „Polski Yacht Club London", poprzedzony rysunkiem przedstawiającym symboliczny jacht.

A potem...było tak jak w dokach, gdzie piękne panie walą w kadłub butelką szampana tak silnie, aby butelka rozbiła się za jednym machnięciem. Ten obowiązek próbowała spełnić pani Gabriela Teliga. Próbowała wiele razy a butelka ani rusz, odbijała się o miękkie ściany „Ogniska", gdyż coraz bardziej zmartwiona pani Gabriela za słabo rzucała w ścianę. A tu „jacht klubowy" czeka, by doń wkroczyć. Wreszcie butelkę bierze w swoje dłonie p. Andrzej Cichocki, główny budowniczy klubu i jak nie machnie...i oczywiście z butelki leje się szampan po ścianie a szkło butelki pryska na wszystkie strony. I wtedy dopiero prezes Zarządu „Ogniska Polskiego" p. inż. ppłk J. Morawicz mógł przeciąć biało-czerwoną wstęgę i mogliśmy schodząc w dół wejść do parterowego korytarza wewnątrz „Ogniska".

I tu ks. T. Kukla odczytał jakieś rozdziały z Pisma św. o burzy na morzu a potem pokropił ściany złożył nowym gospodarzom najlepsze życzenia. A ten „jacht", składający się z jednej jakby kajuty-

salonu na parterze przedstawiał się imponująco. Na ścianie wisiało osiem obrazów marynistycznych — same wzburzone fale morskie — pędzla Andrzeja Kossa. A na suficie wmontowane były żarówki w koło sterowe, a na innej ścianie wisiała wypożyczona z Instytutu Polskiego i Muzeum im. gen. Sikorskiego oryginalna bandera „Błyskawicy" a na jeszcze innej ścianie cały komplet tzw. węzłów żeglarskich. Piękna ta· „kajuta" urządzona została pracą Andrzeja Cichockego, Artura Gonta, Jerzego Knabe, Gabrieli Teligi i Anny Boszko.

No, i tak otwarty został „Polski Yacht Club London" w fundamentach „Ogniska Polskiego" z załogą liczącą ok. 50 osób (są to członkowie klubu) i dysponujący trzema jachtami.

Tym wszystkim gospodarzy Zarząd, wybrany na walnym zebraniu przed kilkoma miesiącami w składzie: Komandor Maciej Gumplowicz, wicekomander Andrzej Cichocki, skarbnik Marek Chybowski, sekretarz Jerzy Knabe, wicesekretarz Gabriela Teliga i łącznik do spraw towarzyskich Władysław Cendrowicz. Wśród gości obecny był prezes Zarządu Instytutu Polskiego i Muzeum im. gen. Sikorskiego — rtm. R. Dembiński. No więc: „Płyń, barko moja" i „Dobrego wiatru", nawet pod fundamentami „Ogniska Polskiego".

(p.h.)

WSPOMNIENIA SPOZA BARU

Działalność towarzyska i lądowa PYCL przez lata skupiała się w podziemiach Ogniska Polskiego. Wspaniałe środowe zebrania, co tydzień przyciągały masy członków. Błyskotką tych spotkań był zawsze niezmordowany w pomysłach Tomek Perek, który nie tylko grał i śpiewał, ale występował też z propozycjami budowy łodzi podwodnej na Tamizie, sprowadzania z byłego ZSRR w walizkach wyposażenia do jachtów z nierdzewnego tytanu oraz innych niezwykle oryginalnych działań dla Klubu.

Załoga za barem: J. Knabe i G. Teliga

Do tego zazwyczaj dołączał nasz wspaniały kolega, pan komandor Maciej Gumplowicz, którego równie śmiałe i fantastyczne pomysły rozwijały wyobraźnię u każdego słuchacza. Trzeba tu wspomnieć o kupowaniu wysp na Atlantyku, na Karaibach, zakładaniu bazy jachtowej w Jugosławii, o kupieniu (bo nie skończyło się tylko na pomyśle) za bezcen dziurawej barki wraz z miejscem na przystań w błotach nad Tamizą...

Były to momenty niezapomniane, relaksujące i piękne. Przy piwie, kawie i nie tylko! Mnie na przykład pan kapitan Jurek Knabe, roztargniony burzliwą dyskusją, zrobił kiedyś wspaniały napój (kawę pomieszaną z herbatą w jednej szklance). Oczywiście nie zapomniał również o mleku i cytrynie.

Zmiana nastroju następowała w piątek i w sobotę. Dni dyskotek nie należały do spokojnych. Mieliśmy w klubie całą tęczę polskiej i zagranicznej „elity". Mistrz olimpijski Jerzy Kulej plus kilku polskich bokserów stwierdziło kiedyś, że należy obronić Polki przed zapraszającymi je do tańca Irlandczykami. Po „gongu" na sali została tylko reprezentacja Polski i Polki. Kilku Polaków z przerażeniem skryło się pod stolikami. Nigdy nie widziałam tak szybko wylatujących na ulicę Irlandczyków.

Zabawy weekendowe trwały oczywiście do godzin rannych. Ostatnim tańcem zamykającym działalność baru i lokalu był zwyczajowo walc wiedeński Straussa, wykonywany przez kapitana Knabe, oczywiście ze mną, po zalanej falami piwa podłodze. Reedukacja taneczna dała efekty. Po kilku tygodniach stali bywalcy już nie patrzyli na nas jak na curiosum, ale dotrzymywali nam towarzystwa... Raz, dwa, trzy! Raz, dwa trzy!

W Klubie przez lata ludzie poznawali się, zawierali małżeństwa i rozwodzili się. Czasem nie można było za bardzo się połapać kto i z kim. Stojąc za barem z panem Jurkiem mieliśmy okazję posłyszeć i zobaczyć niejedno... Do dnia dzisiejszego nie mogę zrozumieć **dlaczego**, kiedy pierwszy raz zaprowadziłam moją córkę Samanthę do polskiej szkoły, niektórzy panowie-ojcowie z własnymi pociechami zobaczywszy mnie, rzucili się w popłochu do samochodów i odjechali. Czyżby mieli coś na sumieniu?

Wszyscy wspominają teraz z rozrzewnieniem podziemie PYCL'u w Ognisku. Przynajmniej dla nas, było to zawsze najważniejsze miejsce spotkań. Nasze dzieci nadal wspominają urządzane tam dla nich Mikołajki z Tomkiem jako głównym i wszechstronnym wykonawcą. Dzień Kobiet (teraz zapomniany) ozdabiał twarz każdej z naszych dziewcząt przepięknym uśmiechem. Dla każdej róża! Piękny zwyczaj! Prawda?

Zabawy Sylwestrowe cieszyły się niesamowitą popularnością. Jedzenie, dekoracje i zaproszenia – wszystko było robione przez członków naszego Klubu.

Dwukrotnie sprowadziliśmy z Polski Teatr Jednego Aktora (za każdym razem innego!). Odbywały się seanse naszego wewnętrznego Klubu VITEK (Video-Telewizyjno-Kinowego) Były to imprezy cieszące się dużą popularnością. W maju 1986 roku gościliśmy Piwnicę pod Baranami z niezapomnianym Markiem Grechutą i Piotrem Skrzyneckim. Podejrzewam, że Marek Grechuta przez cały pobyt w Londynie nie był zanadto świadomy gdzie się znajduje...

Andrzej Rosiewicz zaszczycił nas w roku 1987. Bawił się równie dobrze, jak i publiczność. Najpierw w klubie, potem w domu i przez całą noc, a nad ranem nikt już nie pamiętał jak się nazywa. Muszę też wspomnieć o wspaniałym Jacku Karczmarskim i Kalinie Jędrusik. Widziałam, że biust pani Kaliny wzbudził wtedy niezwykłą sensację w naszym Klubie. Oczywiście głos też miała piękny. Zespół szantowy Stare Dzwony i inne gościliśmy kilkakrotnie.

Wszystko to odbywalo się na zasadach trochę harcerskich, ale skutecznie. Okrzepłe wtedy więzy socjalne trwają i nadal pomagają w działalności naszego klubu, który nie ma już baru, a nosi nazwę Yacht Klub Polski Londyn.

Ewa Kean-Kruczkowska
styczeń 2007

JACEK KACZMARSKI

w LONDYNIE na zaproszenie
POLSKIEGO YACHT CLUB-u
55 EXHIBITION RD., LONDON SW7

CZWARTEK 18-go PAŹDZIERNIKA (godz. 20⁰⁰)
        (dla członków Klubu)
PIĄTEK 19-go PAŹDZIERNIKA godz. 19⁰⁰
SOBOTA 20-go PAŹDZIERNIKA godz. 19⁰⁰
NIEDZIELA 21-go PAŹDZIERNIKA godz. 17⁰⁰

BILETY W CENIE £3

PRZEDSPRZEDAŻ CODZIENNIE W YACHT
CLUB-ie (19⁰⁰-24⁰⁰) LUB TELEFONICZNIE:
579-3594 (GODZ. 20⁰⁰-23⁰⁰)

LAUREAT GŁÓWNYCH FESTIWALI PIOSENKI
W POLSCE. MIESZKAJĄCY OBECNIE
W MONACHIUM.
W REPERTUARZE - TEKSTY WŁASNE
(ZNANE i NAJNOWSZE)

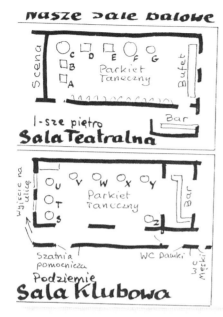

Nasze Sale balowe

I-sze piętro
Sala Teatralna

Podziemie
Sala klubowa

POLSKI YACHT CLUB
LONDON

55 Princes Gate (Exhibition Road), London SW7 Tel. 01 581 1072

Locja *naszego* **Balu**

30.01.1988

(Pilot Book)

WELCOME
ON BOARD

Koniec Karnawału niedługo...
Ale przedtem **Tłusty Czwartek**
i **Ostatki** w Yacht Clubie

22.30 Polonez w Sali Teatralnej

23.30 Ostatnia chwila na złożenie głosu na Królowa Balu

24.00 Sala Teatralna Koronacja Królowej

01.30 Niespodzianki na Sali Teatralnej

03.30 Biały Mazur w Sali Klubowej

Zaczynamy
31 Grudnia 87
godz. 2200

STROJE WIECZOROWE

Ilość miejsc ściśle ograniczona
Wstęp TYLKO za zaproszeniami

W cenie zaproszenia:
- obfity zimny bufet
- dania gorące
- napoje chłodzące
- szampan i wina
- dla punktualnych - na początku
  balu - również whisky i wódka

Jeśli z braku miejsc nie
dostaniesz się na nasz bal
w tym roku - przyjmij nasze
Serdeczne Życzenia Noworoczne
już teraz - a zapraszamy do
Klubu w przyszłym roku!

Rezerwacja i odbiór zaproszeń
POLSK- YACHT CLUB LONDON
55 Princes Gate SW7
tel 01-581-1072
w godzinach otwarcia baru:
Środy   2000 - 0100
Piątki i Soboty   2100 - 0300
Niedziele   1900 - 2400

Zaproszenie dla jednej osoby
£20.-
Dla płacących składkę
członków PYCL £10.-

ATRAKCJE!
Loteria fantowa - dużo
wartościowych wygranych

Zabawa i tańce do białego rana
(Bar otwarty do g. 0300)

Biały Mazur

POLSKI YACHT CLUB LONDON

55 Princes Gate (Exhibition Road), London SW7 Tel: 01-581 1072

OD ORGANIZATORÓW

Polski Yacht Club London powstał w maju 1982 roku z inicjatywy grupy polskich żeglarzy zamieszkałych w Londynie. Stowarzysza on ludzi o podobnych zainteresowaniach, prowadzących aktywny, a nie bierny sposób życia - niezależnie od narodowości ani poziomu wyszkolenia żeglarskiego. Jedynym warunkiem jest chęć działania - i działanie - dla osiągnięcia wspólnych celów. Głównym zaś celem jest stworzenie członkom dogodniejszych niż gdzie indziej warunków do uprawiania sportów wodnych.

Te warunki, wspólnymi siłami i bez jakiejkolwiek pomocy finansowej z zewnątrz, zostały już stworzone w dziedzinie żeglarstwa morskiego. Klub dysponuje wieloma możliwościami pływania po morzach i oceanach. Od 1982 roku członkowie PYCL odbyli już liczne rejsy odwiedzając akweny od Szetlandów po Wyspy Kanaryjskie i od Cypru po Maderę. Następny etap to Morze Karaibskie, Australia i Oceania. Czekamy na ludzi z inicjatywą, by podobnie rozwinąć żeglarstwo śródlądowe, windsurfing, kajakarstwo, nurkowanie swobodne, pływanie...

Organizowanie sobie życia towarzyskiego i kulturalno-rozrywkowego jest naturalnie wynikającą konsekwencją stowarzyszenia się ludzi o podobnych zainteresowaniach. Z czasem działalność ta wyrosła poza ściśle grono członków Klubu. Powstała większa od grupy żeglarzy grupa członków i sympatyków zainteresowanych tą stroną życia Klubu. Wychodząc naprzeciw tym potrzebom społecznym PYCL organizuje różne imprezy, które sięgają do coraz dalszych kręgów.

Po uwieńczonym sukcesem występach "Piwnicy pod Baranami", PYCL przedstawia teraz szerszej publiczności następny spektakl o dużej randze artystycznej. Teatr Jednego Aktora w wykonaniu KAZIMIERZA BOROWCA, aktora Teatru Starego im. H. Modrzejewskiej w Krakowie.

KAZIMIERZ BOROWIEC

dwukrotny laureat pierwszej nagrody, Ogólnopolskiego Festiwalu Teatrów Jednego Aktora

Codziennie od 16-go do 30-go listopada 86
Sprzedaż i telefoniczna rezerwacja
biletów codziennie od 9-go listopada
Niedziele 1430-1600 Dni powsz. 1730-1900

Ceny biletów : Na jedną sztukę   £ 3.50
                Na dwie sztuki   £ 6.00
                Na trzy sztuki   £ 9.00

Przedstawienia niedzielne są niepodzielne

Kalendarz Przedstawień

Niedziela 16.11   godz. 1600
T. Nowak „A jak królem a jak katem będziesz"
E. Redliński „Tysiąc kilometrów od świata"

Poniedziałek 17.11   godz. 1900
F. Dostojewski „Lichwiarz i łagodna"

Wtorek 18.11   godz. 1900
T. Nowak „A jak królem a jak katem będziesz"

Środa 19.11   godz. 1900
E. Redliński „Tysiąc kilometrów od świata"

Czwartek 20.11   godz. 1900
F. Dostojewski „Lichwiarz i łagodna"

Piątek 21.11   godz. 1900
T. Nowak „A jak królem a jak katem będziesz"

Sobota 22.11   godz. 1900
E. Redliński „Tysiąc kilometrów od świata"

Niedziela 23.11   godz. 1600
F. Dostojewski „Lichwiarz i łagodna"
T. Nowak „A jak królem a jak katem będziesz"

Poniedziałek 24.11   godz. 1900
E. Redliński „Tysiąc kilometrów od świata"

Wtorek 25.11   godz. 1900
F. Dostojewski „Lichwiarz i łagodna"

Środa 26.11   godz. 1900
T. Nowak „A jak królem a jak katem będziesz"

Czwartek 27.11   godz. 1900
E. Redliński „Tysiąc kilometrów od świata"

Piątek 28.11   godz. 1900
F. Dostojewski „Lichwiarz i łagodna"

Sobota 29.11   godz. 1900
T. Nowak „A jak królem a jak katem będziesz"

Niedziela 30.11   godz. 1600
F. Dostojewski „Lichwiarz i łagodna"
E. Redliński „Tysiąc kilometrów od świata"

GRAŻYNA KOPYTOWSKA

GRAFIKI
ETIUDY ANIMOWANE

Wystawa prac

„POLISH YACHT CLUB'
55princes gate,
exhibition Rd
LONDON S.W. 7
Otwarcie wystawy 28.02 br. godz. 20

POLSKI YACHT CLUB
LONDON

55 Princes Gate,Exhibition Rd. SW7 Tel.581 1072

zaprasza do Sali Teatralnej na

MIĘDZYNARODOWY
WIECZÓR PIOSENKI
ŻEGLARSKIEJ

Wtorek, dnia 1 lipca 1986 o godz.20.00

Wystąpią:
- THE PRESS GANG   USA
- STARE DZWONY   POLSKA
- BOB WEBB   USA

W programie polskie,angielskie,tradycyjne i nowoczesne
szanty morskie,pieśni wielorybników,rybaków,piosenki
żeglarskie etc.

Będzie to „mini-festiwal" w Londynie pomiędzy ich
występami na Międzynarodowych Festiwalach Szanty
Morskiej w Liverpool i Bristolu.

Zaproszenia do nabycia w Barze PYCL w godz.21 - 24
po Ł 4.- od osoby do dn.25 czerwca i po Ł 5.- później

Rezerwacje listownie,lub po 24 czerwca,telefonicznie:
01 965 4849 w ciągu dnia
01 581 1072 w późnych godzinach wieczornych.

Wybory Miss Polski Yacht Club London

Muzaj, Sikorski i Porębski w PYCL

WYBRANE REJSY KLUBOWE
ASSORTED CLUB'S SAILING TRIPS

wyciąg obejmuje również rejsy z okresu poprzedzającego powstanie klubu.
extract includes some major trips made even before club's establishment

sy Kleco	1976	Lymington-Wareham-St.Peter(Guernsey)-Sark -St.Hellier(Jersey)- Alderney-Plymouth-Newlyn-Scilly Is. -Wareham-Lymington
sy Anicox	1977	Lymington-St.Peter,Guernsey-Sark-Cowes-Lymington
sy Oyster	1977	Gouvia-Gaios-Lefkas-Klimino-Kioni-Aigion- -Korinthos-Itea-Patras-Zakinthos-Samos-Preveza- -Parga-Igoumenitsa-Gouvia
sy Cyrana	1978	Troon-Campbeltown-Stornoway-Scrabster-Inverness- -Fort Augustus-Fort William-I.Colonsay-Troon
sy Jamioł	1978	Kraljevica-Krk-Rab-Zadar-Sibenik-Skradin-Zlarin- -Primôsten-Petrčane-Kraljevica
sy GipsyMothV	1979	Capetown-Freemantle(W.Australia)
sy Roitelet	1980	London-Queenborough-Ramsgate-Dover-Ramsgate- -Gillingham– London „Rejs Sylwestrowy".
sy Lavraki	1981	Vilko-Meganisi-Vathi-Argostoli-Frikes
sy Kami	1982	Hamburg-Brighton
sy Centuś	1982	Hamburg-Brighton
sy Kami sy Centuś sy Tara B	1982	Brighton-Cowes-Lymington-Brighton „Inauguracja PYCL"
sy Marko	1982	Poreč-Zadar-Velastica-Trogir-Kaprije-Rab-Pula-Poreč
sy Maria III	1983	Corfu-Siracuza-Marzameni-Porto Palo-Valletta- -Mgarr(Gozo)-Valletta– Lampedusa-Pantarellia- -Bizerte-Palma de Mallorca-Gibraltar-Ceuta-Tanger- -La Luz-Porto Rico(G.Canaria)
sy Kami	1983	London-Hamburg

sy Centuś	1983	Calais-Queenborough-Lymington-Fuengirola- -Banalmadena-Melilla-Ras Kebdana-Palma de Mallorca- -Ibiza-Espalmador–Mazaron-El Candado-Gibraltar- -Algeciras-Vilamoura
sy Imperateur	1983	Brighton-French harbours-Brighton
sy Centuś	1984	Vilamoura-Vila Real San Antonio-Cadiz-Vilamoura- -Gibraltar-Vilamoura-Porto Santo-Funchal-El Jadida- -Cadiz-Vilamoura-Bonanza-Sevilla-Huelva-Vilamoura *„Feria de Abril"*
sy Maria III	1984	Puerto Castillo-Caleta Furte-Corralejo(Fuerteventura)
sy Spirit of Win	1984	St.Raphael-Monte Carlo-Calvi-Porquerolles-Port Grimaud- -St.Tropez-La Figuerette-St.Raphael
sy Dabral	1984	Brighton-French harbours-Brighton
sy Centuś	1984/5	Vilamoura – training grounds of PYCL
sy Dago	1985	Kos-Pserimos-Kalimos-Vathi-Bodrum-Patmos-Lipso-Kos
sy Banjo Billy	1985	Lymington-Ijmuinden-Amsterdam-Nieuwpoort- -Dover-Brighton *„Amsterdam-Sail"*
sy Centuś	1985	Vilamoura-Bonanza-Sevilla-Huelva-Vilamoura- -Puerto de Santa Maria-Ceuta-Almeria-Garrucha- -Mazaron-Cartagena-Portman-Torrevieja-Alicante- -Calpe-San Antonio-Santa Eulalia- -Ibiza-Palma de Mallorca-Mahon-Bonifacio-Fiumicino- -Training trips from Fiumicino
sy Centuś	1986	Fiumicino-Capri-I.Ponza-Fiumicino, Training trips from Fiumicino
sy Dagmar Aaen	1986	Grenaa-Hals-Osterby-Skagen-Samsø
sy Banjo Billy	1986	Lymington-Poole-Yarmouth-Lymington
sy Ms Salamanda	1987	Lymington-Yarmouth-Alum Bay-Hamble River- -Portsmouth-Lymington
sy Centuś	1987	Fiumicino-Ischia-Fiumicino-Ischia-Capri-Sorrento- -Stromboli-Milazzo-Regio de Calabria-Brindisi- -Dubrovnik-Polače-Korcula-Hvar-Split-Milna- -Lumbarda-Pomena-Lopud-Dubrovnik
sy Aphrodite	1988	Lymington-Alderney-St.Helier-Sark-Lymington
sy Kittywake	1988	Port Solent-Cherbourg-Port Solent
sy Centuś	1988/9	Dubrovnik i Chorwacja – training grounds of PYCL
sy Daughter	1989	Chatham-Brightlingsea-Chatham
sy Kittywake	1989	Port Solent-Alderney-Guernsey-Jersey-Sark-Port Solent
ms Challenger	1990	Erith-Dunquerque-Paris-Avignon(French Canals)
sy Daughter	1990	Chatham-Nieuwpoort-Newhaven
sy Daughter	1991	Newhaven-Helgoland-Kiel Kanal-Rønne-Jastarnia- - Gdynia–Gdańsk-Łeba-Świnoujście-Trzebież-Szczecin- - Peenemünde-Newhaven *„World Polonia Sailing Jamboree"*
sy Gabriela T	1992	Nieuwpoort-Dover-Bologne-La Coruna-Gibraltar

sy Gabriela T	1992	Gibraltar-Benalmadena-Puerto Duquesa-Gibraltar
sy Far Star sy Kaprys sy Ostryga	1993	Gibraltar – „*Sikorski Memorial Rally*"
sy Radwan	1994	Kołobrzeg-Nexo-Kiel-Holtenau-Cuxhaven-Ramsgate- -Brighton-La Coruna-Lisboa-Gibraltar-Melilla-Mahon- -La Maddalena-Fiumicino-Procida-Capri-Ponza- -San Catherina
sy Solidarity	1994	Chicago-Joliette-Peoria-Grafton-Portage-Des Sioux- -Memphis-Vicksburg-New Orleans-St.Petersburg
sy Bona Terra	1996	Jacare(Brasil)-Cayenne-Isle de Salut-Paramaribo- -Tobago-Chaguaramas(Trinidad)-I.Testigas-Porlamar- -Puerto de la Cruz-Tortuga-Caraballeda-Los Roques- -Morrocoy-Bonaire-Curacao-Aruba-Cartagena
sy Zeus	1997	Neustadt-Rönne-Gdańsk-Kołobrzeg-Neustadt „*II World Polonia Sailing Jamboree*"
sy Solidarity	1998	Gdańsk-Gdynia-Władysławowo-Kołobrzeg-Stralsund- -Kiel Kanal-Cuxhaven-Amsterdam-Ijmuiden- -Brunsbuttel-Holtenau-Świnoujście-Trzebież-Kołobrzeg
sy Gemini	1998	Amsterdam-Ijmuiden-Ramsgate
sy Ntombifuti	2000	Plymouth(UK)-Newark(USA) „*Singlehanded Transatlantic Race*"
sy Ostryga	2000	Porto Castillo(Fuerteventura)-Porto Calero-Essaouira- -Gibraltar
sy Quo Vadis	2000	Gdańsk-Władysławowo-Kołobrzeg-Łeba-Hel-Puck- -Gdańsk „*III World Polonia Sailing Jamboree*"
sy Bona Terra	2000	La Valletta-Houmt-Souk-Mahdia-Valetta
sy Bona Terra	2001	La Valletta-Porto Palo-Augusta-Milazzo-Palermo- -Cagliari-Palma de Mallorca-Espalmador- -P.Garrucha-Aguadulce-Benalmadena-Gibraltar- -Funchal-Puerto Delgado(Azores)-Camaret-Brighton- -Scheveningen-Helgoland-Cuxhaven-Kiel Kanal- -Świnoujście-Szczecin
sy Venator	2002	Stavanger-Mandel-Skagen-Grenee-Korsor-Faaborg- -Svendborg-Stobekopping-Nexo-Górki Zachodnie
sy Ostryga	2002	Sotogrande-Gibraltar-Smir-Porto Duquesa-Estepona- -Sotogrande
sy Weekend	2002	Viareggio-Capraia-Elba-Viareggio
sy Pogoria	2003	Genoa-Toulon-Barcelona-Palma de Mallorca-Ajaccio- -Bonifacio-Porto Ferraio(Elba)-Genoa
sy Ostryga	2003	Sotogrande-Gibraltar-Barbate-Cadiz-Chipiona-Rota- -Ceuta-Sotogrande-Benalmadena-Motril-Roquettas- -Garrucha-Torrevieja-Moraira-Palma de Mallorca- -Ibiza-Alicante

sy Weekend	2003	Koper-Poreć-Pula-Wenecja-Triest-Portoroz-Piran--Izola-Koper
sy Bona Terra	2004	Valletta-Argostoli-Kiato-Isthmia-Aegina-Kalamaki--Ĉanakkale-Istanbul-Sevastopol-Balaclava--Yalta(Massandra)-Konstanta-Varna-Istanbul--Ĉanakkale-Gavrion-Kalamata-Catania-Malta *„Herodot Expedition"*
sy Pogoria	2005	Genoa-Monte Carlo-Bonifacio-Trapani-Vulcano--Sorrento-Napoli-Siracuza-Brindisi-Wenecja *„Fizyka pod Żaglami"*
sy Ostryga	2005	Sotogrande-Gibraltar-Rota-Mazagon-Vilamoura--Lagos-Sines–Cascais-Peniche-Figueira da Fez--Viana de Castelo-Baiona-Camarinas-La Coruna-Ipswich
sy El Dhow	2005	Burnham on Crouch(Thames Estuary)--Continental harbours.
sy J. Livingstone	2006	Dubrovnik-Cavtat-Zelenika-Kotor-Bar-Slano-Korćula--Hvar–Nečujam-Split -
sy Maestral	2006	Dubrovnik-Cavtat-Zelenika-Kotor-Slano-Korćula--Hvar-Dubrovnik
sy El Dhow	2006	Burnham on Crouch(Thames Estuary)-French Canals--Port St. Louis

Rejsy prowadzone przez kapitanów – skippered by:

N.Bach, Giles Chichester, Ernie Fenlon, Paweł Frankowski, Maciej Gumplowicz, Adam Jasser, Jerzy Knabe, Bolesław Kowalski, Ryszard Lutosławski, Michał Olszewski, Joanna Pajkowska, Ryszard Pasławski, Aleks Pugacewicz, Zdzisław Wołoszczuk, Jacek Zazulin, Janusz Zawiliński.

sy „Kleco" 1976 Isle of Sark. Lovely - jovely, they nicked the water!

sy „Kami" w Londynie, St. Katherine Docks. 2003

1982

sy „Kittywake" na kotwicy koło
wyspy Wight

sy Aphrodite on anchor – Isle of Wight

Polish-German checkpoint on inland waters

Good life on sy „Kittywake"

sts „Pogoria" in Bonifacio

Bonifacio by night

sts „Pogoria" in Bonifacio

W.Cendrowicz busy in Cadiz

Sailors' breakfast is ready

Approaching Gibraltar

Approaching Gibraltar

Disrespect of tides. Guernsey, Channel Islands

M. Hołdak on sy „Weekend" in Poreć, Slovenia

sy „Bona Terra" in Bosfor

„Centuś" in Ras Kebdana, Morocco

sy „Centuś" on its way to Madeira

Doctor Olgierd Baniewicz in jelaba,
Ras Kebdana, Morocco

Olgierd and Gabriela

Gabriela Teliga on the sea

Gabriela on Thames near
the Parlament

Sailing to II World Polonia
Jamboree 1997

On the Black Sea

HOW TO CAPSIZE A BOAT

We all know that most sailing disasters are associated with human error and this includes fatigue. In other words the poor mental and physical condition of the crew may consequently lead to a bad decision or indecision. Some other factors are extreme weather conditions, equipment failure, incompetence, collisions and many more but fatigue, in my opinion, is the most important.

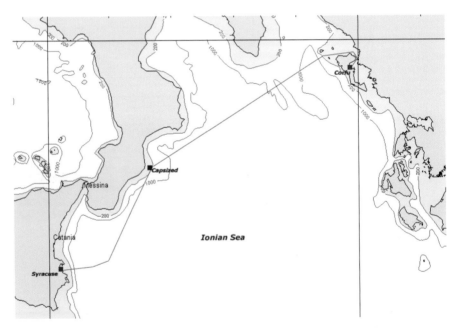

The boat was moored in Gouvia Marina in Corfu. She was one of a fleet of new "Carters" which had been purchased by a charter company which then went bankrupt. When we arrived we found that

Getting the boat ready

Happy faces of Maciek&Frances 24 hours before capsize

all of the boats were in an appalling state due to complete lack of maintenance as the owner had not paid a penny for marina fees etc. My girlfriend Frances and myself worked flat out to get one boat ready for a passage to Malta. Two other crew changed their minds about joining the trip and decided to return to England, leaving just the two of us to press on. The preparation took more than three weeks, not least because of all the time spent chasing bureaucracy, form filling, fee paying, seeking various written agreements and generally being pushed from pillar to post to offices all over Corfu Town. We were weighed down with paperwork and certificates which made no difference to a repeated refusal to allow the boat to leave Greek waters. Eventually the Chief of Corfu Port Police took pity on us, wrote a short note which he handed to us and said we could leave. All that official paperwork and hassle and yet a small piece of scrap paper allowed us to go on our way with ease.

After clearing Customs and Immigration we left Corfu on 29th March 1983 at 15:00. The weather forecast, taken from the port police station, wasn't too bad – SSE 4 increasing. Being utterly fed up with the delays and determined to leave as soon as possible we did not take into account the tiredness which sets in after weeks of constant hard work. Nevertheless we set sail in high spirits and full of enthusiasm. But the weather worsened in just a few hours. The wind increased to 6 then 7 then 8 Beaufort. The decision to drop anchor at the north east tip of Corfu failed mostly due to a 10 Kilogramme Danforth anchor and only two metres of chain with the remaining line being rope. I then decided to continue on to Syracuse on the west coast of Sicily.

Leaving to port the Isle of Samothrake the wind suddenly dropped, usually a sign of change of direction, and a beautiful halo appeared around the full moon. The best decision at that stage, with hindsight, would have been to turn the boat around and head back to Corfu but the fatigue factor was beginning to manifest itself, blurring the safest sailing decision, so we sailed on towards Sicily.

The boat, "Maria III" was not equipped with a liferaft therefore a fully inflated rubber dinghy was sitting on the deck, obscuring the forward view and probably enhancing the drift. Frances, an experienced sailor, and in spite of her stoical efforts became more unwell and was resting below. The boat was making some progress with just the mainsail reefed to the size of a handkerchief. At 03:30 on 31st March I identified the lighthouse Rizzuto on the Italian coast, so I thought, and the wind was at full gale force and increasing. I tried to put the boat into heave to position but it didn't work. Frustrated, angry, hungry and extremely tired, the ideal cocktail for making mistakes, I asked Frances to take the helm for a few minutes to give me time to plot our position, update the log, roll up a cigarette and drink some water. The wind was blowing 9 – 10° Beaufort from the north east and I was comfortable at the navigation desk! The last instruction to Frances, secured with a double harness, was to shout for me if she had any concerns.

Then silence and a narcoleptic sleep; the result of extreme fatigue. Judging by the log book Frances had been on deck for several hours, not just a few minutes and only her fantastic stamina had kept her awake but she was finally defeated by exhaustion. So when the first surf wave hit the boat she was unable to extricate herself from the harness anchor points and her loudest shouts proved futile. We were hit again broadside on.

Then it happened. There was an almighty bang and water poured through the gangway. The hatch wasn't closed because I only intended to stay below for a few minutes and we needed to communicate. I awoke to a sailing calamity – a capsize.

What you do in such a situation is not rational. It is an automatic reaction coded in your brain after years of seafaring. Soaked to the skin you probably don't realize that you are moving at incredible speed in such circumstances. I jumped into the water filled cockpit expecting to see Frances at the tiller. She was nowhere to be seen but the beach was there alright and beckoning. A fresh build up of surf was approaching fast. I turned the boat head on and into that menacing threat. Luckily the engine key was kept in position. Pray, whether you are a believer or not, pray that the engine will cough, splutter and start. And so it did. With full throttle off we went into a mountain of water. Success. There was a tap on the bottom in the trough but we were floating instead of being stranded. I looked behind me and was extremely relieved to see Frances climbing back on the deck. The poor girl experienced a nasty dunking but the harnesses held. Her first words were to ask me why I hadn't tried to save her and I replied that I was too busy saving the boat. It's more than twenty years ago but the words are still thrown at me from time to time!

In Syracuse we were met by the police who told that it was a force eleven storm with several boats sunk or stranded on the east coast of Sicily. We were questioned about any sightings or communication with other boats. When we inspected our own damage we found gravel and sand stuck to the mast and rigging with a large bunch of seaweed atop of the mast! Luckily there was no major damage. We moored in the Syracuse Yacht Club and cannot thank the staff and members enough for their assistance in drying us out and their kind hospitality.

Sadly some of the people we befriended in Corfu were lost, in particular a young Dutch family. We had much admired a beautiful fifteen metre French yacht crewed by eight Germans. We later saw it with a huge gash along the hull and learned that five of the crew had been lost. This puts our experience into perspective.

We went to the cathedral in Syracuse and lit candles to give thanks for our safe arrival. I have wondered about the weaknesses of human beings and how our lives could be extinguished by unforeseen circumstances. I've learned a lot.

Fatigue – watch out!

Frances and Maciek Gumplowicz
2006

PIĄTEK TRZYNASTEGO
(Wyciągi z listów nawigatora rejsu Malta-Kanary 1983 na sy „Maria III" do Sekretarza Klubu w Londynie)

Drogi Jurku,

Przypuszczam, że jesteś ciekaw, jak też nam się tu wiedzie. Jak pamiętasz,wszystko zaczęło się u Ciebie na party w sobotę 2-go maja. Po żmudnym załatwieniu spraw wizowo-paszportowych udało się zarezerwować jedynie dostępne bilety lotnicze na Maltę – na piątek trzynastego maja...Wyobraź sobie, że niezwykłym trafem spotkałem się z Maćkiem w tym samym wagonie metra w drodze na lotnisko... Ruszyliśmy w rejs w trójkę z Jackiem.

Kapitan i nawigator

*

Przy podchodzeniu do Bizerty – panika z banderą kurtuazyjną. Nawet nie wiemy, jak ona wygląda. Długie podglądanie przepływających jednostek dało odpowiedź – czerwone półksiężyce i coś tam jeszcze na białym tle. Kawałek płótna żaglowego i mój pocięty czerwony lateksowy czepek kąpielowy załatwiły sprawę – kapitan był zadowolony.

Odprawa. Paszporty – no dobra – są, ale nie macie wiz. Musicie iść do Policji Portowej i tam poprosić, aby wam wydali. A gdzie to? No tu niedaleko. Po dwóch godzinach poszukiwań mamy ich. Mamy już też wizy, ale musimy zostawić paszporty u nich, bo oni muszą coś..... itd...no i możemy wracać. O 2-ej mają być celnicy..

Przyszli – i to całą watahą – chyba ich ze czterech czy pięciu. W mesie zostaje Maciek – jako kapitan, my na górę do kokpitu, a oni zabierają się ostro do szukania narkotyków. Przegrzebują jacht w każdym zakamarku – nawet i tam, gdzie my za często nie zaglądamy: kibel, forpik, zęzy, gretingi, silnik, kabina nawigacyjna, każda szafka, achterpik, bakisty – w końcu wykrywają coś w małym słoiczku w szafce bosmańskiej pod zejściówką.

...mają zdobycz.. mają.. mają nas...

Trzeba było widzieć radość tego celnika. Twarz rozpromieniona jak pełnia księżyca tuż nad taflą morza w sztilu...Już widzi siebie promowanego na dowódcę, zmienia rower na motocykl, sąsiedzi zielenieją z zazdrości o ten motor, a żona ma już nowy kapelusz, ooo....

Ostentacyjnie odkręca słoiki i biorąc na opuszki palców szczyptę tego białego proszku, z uczuciem triumfu próbuje językiem tego niebiańskiego smaku... Nie da się słowami opisać obrzydzenia, jakie się na nim pokazało... Co więcej, miał dużą trudność oderwać palec od języka. Plucie, gdzie popadło nie miało końca. K...., a ja to teraz będę musiał zmywać, pomyślałem sobie.

Kontrola została gwałtownie przerwana – wynieśli się z łódki natychmiast. A Maciek do mnie: –... coś ty tam szmuglował?... Co to jest??...

– Jak to co ? KASKAMIT... klej do drewna... ten co przywiozłem do zrobienia półki. Tarzamy się ze śmiechu... (oni już daleko).

Przychodzi płynąć dalej. Długotrwałe dyskusje o zwrot naszych paszportów nie przynoszą żadnego rezultatu. Nie ma waszych paszportów – poczekajcie trochę. Po godzinie – nie, jeszcze nie ma, a w ogóle, to nie ma „bossa" i przyjdźcie jutro. Sfrustrowani wychodzimy. Czort wie, co tu z nimi zrobić. Siedzimy ze dwie godziny na krawężniku zezłoszczeni, bo zapowiada się dłuższy postój. Gdzieś koło 6-tej Kapitan idzie sam. Zostańcie – ja to załatwię. Tak, tak... wrócił za kilka minut. Tam nikogo nie ma!

No to chodźmy jeszcze raz. Rzeczywiście nikogo nie ma w całej „recepcji". Przez chwilę próbujemy wołać, nikt się nie wychyla – i tu mi strzela myśl do łba – Maciek, oni chyba mają teraz swój czas modlitwy. Nie ruszy się żaden, choćby piorun z jasnego nieba strzelił. Chodzimy z kąta w kąt – aż wpadłem na pomysł, aby zaglądnąć do nieco uchylonej szuflady od biurka przy kontuarze. No popatrz – SĄĄĄ.. Nasze... i na wierzchu. Wszystkie trzy... Łap i chodu.

Wprawdzie z nonszalancją, ale raczej dość pośpiesznie przechodzimy koło modlącego się ciecia na bramce „mariny". Nie ma konieczności godzinnego tłumaczenia i bakszyszowania... Czym prędzej na łódkę. Klarujemy, zapalamy terkot i w pięć minut już nas nie ma. Co chwila oglądamy się, czy za nami nie rwie już jakiś ścigacz. Po godzinie – nic nie widać, po dwóch spoglądamy coraz rzadziej. Po paru godzinach możemy chyba odetchnąć.

Jesteśmy na pełnym morzu...

Eugeniusz J. Zazulin
1983

THE YELLOW FLAG

On our way back from Sail Amsterdam'85 to Lymington, home port of sy "Banjo Billy", we have decided to pop in for a day to Brighton Marina. Navigator called a coastal station of Customs & Immigration giving all details of the boat, crew and itinerary asking permission to enter. Then there was a question whether we need a clearance or not. The answer was sound and clear, that as an English registered boat we do not need a clearance.

Crew of "Banjo Billy" in Amsterdam

But when the boat was lovely moored, out of the blue several customs officers appeared. Soon the purpose of the visit became apparently and painfully clear; we have not hoisted a yellow flag.

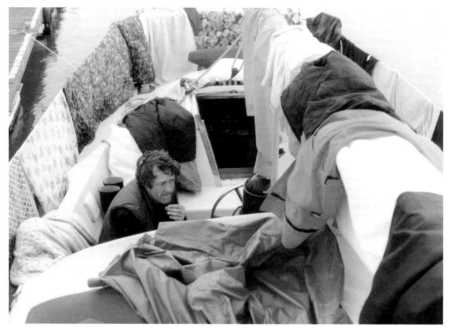

Recovery after severe gale on the North Sea

English customs officers are extremely polite but by the same token extremely efficient and thorough with any inspections – so are the dogs. We could not help our curiosity while they were busy at the liferaft and interfered – "How in hell can they sniff anything in a factory sealed liferaft?"

"Oh yes, they can. Don't you worry, sir!" was the answer. Fortunately the boat was found clear of any offences and satisfied customs team left the boat with tough and stern advice: "Next time, sir, remember a yellow flag, sir – thank you!"

Banjo Billy Crew
1985

PAT AND ERNIE

To commemorate this auspicious occasion we, non Club members Pat and Ernie Fenlon of MV "Challenger", have selected a couple of the many stories we have to recall our association with the Polish Yacht Club.

Our introduction to the Club and its members began via Maciek and Frances Gumplowicz in 1984 when we introduced them to Anchor Bay Moorings, Erith on the marshes of the River Thames. For a short period of time the PYCL was renovating a small boat next to our mooring and they employed Fabian from Poland who lived on board "Challenger" in our front cabin. We remember members of the Club visiting him, helping with some of the work, the long lunches on board "Challenger" with lots of sailing stories and occasionally a bonfire on the marshes with baked potatoes and liquid refreshments.

For our selected stories we start in 1985 with:

On the rocks in Greece.

Now picture the sunny harbour of Kos, brilliant blue sea and sky, a sixty foot catamaran called "Dago" and the prospect of a two week sailing holiday around the Greek Isles – bliss or what! We were guests (and crew) of Maciek

sy "Dago"

and Frances who now also had six months old Matthew. The other crew members were Maciek's brother Jurek and his eleven year old son Michel. We say sailing with a capital S as Captain Maciek did not like to use the engine. So we sailed either with no wind at 1.5 knots, much to the frustration of Ernie who, being an engineer was a motor boat man, or we sailed with wind at an amazing speed of 8 knots upwards in whatever direction the wind blew.

He loves it, doesn't he?

Unfortunately the wind blew in the wrong direction as we were sailing through a beautiful fjord and took us straight towards the rocks! Pandemonium ensued! The Captain shouted his orders (with expletives) to start the engine which Ernie tried unsuccessfully to do. Ernie then lifted the deck boards only to find the engine in the bilges bereft of life! CRASSH! We hit the rocks. The scene was as follows. Take one. Maciek and Pat rushed forward with boat hooks to push the boat off. Jurek grabbed the biggest fender and climbed onto the rocks to fend off. Michel looked after the baby and Ernie and Frances launched the dinghy and outboard ready to pull the boat off. Everyone had found an inner strength and were working quickly in a state of high tension when Michel called out "Frances, Frances baby cry" which was not surprising with all the shouting going on. So Frances grabbed a dummy, stuck it in a jar of Virol (a sweet malt substance) and quickly gave it to Matthew – yum yum he was content. Maciek and Pat pushed, Ernie and Frances pulled and Jurek fended off. Gently "Dago" reversed but we heard crunch, crunch and were fearful that there was damage to the hull. We were all anxious and tense. "Pat, Pat baby cry" Michel called so in take two mode Pat repeated the dummy and Virol exercise and Matthew was happy again. Ernie and Frances guided the boat into deeper water, the Captain relaxed slightly, Pat was on the wheel and we were moving out of danger. There was a plaintive cry. "Help! What about me?" We all turned around to see Jurek still on the rocks sitting on his fender! When we had all stopped laughing Ernie went to pick him up. We found a mooring and came into the quay under sail and with a little assistance from the dinghy thereby not making a spectacle of ourselves. To the great relief of all of us there wasn't any damage done to the hull.

Talking of spectacle, we did create one every evening on the quay. When one carries a baby on board it creates an international passport to being welcomed by the locals. Bathing Matthew in a washing up bowl on deck delighted passers by and they usually stopped and applauded.

Now with regard to crew member Jurek. His desire for further adventure took him to seeking out a Greek fisherman to take him in search of an octopus. He went off with the Greek fisherman in a rubber dinghy and a few bottles of beer, promising us octopus for supper. Not only did they catch an octopus it was so large that it helped itself into the dinghy by putting its tentacles over the side of the boat. Jurek, thinking he was under attack stabbed the octopus and the knife went through to the boat which then let in water! They eventually got back to shore where Jurek spent hours on the quay bashing the octopus, explaining that he was tenderizing it! We had already decided not to cook it on board so Jurek took it to a local café and proudly returned with it cooked for our supper. It was like eating rubber. Ernie said it reminded him of a bicycle tire. Anyway we all went out for supper and the octopus went overboard from whence it came!

Now to move on a few years to 1991 for another story.

"Free Poland" in Gibraltar.

We now lived on board "Challenger" in Gibraltar Marina and were still in contact with Maciek, Frances and Matthew. In fact they came to stay with us for a holiday in the Mediterranean sun and it rained for two weeks! But that is another story! We only mention this because, to refer back to the Club, whilst in Gibraltar Maciek caught up with the Polish yacht "Orla Korona" and that is another story!

Ryszard and Anna Rewucki on their boat

Back to this story. One day a Polish couple called Richard and Anna turned up on our quay looking for Ernie. They introduced themselves and said they had a yacht out in the anchorage called "Free Poland" and they knew of us through Maciek. They had sailed from Poland and were en route to the USA but they had "some engine problems" and were in need of some mechanical help. Ha! What an understatement! Ernie agreed to help and said that we would come out to the anchorage to look at the engine. "Oh, that's not necessary" they said and held up two plastic bags. "It's all in here." All was right! The bags were full of different components that in fact needed to be put together before it could be ascertained what was wrong. It was also very obvious that (a) they were desperate to get going again, (b) they had very little money, hence the anchorage and (c) they were eager to help in any way they could. Anyway, to cut a long story short, after two weeks and many hours in our on board workshop and back and forth into town for spares, Ernie finally put it all back together again. We all went out to the anchorage, Ernie fitted the engine, we had sea trials and they were finally ready to sail, their next stop being Madeira.

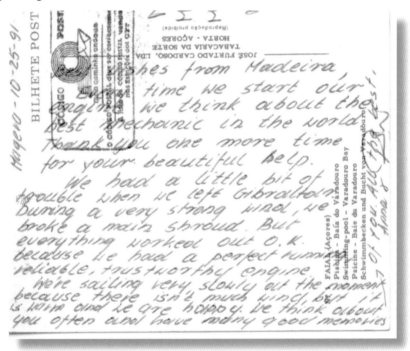

Because money was a problem Richard and Anna gave Ernie one of their prized possessions, a beautifully bound book about Poland. We refused to accept it but they insisted so we took the book and off they sailed. After a while we received a postcard from Madeira which is printed here for you to read.

What about the book you might ask. Well because it was in Polish and obviously historical we felt we should not keep it so we gave it to Maciek for Christmas so that it would eventually go to Matthew. Maciek could not understand HOW and WHY we would have such a book. SUCH IS SAILING!

POSTCARD

Madeira 25/10/91

Best wishes from Madeira. Every time we start our engine we think about the best mechanic in the world. Thank you one more time for your beautiful help. We had a little bit of trouble when we left Gibraltar. During a very strong wind we broke a main shroud. But everything worked out OK because we had a perfect running, reliable, trustworthy engine. We're sailing very slowly at the moment because there isn't much wind, but it is warm and we are happy. We think about you often and have many good memories of you. All the best.

Anna and Richard.

Pat and Ernie Fenlon
2006

REJS WŁOSKI

Tego rejsu szczególnie nie zapomnę. Morze Śródziemne. Italia. Czerwiec 1987. W załodze oprócz mnie byli Kuba Brodowski, Janusz Zawiliński i Pani Ela. A kapitan Maciej Gumplowicz dbał, żeby nie było nudno...

Zabawa zaczęła się już wkrótce po wylądowaniu w połowie nocy we Fiumicino. Brama portowa jest zamykana o 23-ej i żadne nawoływania nie skutkowały. Nie pozostało nic innego jak frontalny atak na płot. Pierwszy przeszedł Maciek – należało mu się to z racji rangi, jak również umiejętności porozumiewania się w każdym niedostępnym dla nas języku (w tym zakresie jest wyjątkowo uzdolniony). Następni szturmowali Kuba i Janusz. Ela i ja wstrzymałyśmy się przed karkołomną gimnastyką – płot miał chyba ze dwa metry wysokości. Nie pomyliłyśmy się, wierząc w naszego kapitana – za jakiś czas przyprowadził stróża, który otworzył nam furtkę i zaprowadził na jacht – do „Centusia".

Nazajutrz pan kapitan zarządził prace pokładowe, ale także wspaniałomyślnie zezwolił na wycieczkę do Rzymu. Stare miasto nas zauroczyło. Byłam tam po raz pierwszy. Z przewodnikiem w ręku zwiedziliśmy najważniejsze miejsca, zaczynając oczywiście od Watykanu. Byliśmy bardzo dumni z naszego papieża. Czuliśmy się trochę jak święte krowy wchodząc do bazyliki bez kolejki – był to wtedy przywilej Polaków, wystarczyło pokazać paszport. Jedynie Kuba miał mały problem z wejściem, ponieważ nie dysponował przepisowym strojem. Poradził sobie z tym jednak bardzo szybko, pożyczając na czas zwiedzania odpowiednio długie spodnie od jakiegoś rodaka.

Na trzeci dzień po sklarowaniu wypłynęliśmy w morze. Tu niespodzianka, ponieważ okazało się, że warunki nie były tak sprzyjające, jak sobie to wyobrażaliśmy. Wiało całkiem nieźle i huśtało również. Nasza pani Ela bardzo źle znosiła żeglowanie. Dostała choroby morskiej w pełnym wymiarze. Całą drogę na wyspę Ischia przeleżała w koi z wiadrem przy głowie. Doszła do siebie dopiero na pomoście w porcie. Wieczór spędziliśmy bardzo miło, bawiąc się doskonale w nabrzeżnych tawernach przy winie, śpiewach i muzyce. Na następny dzień zaplanowaliśmy dokładniejsze zwiedzanie tej przepięknej wyspy.

W nocy obudził mnie ruch na pokładzie i niepokojące odgłosy. Postanowiłam sprawdzić, co się dzieje. Ku mojemu zdziwieniu byliśmy już na pełnym morzu, a dalekie światełka za rufą to była Ischia. Maciek i Kuba siedzieli za sterem w doskonałych humorach i wyobrażali sobie zaskoczenie Pani Eli, gdy obudzi się na Capri zamiast na Ischii. Nie było odwrotu – musieliśmy dopłynąć do Capri, Faktycznie, Ela była pod wrażeniem, że tak szybko i bezboleśnie przenieśliśmy się z jednej wyspy na drugą. Tu spędziliśmy pięć dni, zwiedzając dokładnie ten uroczy zakątek.

W następnym porcie, w Sorrento, Pani Ela została wysadzona na ląd. Umówiliśmy się z nią na lotnisku w Fiumicino w dniu powrotu. Pani Ela chętnie zgodziła się na taką propozycję, tym bardziej, że w Sorrento miała przyjaciół, z którymi mogła spędzić ten czas nie narażona na chorobę morską.

Rozstanie poprzedził incydent, kiedy to Pani Ela zainteresowała się nawigacją i znalazła nasz port docelowy. Na mapie rzeczywiście wyglądało, że do Brindisi jest znacznie bliżej w prostej linii, niż przewidywał nasz jakiś bardzo okrężny rozkład jazdy, więc zażądała kategorycznie, by płynąć tam prosto, aby skrócić jej żeglarskie męki... Do kierowanych do niej do tej pory cierpliwych uwag w rodzaju „Proszę Pani, na jachcie żyga się na zawietrzną" teraz doszła kolejna: „Proszę Pani, jachty ‚po żółtym' nie pływają"...

Następne dni żeglowaliśmy zgodnie, w miłej żeglarskiej atmosferze, z małymi przerwami na kąpiele i pływanie. Inne urozmaicenie to obserwacje delfinów, które towarzyszyły nam na sporym dystansie, tańcząc na ogonach dookoła jachtu – fantastyczny widok.

Sielankę przerwał incydent, który rzucił cień na następnie dni. Płynąc nocą na silniku, napotkaliśmy oświetlone sieci rybackie dokładnie w poprzek naszego kursu. Musieliśmy odbić w prawo, płynąc wzdłuż światełek. Trwało to dosyć długo. Nasz kapitan zaczynał tracić cierpliwość. Wreszcie, ku jego uciesze, ujrzeliśmy znaczną przerwę w łańcuchu lampek. Niestety, przerwa w oświetleniu nie oznaczała przerwy w sieciach tylko awarię oświetlenia. Wpakowaliśmy się pełną parą w sieci. Trzeba było oswobodzić jacht. Janusz, nasz dzielny pływak, nurkując odciął „Centusia" od sieci, ale nie mogliśmy uruchomić śruby zaciśniętej mocnymi nylonowymi linkami.

Na szczęście powiał wiatr, pozwalając nam oddalić się od uszkodzonej sieci. Wszyscy mieliśmy duszę na ramieniu, wiedząc, że na gratulacje od rybaków nie możemy liczyć. Nikt nie spał, czuwaliśmy rozglądając się, czy nas ktoś nie goni. Rano helikopter latał nad naszymi głowami. Zaraz potem przerażeni zauważyliśmy płynący na nas duży motorowy jacht. Staliśmy w milczeniu, oczekując najgorszego. Ale poproszono nas tylko o pomoc w nawigacji – domniemany patrol okazał się pechową załogą, która straciła mapy. Maciek szybko i ochoczo posłużył pomocą przybyszom, chcąc się ich jak najszybciej pozbyć.

Wreszcie zrobiliśmy porządek ze śrubą silnika, usuwając skrzętnie wszystkie pozostałości sieci. W dalszej drodze postój na wulkanicznej wyspie Stromboli, a potem kurs na Sycylię. Maciek odczuwał nieodpartą chęć obejrzenia prawdziwej mafii sycylijskiej podczas niedzielnej sumy.

W Messinie należało trochę odpocząć po trudach żeglowania. Przycumowaliśmy przy miejskiej kei, gdzie siedziało mnóstwo wędkarzy i łapało duże ilości ryb. Kuba patrzył na nich zazdrośnie, ponieważ woził ze sobą wędkę, która na niewiele mu się dotychczas przydała. Maciek pocieszył go, że jeśli i tym razem nic nie złapie, to i tak na naszym pokładzie znajdzie się miska pełna świeżych ryb – już on to załatwi.

Wieczorem wybrał się na brzeg zaprzyjaźnić się z wędkarzami, zabierając ze sobą pomocniczy ładunek polskiego pochodzenia. Poszliśmy spać, nie doczekawszy się powrotu kapitana. Nad ranem obudziły mnie śpiewy. Początkowo nie mogłam się zorientować gdzie jestem, ponieważ śpiewy były wielogłosowe i przypominały biesiadne pieśni w rodzaju „góralu, czy ci nie żal". Zdziwiona wyjrzałam na niecodzienny acz piękny obrazek na brzegu. Wędkarze sycylijscy siedzieli sobie w gromadce i śpiewali pod dyrygenturą Maćka. Wróciłam do spania, przekonawszy się kolejny raz o niesamowitych zdolnościach kapitana w nawiązywaniu przyjaznych kontaktów z tubylcami.

Rano znów obudził mnie hałas i tupotanie. Zerwałam się z koi – na pokładzie stała duża micha pełna ryb. Kapitan dotrzymał słowa. A potem zjawił się wędkarz – Sycylijczyk, który żądał pokazania się Maćka, ponieważ ma zabrać go do kościoła. Przyniósł ze sobą również gąsior swojskiego wina i siatki owoców z własnego ogrodu. Maciek brutalnie wyrwany ze snu, z zamglonym okiem i z rozwichrzoną czupryną pomaszerował potulnie na sycylijską mszę (z prawdziwymi mafiosami) – ale nie tylko na nią, bo wrócił bardzo późno w nocy.

Następnego dnia zrelacjonował nam wrażenia ze swojej eskapady i z dumą zaprezentował zakupiony na przykościelnym straganie prezent dla swojej żony Frances. Były to piękne – na swój sposób – odpustowe drewniane malowane ptaszki na gałęzi. Sprawunek ten sprawiał nam potem wiele kłopotu podczas żeglowania, jako że Maciek chciał, by dotarł do żony nienaruszony. Szczególnie dał się we znaki w sztormie, gdy ptaszki fruwały z jednej burty na drugą i cudem tylko uniknęły zniszczenia.

I tak po trzech tygodniach – już bez znaczących przygód – dotarliśmy do Brindisi. Potem pociągiem do Fiumicino, na lotnisko.

A tu niespodzianka – nasz samolot odleciał sześć godzin temu. Konsternacja. Nie doczytaliśmy na naszych biletach lotniczych, że należy sprawdzić czas odlotu 24 godziny wcześniej. Loty czarterowe na długich trasach tak mają, a nasz leciał z Nowej Zelandii aż do Nowego Jorku. Na szczęście zawiedzionych jak my było więcej i udało się wywalczyć darmowe bilety na kolejny samolot do Londynu.

Z sześciogodzinnym opóźnieniem dotarłam do domu i tak zakończyła się wspaniała żeglarska przygoda. Jestem wdzięczna Maćkowi i kolegom za udany, pełen niezapomnianych wrażeń rejs.

Ania Cendrowicz
styczeń 2007

WYJAZD DO CHICAGO
NA 20-LECIE JCYC

Komandor Joseph Conrad Yacht Club Andrzej Piotrowski wiadomość o swoim zamierzonym jubileuszowym wydawnictwie przekazał na przełomie lat 88/89. Zaprosił do umieszczenia w nim obszerniejszej informacji o naszym Klubie.

Jak zwykle w takich sprawach, termin oddania do druku, gdy nadszedł – nas zaskoczył. Telefony w poprzek Atlantyku stawały się coraz częstsze. Materiały raz przygotowane zginęły gdzieś na poczcie i wreszcie te nowe zostały doręczone przez zdybanego w naszym barze klubowym rodaka zamieszkałego w Chicago.

Podczas jednego z tych nerwowych satelitarnych połączeń telefonicznych padło ze strony pani Kosiny pytanie: – Czy ktoś z Was by nie przyjechał...? Po odłożeniu słuchawki przyszła myśl: – Właściwie to dlaczego nie? Amerykańskie linie lotnicze oferują właśnie tanie przeloty tam i z powrotem... Najbliższe zebranie Zarządu wyłoniło trzech chętnych delegatów.

Klub wyasygnował kilka klubowych koszulek i nalepek samochodowych na prezenty, każdy z „delegatów" płacił za swoją podróż, a okolicznościoy prezent dla bratniego klubu w Chicago powstał składkowo: Jurek dał reprodukcję starej mapy morskiej wybrzeży Ameryki z Atlasu Mercatora-Honcjusza z 1606 roku, Maciek Gumplowicz dał ją do oprawy, a Jasiek Oleszkiewicz załatwił wygrawerowanie mosiężnej tabliczki z napisem „Na 20-lecie JOSEPH CONRAD YACHT CLUB w Chicago – Z żeglarskim pozdrowieniem POLSKI YACHT CLUB LONDON 9.04.1989"

W poniedziałek 3 kwietnia gospodarze odebrali nas na lotnisku, dali samochód do dyspozycji na czas pobytu i zawieźli do Travelodge na kwaterę. Wkrótce potem miejsce to było żartobliwie określane jako siedziba delegatury „rządu londyńskiego"...

Nastąpiły dni bogate w wydarzenia i wrażenia. Spotkania oficjalne i nieoficjalne, zbiorowe i indywidualne. Wywiady radiowe, telewizyjne w miejscowych polskich środkach masowego przekazu, środowe (tak jak u nas) spotkanie klubowe połączone z kursem nawigacji, spotkanie w sali Kongresu Polonii Amerykańskiej na którym honorowi goście Jubileuszu, kapitanowie Henryk Jaskuła, Richard Konkolski i Ludomir Mączka opowiadali o swoich przygodach i uwypuklili trzy jakże różne podejścia do tego samego tematu, jakim jest żeglarstwo

Kulminacyjnym punktem obchodów był bankiet w sobotę 9-go kwietnia 1989. Licznie stawili się gospodarze. Poprzedni komandorzy JCYC Izydor Ryzak, Jerzy Krzaczyński i wsławiony zorganizowaniem powrotu historycznego jachtu „Dal" do Polski Ireneusz Gieblewicz. Wzięli również udział działacze polonijni, żeglarze amerykańscy i jako jedyny „prosto z wody" kpt. Jacek Rajch, który poprzedniego dnia przyleciał z Fort Lauderdale na Florydzie, gdzie właśnie zacumował sy „Stomil" w podróży powrotnej z uroczystości 200-lecia Australii.

Gdy przyszła pora w imieniu PYCL wystąpił Jerzy Knabe i powiedział m.in.: „Chciałbym wyrazić szczególne podziękowanie i uznanie komandorowi Andrzejowi Piotrowskiemu, którego energia i entuzjazm w działaniu na rzecz tutejszgo Klubu powoduje zazdrość, że nie jest on członkiem naszego Klubu w Londynie. Nie mając go tam, liczymy na „second best", to znaczy na dalszą ścisłą współpracę między naszymi klubami. Za przykładem Waszego Klubu będziemy chcieli urządzić 10-lecie naszego klubu wiosną 1992 roku i już teraz wstępnie zapraszam do nas do Londynu."

Znaczny efekt propagandowy tej historycznej imprezy, w której mieliśmy okazję uczestniczyć, na pewno przyśpieszy dalszy rozwój żeglarstwa polskiego na świecie. Przygotowanie organizacyjne jubileuszu JCYC było znakomite. Prawa ręka komandora Bogumiła Kosina działała w kuluarach, niepozornie a nadzwyczaj skutecznie. Będziemy mieli ciężki orzech do zgryzienia, by dorównać tym standartom w 1992 roku w Londynie.

Jerzy Knabe
Sekretarz PYCL 1989

POLSKI YACHT COMPANY LIMITED
(Nic tak nie szkodzi jak sukces...)

Założenie Spółki Akcyjnej (takiej, której akcjonariuszami mogli być wyłącznie członkowie klubu) celem uruchomienia i prowadzenia lokalu dla Polskiego Yacht Clubu London w Ognisku Polskim w Londynie było sukcesem ponieważ, za wyłożone przez kilka osób pieniądze, remont przeprowadzono w dwa miesiące i 4 lipca 1984 nastąpiło uroczyste otwarcie lokalu klubowego..

Planning club's premises: J.Knabe, M.Gumplowicz, A. Boszko

Refurbishment in progress: Gabriela Teliga, Andrzej Wachała

Klub po remoncie

Klub po remoncie

Jednak zalążkiem niezgody stał się brak wiedzy i zrozumienia przez wielu członków różnic formalnych i prawnych pomiędzy Company Limited – spółką majacą udziałowców i działającą gospodarczo a nie dochodowym stowarzyszeniem którym jest klub. Company, czyli spółka zaczęła zarabiać pieniądze użytkując lokal w celach zarobkowych i wynagradzała finansowo tych co lokal prowadzili. Klub miał za to całkowicie nieodpłatną siedzibę, miejsce na cotygodniowe zebrania, biuro oraz rozgłos, ponieważ Spółka prowadziła swą działalność w imieniu Klubu, odciążając go przy tym od wszelkich problemów dotyczących dzierżawy lokalu, podatków, VAT, licencji, przepisów bezpieczeństwa itp. itd. A jeszcze w razie potrzeby dawała klubowi pożyczkę lub dotację...

Niestety niuanse tej symbiozy, chociaż precyzyjne w obowiązujących przepisach prawnych – gdyby tylko ktoś zadał sobie trudu i zechciał je poznać – nie dla wszystkich członków były jasne i zrozumiałe. Stworzyło to podatny grunt dla szerzenia wśród nich pomó-

wień i podejrzeń o jakieś nadużycia przez tych, którzy widząc finansowy sukces prowadzonej działalności zapragnęli uszczknąć dla siebie więcej, niż im się należało z racji wkładu pracy i kapitału – w imię „równości i sprawiedliwości". Podgryzanie trwało co prawda kilka lat, aż do roku 1991 ale, mimo podejmowanych wysiłków i wielu wyjaśnień, do zrozumienia i zaakceptowania nie doszło. Celowo lub nieświadomie zacierano podziały kompetencji, kto w jakich sprawach ma prawo podejmować decyzje, „głosem ludu" wymieniano na „lepszych" kierowników lokalu, który był generatorem gotówki i dla Spółki, i dla Klubu. Kuluarowi „doradcy" podsuwali swoje nowe rozwiązania. Po kilku dalszych reformach koniec końców doszło do fatalnej, jak się niebawem okazało, decyzji podzielenia akcji Spółki pomiędzy **wszystkich** członków klubu **po równo**, przy czym niektórzy stali się ich posiadaczami nic nawet nie włożywszy uprzednio... Klub stał się więc Spółką a Spółka Klubem – ze wszystkimi idącymi za tym konsekwencjami prawnymi.

Ci nowi „lepsi", a nieźle zarabiający kierownicy, nie zawsze dopełniali wszystkich wymogów prawa, dochody wbrew zapowiedziom nie powiększały się dramatycznie, lokal bywał zamykany i nie zarobkował przez długie okresy czasu. Nikt tym się specjalnie nie przejmował, zaczęło brakować pieniędzy i dzierżawa lokalu przestała być płacona regularnie.

Sporadycznie dochodziło do zajść, których jednak w żadnym lokalu sprzedającym alkohol wyeliminować do końca się nie da (tak jak się nie dało i w dawnym „Pegazie"). Czynniki te doprowadziły do zmiany stanowiska Zarządu Ogniska, który postanowił Yacht Klub ze swoich podziemi usunąć, a wobec napotkanej opozycji skierował sprawę do sądu – i przegrał. Tym razem Klub ocalał.

Kolejny demokratycznie wybrany Zarząd Klubu (ale de facto również Zarząd Spółki Akcyjnej) miał więc teraz na głowie dużo, dużo więcej niż sprawy żeglarskie – i okazało się, że jest na to zupełnie nieprzygotowany. Zgłosił więc rezygnację. Następnych chętnych do władzy, nad pustą kasą i pietrzącymi się nie rozwiązanymi problemami, już więcej nie było. Nie można wybrać Zarządu – to znaczy nie ma więcej Klubu. I tak doszło do gorzkiego końca – nastąpiło jednoczesne rozwiązanie i Klubu, i Spółki. Cierpliwe podgryzanie gałęzi, na której się siedzi, zakończyło się sukcesem...

Princess Gate, South Kensington, London - Club's site

Fakt, że Polski Yacht Club London (bez Spółki – wyłącznie jako Klub) został reaktywowany przez jego pierwotnych założycieli już po 10 minutach. Ale Ognisko nie przegapiło okazji, dzierżawy nie zgodziło się przedłużyć. Klub stracił siedzibę, a lokal z barem i licencją na sprzedaż alkoholu, dostosowany do potrzeb nocnego klubu i dyskoteki, okazał się bardzo dobry na gabinet kosmetyczny...

Jerzy Knabe
styczeń 2007

Informacja Prasowa Kwiecień 1990
AHOJ ŻEGLARZE I MARYNARZE!

JOSEPH CONRAD YACHT CLUB w Chicago i POLSKI YACHT CLUB LONDON, czyli polscy żeglarze stowarzyszeni zagranicą organizują Wielki Morski Zlot w Gdyni w lipcu 1991 roku i apelują do wszystkich polskich ludzi morza rozproszonych po świecie o uświetnienie tej uroczystości swoim udziałem.

Przez ostatnie 50 lat wielu polskich żeglarzy, rybaków oraz marynarzy Marynarki Wojennej i Handlowej wysztrandowało na obcych brzegach z rozlicznych, przeważnie niezbyt radosnych powodów. Wielu jest takich, co nigdy więcej nie odwiedzili Polski. Wielu do dzisiaj pielęgnuje w swoich sercach wizję powrotu do portu macierzystego, tak jak go opuścili – na pokładzie statku. Historyczne zmiany w Polsce i okolicznych krajach sprawiły, że jest to możliwe i realne.

Będzie to okazja uczczenia ludzi i wydarzeń wiodących do tych zmian. Szansa radosnego przerwania rozłąki z rodzinami i przyjaciółmi, ponownego spotkania kolegów pokładowych. Wydarzenie bez precedensu. Tym bardziej doniosłe, im więcej zgromadzi uczestników. Organizatorzy i żeglarze przygotowują koje na jachtach dla wszystkich zainteresowanych, więc brak własnego pokładu nie może być przeszkodą.

Rozproszenie Polaków po świecie jest natomiast przeszkodą w komunikacji. Wielu potencjalnych uczestników mogłoby dowiedzieć się o tym wydarzeniu dopiero po fakcie. Aby takich rozczarowań uniknąć, organizatorzy starają się przekazać swój apel wieloma różnymi drogami i środkami masowego przekazu.

Będziemy wielce zobowiązani P.T. Redaktorom za poinformowanie swoich odbiorców o planowanym Zlocie i podanie adresów naszych punktów informacyjnych w stosownym miejscu i kontekście ich publikacji.

*

Z żeglarskim pozdrowieniem
Komitet Organizacyjny Polska 1991

Ahoj żeglarze i marynarze!

JOSEPH CONRAD YACHT CLUB w Chicago i POLSKI YACHT CLUB LONDON czyli polscy żeglarze stowarzyszeni zagranicą, organizują Wielki Morski Zlot w Gdyni w lipcu 1991 roku i apelują do wszystkich polskich ludzi morza rozproszonych po świecie o uświetnienie tej uroczystości swoim udziałem.

Przez ostatnie 50 lat wielu polskich żeglarzy, rybaków oraz marynarzy Marynarki Wojennej i Handlowej wylądowało na obcych brzegach z rozlicznych, przeważnie niezbyt radosnych powodów. Wielu jest takich co nigdy więcej nie odwiedzili Polski. Wielu do dzisiaj pielęgnuje w swoich sercach wizję powrotu do portu macierzystego tak jak go opuścili — na pokładzie statku. Historyczne zmiany w Polsce i okolicznych krajach sprawiły, że jest to możliwe i realne.

Będzie to okazja uczczenia ludzi i wydarzeń wiodących do tych zmian. Szansa radosnego przerwania rozłąki z rodzinami i przyjaciółmi, ponownego spotkania kolegów pokładowych. Wydarzenie bez precedensu. Tym bardziej doniosłe im więcej zgromadzi uczestników. Organizatorzy i żeglarze przygotowują koje na jachtach dla wszystkich zainteresowanych, więc brak własnego pokładu nie może być przeszkodą.

Rozproszenie Polaków po świecie natomiast jest przeszkodą w komunikacji. Wielu potencjalnych uczestników mogłoby dowiedzieć się o tym wydarzeniu dopiero po fakcie. Aby takich rozczarowań uniknąć organizatorzy starają się przeka-

"LUD" — 10 lipca 1990 roku   R O K   L X X

zać swój apel wieloma różnymi drogami i środkami masowego przekazu.

Będziemy wielce zobowiązani P. T. Redaktorom za poinformowanie swoich odbiorców o planowanym Zlocie i podanie adresów punktów informacyjnych w stosownym miejscu i kontekście ich publikacji.

Warto też może wspomnieć, że uczestnicy Zlotu będą następnie zaproszeni do udziału w rejsie szlakiem Kolumba do Ameryki w 1992 roku na uroczystości 500-lecia odkrycia Ameryki. Wielka flotylla polskich jachtów z kraju i z zagranicy zademonstruje światową skalę polskiego żeglarstwa.

Komitet Organizacyjny — Polska 193?
Maj 1990 r.

Polski Yacht Club London
Capt. Jerzy Knabe
17 Hillside Road, London n15 6Lu, Great Britain
Tel. 0(8)1-800-7570

Joseph Conrad Yacht Club
Capt. Andrew Piotrowski
4751 West Belmont Avenue, Chicago, Illinois 60641, USA — Tel.: (312)286-8686

Capt. Leszek Kosek
3/5 Manion Avenue, Rose BaY. NSW. 2029, Australia — Tel. (02)371-0637

---

etlik

e. Ladislau
Benedykt
Sr. Maciej
Łychowski;
?. J. Szan-
miak; Sra.
★ Os ar-
us autores.

Órgão de propriedade da Congregação da Missão e editado pela Gráfica Vicentina Ltda.

TO WHOM IT MAY CONCERN April 1990

Over the last fifty years, starting with the outbreak of the Second World War, a large number of Polish Navy and Merchant Seamen, fishermen and yachtsmen have found themselves stranded on foreign shores for various and usually less than happy reasons. Many of them never come back and many still dream of returning to their home in the same way as they left – by sea. Recent historic changes in Poland and other countries of the region made these dreams possible.

Polish yachtsmen living abroad are making them real. JOSEPH CONRAD YACHT CLUB in Chicago and POLSKI YACHT CLUB LONDON are launching an Appeal to all Polish Seafarers dispersed through the world to attend a Maritime Jamboree in Gdynia in the middle of July 1991.

It will be a festive occasion to celebrate people and events behind the changes. A happy reunion with families, friends and shipmates. A happening without a precedent. A symbolic Seamen Homecoming...

Yachtsmen and Organizers are preparing bunks on yachts for those fellow mariners without their vessels. Observers and sympathizers from abroad are welcomed too. The more people who participate, the merrier and more meaningful the „Jamboree" will be.

*

The Committee 'Poland 1991'

WORLD POLONIA
SAILING JAMBOREE POLAND – 1991

Germany, Poland and Russia share an extensive coastline of the Southern and Eastern Baltic. Prior to "Perestroika" yachtsmen would often by-pass these countries rather than be subjected to the complicated procedure of obtaining separate entry visas for different ports of the same country.

Poland was the first country to liberate itself from Communist domination and, having adopted Western standards, opened its boundaries with minimum restrictions and formalities.

Polish sailors, in self imposed exile, had waited a long time – some since the last war – for an opportunity to sail to their free country on board their own yachts. Now it became possible to realize their long-cherished dreams. Already, at the end of 1990, two yacht clubs, the Polski Yacht Club in London and the Joseph Conrad Yacht Club in Chicago entered some 40 participants for the first World  Polonia Sailing Jamboree to take place in July 1991. Out of the 40 probable entries a total of 23 yachts from 7 European countries and North America finally took part.

The assembly point was the small harbour at Jastarnia in the Gulf of Gdańsk. On the 14th July at mid-morning a well organized flotilla, preceded by a Polish Navy warship set sail across the bay to Gdynia, where the official opening of the Jamboree was to take place at midday. Our hosts spared no effort in making this occasion interesting, solemn and memorable. Local dignitaries, Polish media, a guard of honour, the Polish Navy band and huge crowds were waiting on the quay to welcome

Marszałek Senatu prof. Andrzej Stelmachowski odbiera raport. Gdynia 1991

the flotilla. It was indeed a moving moment when the national flag and the Jamboree ensign were slowly raised as the band played the national anthem. There were many speeches full of nostalgic reminiscences and the atmosphere was charged with emotion.

The oldest participant was Lieutenant Edward Żydowicz. During the war he served on several warships and was torpedoed three times. He survived the war but, being unable to return to his native country, settled in Brazil. He flew in especially for the occasion. While showing Admiral Łukasik his naval service book (stained with oil and sea water) he took the opportunity to request to be officially dismissed from the Navy as technically he was still on active service. It is not known whether or not his request was granted but the following day he was presented with a new naval officer's uniform!

The Jamboree lasted for two weeks. The timetable was full of festivities, receptions and meetings at various sailing centres starting at Gdynia, Gdańsk then to Kołobrzeg some 140 miles westwards, a period of very hard sailing in adverse weather conditions. From there it progressed to Świnoujście and Trzebież finishing at the inland port of Szczecin.

The World Polonia Sailing Jamboree was a great success and according to the participants, their hosts and the Polish media transcended all their expectations. It achieved its aim by creating a precedent for future events of a similar nature.

The drastic change in attitudes is best illustrated by a personal experience of one of the participants who, while sailing in the Gulf of Gdańsk some years earlier, inadvertently sailed into restricted waters. Not only was he arrested but in order to be released had to pay a heavy fine and in addition was given a local "guide" to prevent a repetition of his mistake.

The Polski Yacht Club London took part in the Jamboree on board the sailing yacht "Daughter" skippered by Maciek Gumplowicz.

Mirek Misayat.
1991

Jachty zlotowe i ich kapitanowie

1. s/y ALTERA EA — Szwecja — doktor Jerzy Skołowski
2. s/y ANDROMEDA — Dania — kpt. Roman Kaczmarek
3. s/y DAUGHTER — Anglia — doktor Maciej Gumplowicz
4. s/y FAR STAR — Anglia — inż. chem. Andrzej Mogiła Stankiewicz
5. s/y FIRST LIGHT — Anglia — inż el. Ryszard Płodowski
6. s/y FREE POLAND — USA — kpt. Ryszard Rewucki
7. s/y GITA — Szwecja — kpt. Mieczysław Wiśniewski
8. s/y JOLLYBIRD — Anglia — kpt. Tomasz Miszewski
9. s/y KAPRYS — Anglia — kpt. Mirosław Misajat
10. s/y KAROBOCHKA — Anglia — kpt. Ryszard Pasławski
11. s/y LENNOXTON — Anglia — kpt. John Martin
12. s/y LOTNA — Walia — doktor Maurycy Wieleżyński
13. s/y OLIVIA — Dania — kpt. Niels Simonsen
14. s/y PIAST — Szwecja — kpt. Czesław Szewczyk
15. s/y SENSUS — Niemcy — kpt. Maciej Żyliński
16. s/y ŚNIADECKI — Polska — kpt. Bolesław Kowalski
17. s/y SOLIDARITY — USA — kpt. Andrzej Piotrowski
18. s/y VICTORIA III — Niemcy — kpt. Jerzy Kotlarek
19. s/y MARIA — Kanada — kpt. Ludomir Mączka
20. s/y RADOGOST — Polska — kpt. Tadeusz Prus-Zajączkowski
21. s/y POLONUS — Kanada — kpt. Kazimierz Bilyk
22. s/y EARLY — Szwecja — inż. arch. Mikołaj Frish
23. s/y PIPKI II — Anglia — kpt. Kenneth Andrews (wyruszył na zlot ale nie dopłynął ze względu na nieszczęśliwy wypadek i złamaną nogę kapitana).

„Daughter" płynie na I Zlot

147

FILIP BAJON — director, scriptwriter, novelist. He directed such films as
– Aria for an Athlete
– Pendulum
– Magnate
– The Sonnenscin Boarding House (for ZDF)
Filip Bajon won numerous prizes both in Poland and abroad.

"Conrad Repeated" shows the fate of man as imagined by Joseph Conrad, only in a changed reality. A hundred years later eighteen yachts sail into the Zaruski yacht basin. After years of emigration their Polish captains come to their native country for the first time. All of them are passionate sailors, who think it is only natural to risk your life on stormy seas. In fact for them life means sailing. They have various past experiences. Some left Poland in yachts, others were taken to work camps in the Soviet Union. There were those who survived Auschwitz and a few who chose the status of displaced persons. They emigrated so as not to live in a communist country. Abroad they had to start a new life, from scratch. Such was the fate of captain Piotrowski in Chicago and captain Knabe in London, who together with his friend captain Gumplowicz, organized a yacht club to sail as in the past, as in the Mazury region, the memory of which was still vivid in their minds. Now they have come back in their yachts, they have come back feeling their mission has been accomplished and they can boast of success – they have returend as true sailors on board their yachts. And here, in Gdynia, they meet again years later in non-communist Poland.

I have made this film, because I know these people. I had the luck to sail with them and listen to their stories. After a time I realized their stories became mine. And this is the reason why I decided to make the film. Of no lesser importance was Conrad's ethical code. It is worth remembering.

CAPT. JERZY KNABE

CAPT. ANDRZEJ PIOTROWSKI
AND DIR. FILIP BAJON

CAPT. MACIEJ GUMPLOWICZ

THE DEMISE OF SY „CENTUŚ"

The sailing yacht "Centuś" was a Carter 30, a marvellous little boat owned by Jasio Oleszkiewicz, who offered it to club members to use over a period of several years.

During that period she sailed, with many stopovers and crew changes, from Poland via the UK, Spain, Portugal, Morocco, Madeira, Gibraltar, Italy and on to Dubrovnik in Yugoslavian Croatia. Sadly she met her end there during the last Balkan war, in 1991, when she was smashed on dry land by Serbian tanks. The disastrous end of many such boats in the marina at Dubrovnik

was filmed by a BBC crew who were stationed in the Old Town.

Unfortunately Jasio did not provide us with any details of further action against whoever it may be regarding local compensation or insurance therefore the final details of the history of the boat remain sketchy.

It must be emphasized however that "Centuś" gave many people the chance to access sailing experience and provided unforgotten memories and a great deal of pleasure to many people. Cruising around the Dalmatian Islands close to her last berth is just one example while others are mentioned in separate articles.

Above all "Centuś" have a good life in another dimension.

Maciek Gumplowicz.
January 2007

DZIESIĘCIOLECIE KLUBU (1992)

„Wkład Polski do żeglarstwa światowego, w szczególnosci do dalekich oceanicznych podróży, jest moim zdaniem niezrównany. Macie krótkie wybrzeże, a jednak wasi żeglarze pochodzą ze wszystkich regionów kraju i żegluja po wszystkich oceanach świata. Jestem bardzo zadowolony, że Polski Yacht Club podtrzymuje te tradycje tutaj i współdziała z polskimi żeglarzami w USA. Moje serdeczne gratulacje z okazji 10-tych urodzin..."

Są to słowa Sekretarza Generalnego Royal Yachting Association Robina Duchesne. Świeżo wrócił z Gdyni z regat Cutty Sark na Bałtyku i zjawił się w Ramsgate na Jubileuszu PYCL. Royal Temple Yacht Club w Ramsgate, mający już 135 lat i siedzibę ze wspaniałym widokiem na miejscowy port i marinę, zaoferował ją polskim żeglarzom w Anglii na uroczyste przyjęcie z okazji 10-lecia ich klubu. Poza gospodarzami z RTYC był na nim obecny ozdobiony złotymi łańcuchami mer miasta Charles Goldsmith. W swoim wystąpieniu nawiązywał do wspomnień o Polakach, którzy bronili Ramsgate przed atakami Luftwaffe w czasie wojny.

Mer miasta Ramsgate
na X-leciu klubu

Na 10-leciu pojawili się także polscy żeglarze z innych krajów. Z Australii przyleciał Leszek Kosek, a ze Stanów Zjednoczonych Andrzej Piotrowski, który zacumował swym jachtem „Solidarity" prawie pod oknami. Obaj, wraz z klubem londyńskim, byli współorganizatorami Światowego Zlotu Polonii Żeglarskiej. Rok temu w portach Bałtyku, od Gdańska po Świnoujście spotykały się jachty i żeglarze zamieszkali w wielu krajach, aby uczcić odzyskanie niepodległości. Był to symboliczny powrót do Polski na pokładzie statku, tak jak wielu z nich ją opuszczało w okresie ostatnich lat pięćdziesięciu.

Kto nie mógł przyjechać do Ramsgate, przysłał pozdrowienia i gratulacje listownie. Wśród nich ambasador Polski w Wielkiej Brytanii Tadeusz de Virion. Podczas uroczystości należne wspomnienie otrzymali ci członkowie Klubu, którzy do dziesięciolecia nie dożyli. A było ich czworo: lekarz chirurg Olgierd Baniewicz, inżynier elektronik Marcin Honowski, lekarz dentysta Władysław Magoński i inżynier planowania przestrzennego Gabriela Teliga. Po jubileuszu nadeszła wiadomość, że w wieku 79 lat zmarł również Honorowy

Jacek Rajch, Andrzej Piotrowski i Jacek Zazulin na 10-leciu w Ramsgate

Członek PYCL, słynny Władysław Wagner, który jako pierwszy Polak opłynął świat pod żaglami.

Bankiet jubiluszowy sprzyjał ożywionej dyskusji i zrodziło się na nim wiele nowych planów i pomysłów.

Jerzy Knabe
1992

ORGANIZACJA
MEMORIAŁU SIKORSKIEGO

Pomysł zorganizowania uroczystości 50-lecia katastrofy w Gibraltarze, w której zginął Premier Rządu Polskiego i Naczelny Wódz Wojsk Polskich Generał Władysław Sikorski, zrodziła się w Polskim Yacht Clubie London. Mówiąc ściślej – w głowie sekretarza klubu Jerzego Knabe, który wiadomość o tej tragicznej katastrofie dnia 4 lipca 1943 roku usłyszał za czasów okupacji mając lat dziesięć i utkwiło mu to głęboko w pamięci. Ponieważ tajemnicza przyczyna katastrofy nie zostaje ujawniana mimo upływu dziesięcioleci – tą pamięć i świadomość należy zachowywać i przekazywać następnym pokoleniom. Niech one, nadal domagając się wyjaśnień, nie pozwolą sprawcom na uniknięcie sądu Historii.

Początkowo więc projekt miał kształt żeglarski jako zlot jachtów polskich w Gibraltarze, celem złożenia wieńca na miejscu katastrofy po upływie lat pięćdziesięciu. Zlot Żeglarzy Polonijnych w Gdyni mający miejsce dwa lata wcześniej w lipcu 1991 roku skrystalizował ideę i był początkiem prac organizacyjnych. Uczestnicy zlotu zdecydowanie poparli ten pomysł a podczas przyjęcia na pokładzie ORP „Błyskawica" admirał Łukasik został poproszony o uwzględnienie w planach Marynarki Wojennej na nadchodzące lata obecności okrętu RP na tej uroczystości.

Komandor Bałtyckiego Bractwa Jungów z Gdyni, znany żeglarz i grafik Andrzej Dębiec, oprócz bieżącej współpracy organizacyjnej, zaprojektował logo – SIKORSKI MEMORIAL RALLY – bo taką oficjalną angielską nazwę przyjęto dla przedsięwzięcia.

Ambasador RP w Londynie Tadeusz de Virion zaopiniował przychylnie przedstawiony mu z 9-miesięcznym wyprzedzeniem projekt już w sierpniu 1992 roku. We wrześniu Klub rozpoczął zwracać się do różnych instytucji i osób prywatnych w Londynie, w Polsce i innych krajach o patronat nad tym wydarzeniem. Oprócz wsparcia moralnego i „gorącej zachęty" oczekiwany był również udział w kosztach. Wydawało się, że jest to dość czasu na przygotowanie jednodniowej uroczystości...

Komitet Honorowy

Po okresie owocnych uzgodnień w środowisku żeglarskim przyszła pora na intensyfikację wystąpień do innych środowisk polskich celem namówienia ich do udziału i podniesienia rangi uroczystości. Po licznych wstępnych „zakulisowych" rozmowach doszło do inauguracyjnego spotkania Komitetu Honorowego (24.03.1993) na które Zarząd Yacht Klubu zaprosił prominentów Emigracji Polskiej w Londynie. Z ponad 50 osób zaproszonych na spotkanie przybyło sześć – nie licząc organizatorów.

Polski Yacht Club Londyn reprezentowali: Dr med. Maciej Gumplowicz – komandor, mgr inż. Jerzy Knabe – sekretarz i inż. Eugeniusz Jacek Zazulin – skarbnik.

Obecny na początku spotkania przedstawiciel Instytutu Polskiego i Muzeum im. Gen. Sikorskiego w Londynie rtm. Ryszard Dembiński oświadczył, że Instytut organizuje we wrześniu 1993 roku sympozjum w Szkocji i w związku z tym nie przewiduje włączenia się do prac Komitetu dotyczących Gibraltaru.

Jerzy Knabe przedstawił zebranym szeroki program obchodów, wstępny preliminarz kosztów i dotychczasowy przebieg przygotowań. Zaproponował przejęcie kierowania nimi przez nowo utworzony Komitet Honorowy, co może znacznie ułatwić gromadzenie funduszy i usprawni kontakty z władzami państwowymi w Polsce.

Przewodniczącego Komitetu nie udało się wybrać. Nieoficjalnym koordynatorem okazał się płk. Ludwik Łubieński. Pisma w imieniu Komitetu Honorowego były nadal podpisywane przez sekretarza Yacht Clubu jako sekretarza Komitetu. Ustalono, że członkowie Komitetu Honorowego wykorzystają swoje osobiste pozycje i wpływy celem uzyskania poparcia instytucji polonijnych. Zatwierdzono wysłanie prośby o patronat i udział do Prezydenta Lecha Wałęsy, Premier Hanny Suchockiej, Ministra Spraw Zagranicznych Henryka Skubiszewskiego a także do przedstawicieli duchowieństwa polskiego w kraju i zagranicą.

W połowie kwietnia odbyło się drugie posiedzenie Komitetu Honorowego które było jednak praktycznie bezowocne. Nie otrzymano żadnych odpowiedzi na prośby o patronat i udział w kosztach. Konsul Łabędzki zapewnił o usilnych staraniach Konsulatu – jednak bez konkretnych rezultatów. W dalszym ciągu brakowało zdecydowanego stanowiska ze strony MSZ, jak też – co ważniejsze – oficjalnego polskiego wystąpienia do władz Gibraltaru o formalną zgodę na odbycie uroczystości o randze państwowej na terytorium obcego państwa.

Cała organizacja stanęła pod znakiem zapytania. Do 4-go lipca pozostało zaledwie dwa i pół miesiąca. Wstępne nieoficjalne rozmowy z Brytyjskim Foreign and Commonwealth Office, czyli pośrednio również z władzami Gibraltaru dały nieoficjalną zgodę, ale z uwagą, że jednak powinna być zachowana droga dyplomatyczna. Ambasada RP w Londynie, nie mając polecenia MSZ ma jednak ręce związane... Następne spotkanie umówiono za miesiąc w nadziei, że do tego czasu nastąpi przerwanie błędnego koła.

W połowie maja 1993 sekretarz PYCL wyjechał do Polski z nadzieją, że uda mu się ruszyć sprawy z miejsca. Dotarł do różnych „wyższych czynników". Uzyskał aprobaty i pewne wskazówki. Z Londynu wysłano pośpiesznie kilka dodatkowych lub ponownych zaproszeń. Tymczasem w Polsce sytuację skomplikował nagły upadek rządu H. Suchockiej. Od tego momentu właściwie nikt nie chciał podjąć żadnej decyzji ani o uczestnictwie, ani tym bardziej o udziale w kosztach.

Zebranie Komitetu Honorowego 26 maja miało być właściwie ostatnim, na którym organizatorzy z PYCL postanowili ogłosić, że z powodu braku funduszy i oficjalnych wystąpień impreza odbędzie się praktycznie prywatnie i nieoficjalnie – poprzez złożenie wieńca na wodzie z jachtu przez żeglarzy polonijnych, którzy są już przygotowani. Nieoczekiwanie – po sprawozdaniu o dalszym zaawansowaniu przygotowań i po kolejnym okrojeniu zamierzeń i budżetu – nadeszło bardzo konkretne poparcie. Płk. Łubieński przekazał czek na GBP 1000 wystawiony przez bezimiennego sponsora. Gest ten podziałał magicznie. Następne było zapewnienie od płk. Sochackiego, że wobec tego on deklaruje swoje uczestnictwo w kosztach sumą GBP 1000 z czego przekazuje natychmiast czek na kwotę GBP 500 a pozostałą sumę za tydzień. Pozostali członkowie Komitetu także złożyli swoje deklaracje o dotacjach.Członkowie Polskiego Yacht Clubu ofiarowali uprzednio GBP 1000.

Wysiłki dyplomatyczne

Wkrótce nastąpił ruch i na szczeblu dyplomatycznym. 4-go czerwca odbyło się spotkanie w angielskim Foreign Office. Przedstawiony uprzednio przez stronę polską program został zaakceptowany z obietnicą szerokiej pomocy i z szeregiem praktycznych wskazówek organizacyjnych, protokolarnych oraz sugestii dotyczących zaproszeń osobistości lokalnych w Gibraltarze. Przy tej samej okazji okazało się, że wizyta ORP „Gryf" jest też już załatwiana, ale odrębnymi kanałami dyplomatycznymi.

Niezwłoczne zebranie u konsula Generalnego RP J. Kochanowskiego doprowadziło do kolejnego wystąpienia do MSZ w sprawie finansowania obchodu, którego budżet został okrojony po raz kolejny. Koszty wyjazdu przygotowawczego do Gibraltaru, który musi nastąpić wkrótce, muszą być więc pokryte przez organizatorów... Brak odzewu z Polski od ministrów, duchowieństwa i instytucji pogłębia uczucie frustracji.

Zarząd PYCL zdecydował wówczas, aby umieścić w prasie polonijnej apel do czytelników o choćby skromne uczestnictwa w kosztach. Ukazały się dwa artykuły w „Dzienniku Polskim". Nie spowodowały większych darowizn – ale dwa czeki wpłynęły.

Nadeszła wreszcie odpowiedź z MSZ, że Ambasador w Londynie Tadeusz De Virion będzie przedstawicielem Rzeczpospolitej Polskiej.

Jednakże na skutek oszczędności przyjedzie tylko sam. Społeczni organizatorzy z PYCL dostali więc dodatkowe dyplomatyczne obowiązki: przygotowanie jego pobytu oraz zapewnienie asysty w trakcie wizyt kurtuazyjnych.

Nadchodzi wiadomość, że na skutek zbyt powolnego załatwiania spraw wizowych przez Ambasadę Hiszpańską w Warszawie, nie zdąży na czas przyjechać autobus wiozący do Gibraltaru grupę uczestników, szantymenów i dziennikarzy z Polski. Nadal brak odpowiedzi na zaproszenia Prezydenta L. Wałęsy, Ministra S.Z. H. Skubiszewskiego oraz Biskupa L. Głodzia.

Ekipa organizacyjna – J.Knabe i E.J. Zazulin – wyjechała w niedzielę 27 czerwca 1993 do Gibraltaru.

Organizacja w Gibraltarze

W biurze Gibraltar Information Board spotkaliśmy się z niezwykłą przychylnością. Posiadanie wolnego dostępu do komputerów, telefonów i faksów ułatwiło prace znakomicie a dyrektor Alfred Loddo pozostaje przyjacielem Klubu do dzisiaj i odwiedza nasze jachty w rejsach zachodzących do Gibraltaru.

Lista zadań do wykonania w nadchodzącym tygodniu była długa. Należało przeprowadzic uzgodnienia organizacyjne z wieloma czynnikami: Gubernator, wojsko, policja, dowództwo bazy Royal Air Force i lotniska, straż pożarna, duchowieństwo, kwiaciarze. Wynajęcie autobusu, wydanie komunikatów prasowych, biuletynu do mieszkańców Gibraltaru, wykonanie dyplomów uczestnictwa, zorganizowanie odprawy kapitanów itd.

Wszystko udało się pomyślnie wykonać dzięki nadspodziewanej przychylności naszych czołowych rozmówców jak dowódca wojsk brytyjskich admirał Bill Clark oraz zastępca Gubernatora Gibraltaru Ms Mary Maxwell,

Konferencja prasowa odbyła się w czwartek 1-go lipca z udziałem British Forces GIB Radio, Telewizji Gibraltarskiej, miejscowej prasy: „Gibraltar Chronicle" i „People" oraz przybyłych już z Polski korespondentów Radia Wolna Europa i Polskiej Agencji Prasowej.

W piątek rano 2 lipca otrzymujemy z Londynu szereg nowych zamówień na wieńce: od Stowarzyszenia Polskich Kombatantów, od „Sokołów" oraz – z Instytutu Sikorskiego...Większość towarów sprzedawanych w Gibraltarze jest sprowadzana z Hiszpanii lub z Maroka. Kwiaciarze, u których zamawialiśmy nasze wieńce we wtorek 29 czerwca, już wówczas narzekali na zbyt krótki czas na wykonanie zamówienia. Byli zdumieni, że teraz, w piątek chcemy zamawiać wieńce by były gotowe na niedzielę... Trudno było nie pamiętać o murze obojętności lub wręcz niechęci w poprzednim etapie przygotowań. Teraz, gdy okazuje się, że wobec determinacji Yacht Klubu uroczystość pomimo wszystko się odbędzie, otrzymujemy polecenia (!) od tych właśnie instytucji. Dla dobra sprawy pomijamy to milczeniem; dodatkowe wieńce udaje się załatwić.

Po południu – pierwsza odprawa dowódców jednostek pływających wychodzących w morze na składanie wieńca. Uzgodniono różnice ceremoniału morskiego stosowanego w Royal Navy i PMW.

Następnego dnia – sobota 3 lipca – druga odprawa, na której, na podstawie aktualnej prognozy pogody, szczegółowo omówiono manewry i ustawienie jednostek podczas morskiej ceremonii. Wieczorem powitanie na lotnisku ambasadora i przyjęcie ze szczegółowym omówieniem zaplanowanych zajęć. Po projekcji polskiej wersji filmu „Generał Władysław Sikorki – Tajemnica Śmierci" – ożywiona dyskusja na temat niewyjaśnionej dotąd zagadki tej katastrofy.

Wszystko co w naszej mocy zostało na jutrzejszą uroczystość przygotowane. Wszyscy, którzy chcą wziąć w niej udział są już na miejscu.

Eugeniusz Jacek Zazulin,
Yacht Klub Polski Londyn grudzień 2006

Całość sprawozdania na temat nie tylko przygotowań ale i przebiegu „Memoriału Sikorskiego 1993". znajduje się w wydanej w roku 1994 przez PYCL specjalnej publikacji. Publikacja ta, wraz z wszystkimi oryginalnymi materiałami źródłowymi oraz zapisem elektronicznym na CD, zgodnie z końcowym zaleceniem Komitetu Honorowego, została przekazana przez Yacht Klub Polski Londyn do Instytutu Polskiego i Muzeum im. Gen. Sikorskiego w Londynie w dniu 25 maja 2006. (JK)

DZIEŃ MEMORIAŁU

W niedzielny ranek 4-go lipca 1993 roku z portu w Gibraltarze wyruszyła flotylla, która po opłynięciu „Skały" zakotwiczyła w miejscu katastrofy sprzed pięćdziesięciu lat: dwa kable na wschód od końca pasa startowego lotniska RAF-u w Gibraltarze. Jednostką flagową był ORP „Gryf" z ambasadorem RP w Londynie Tadeuszem de Virion na pokładzie. Ze strony brytyjskiej, na HMS „Ranger" uczestniczył Gubernator Gibraltaru Field Marshal Sir John Chapple.

ORP „Gryf" in Gibraltar

Najpierw na wszystkich jednostkach opuszczono bandery do połowy masztu. Po okolicznościowym, krótkim przemówieniu ambasadora de Virion angielski trębacz, w galowym i barwnym mundurze Gibraltar Regiment, odegrał tradycyjną melodię „The Last Post" – Ostatni Posterunek. W tym samym czasie polscy marynarze powoli i uroczyście opuszczali z prawej dziobowej burty okrętu wielki wieniec z goździków. Z chwilą, gdy Biały Orzeł na czerwonym tle dotknął wody, brytyjscy sygnaliści na pokładzie Gryfa przekazali radiem do baterii brzegowej komendę „Fire!" i rozpoczął się pełen generalski salut artyleryjski z 17-tu salw armatnich. Tymczasem na pokładzie Gryfa rozbrzmiewały dźwięki „Jeszcze Polska nie zginęła" i potem „God Save The Queen". Trębacz zabrał głos po raz drugi z melodią „The Reveille", podniesiono bandery i wreszcie nadeszła komenda „Spocznij".

Wieniec zostawiony na miejscu katastrofy

Pogoda nie była sprzyjająca. Silny wschodni wiatr Levanter rozkołysał przybrzeżne wody Morza Śródziemnego. Z tego powodu nie wszystkie przygotowujące się do udziału jachty stawiły się na miejsce. Utrzymanie pozycji na „Baczność" na kołyszących się pokładach wcale nie jest łatwe i dlatego też organizatorzy poprosili z góry Ambasadora, aby jego przemówienie było krótkie.

Po powrocie na ląd, w Katedrze Św. Marii Ukoronowanej w centrum Gibraltaru, o 12-ej w południe rozpoczęło się uroczyste nabożeństwo żałobne. Celebrował je Biskup Gibraltaru Bernard Devlin w bogatej asyście z udziałem członków załogi Gryfa, która również wystawiła wartę honorową przy tablicy pamiątkowej w bocznej nawie. Fragment Ewangelii po polsku przeczytał występujący w mundurze z czasu wojny płk. Ludwik Łubieński, który na polecenie Generała przed fatalnym startem ustąpił swojego miejsca w samolocie kurierowi Armii Krajowej. Biskup Devlin, przypominając żałobną okazję, podkreślił niedawne historyczne zmiany w Polsce i nadzieje z tym związane. Kościół był wypełniony polskimi uczestnikami uroczystości, załogą Gryfa, ludnością Gibraltaru i przedstawicielami władz lokalnych, z Gubernatorem Gibraltaru na czele. Na stoliku przed ołtarzem w otoczeniu kwiatów i wieńców znajdował się portret Gen. Sikorskiego, czapka generalska i kordzik. Na zakończenie nabożeństwa złożono wieńce pod tablicą pamiątkową: Ambasador w imieniu RP, Pułkownik Łubieński w imieniu Stowarzyszenia Polskich Kombatantów, Prezes Zygmunt Szkopiak w imieniu Zjednoczenia Polskiego i Prezes Związku Tobrukczyków Waldemar Cegłowski w imieniu Instytutu Sikorskiego.

Ambasador RP T. de Virion, płk L.Łubieński i J.Zazulin. Sikorski Memorial Rally, Gibraltar 1993

Po kościele delegacja marynarzy i żeglarzy złożyła wieniec w kształcie kotwicy na pobliskim cmentarzu marynarzy poległych w bitwie pod Trafalgarem. Reszta uczestników poszła lub pojechała autobusem składać kwiaty w innych miejscach: pod pomnikiem pamięci ofiar wojennych, pod tablicą pamiątkową Generała Sikorskiego na terenie bazy Royal Air Force i pod monumentem ze śmigłem samolotu wydobytym po katastrofie. Tu składali je Ambasador i Jerzy Knabe w imieniu żeglarskich organizatorów Memoriału,

Zygmunt Szkopiak w imieniu prezydenta Kaczorowskiego i Związku Sokołów.

Po poludniu Ambasador RP i d-ca rejsu szkoleniowego Gryfa kmdr Jerzy Apanowicz wydali na pokładzie okrętu przyjęcie dla uczestników Memoriału i lokalnych władz. Symbolicznym podziękowaniem dla dowódców jednostek uczestniczących i ich załóg były dyplomy pamiątkowe rozdane na przyjęciu. Otrzymali je kmdr Jarosław Bramko z ORP „Gryf", Lt Cdr Tim Appleyard z HMS „Ranger" oraz kapitanowie jachtowi Mirosław Misayat z sy „Kaprys", Andrzej Stankiewicz z sy „Far Star" oraz Zdzisław Wołoszczuk z sy „Ostryga".

O godzinie 22:30 na brzegu morza w pobliżu miejsca katastrofy rozpalono ognisko. Zespół załogi Gryfa zaśpiewal kilka stosownych do okazji żeglarskich szant po czym o godz. 23:00 organizatorzy z PYC Londyn rozpoczęli apel poległych odczytując listę polskich i angielskich ofiar katastrofy, pasażerów oraz załogi Liberatora AL253. Oddział podchorążych z Gryfa po każdym nazwisku odpowiadał chórem: „Poległ na polu chwały!"

O godz. 23:07, pół wieku co do minuty od momentu katastrofy, zapalona została biała morska pochodnia sygnalizacyjna i oddany salut dźwiękowy sygnałami mgłowymi na miejscu ogniska i na pokładach uczestniczących statków. Apel Poleglych i cały Memoriał zakończyła minuta milczenia w postawie na baczność.

Jerzy Knabe
1993

EPILOG – OKIEM ORGANIZATORA
(„Tydzień Polski" w Londynie 24 lipca 1993)

Obchód 50-tej rocznicy śmierci Generała W.Sikorskiego na miejscu katastrofy w Gibraltarze spełnił oczekiwania jego niezbyt licznych, ale zdeterminowanych uczestników, którzy stawili się mimo odwołania w ostatniej chwili wycieczki organizowanej przez polskie biuro podróży Travelines. Dawali

Organizatorzy Memoriału - zadanie wykonane

temu wyraz, dziękując organizatorom za jego dobre przygotowanie, sprawny i uroczysty przebieg, za godne i potrzebne przypomnienie nie tylko polskiej opinii publicznej tego tragicznego wydarzenia.

Dlaczego więc mimo tak niekwestionowanego sukcesu, pozostało poczucie żalu a w ustach cierpki smak goryczy? O umarłych albo dobrze albo wcale – mówi mądrość ludowa. Święta racja. Ale rzecz jest o żywych. O tych co to „póki żyją Polska nie zginęła". Niestety nie popisali sie za bardzo.

Ponieważ sprawa ma dla Polaków szerszy publiczny aspekt, warto zadać kilka, zapewne retorycznych pytań.

Dlaczego spośród kilkudziesięciu prominentów Polskiej Emigracji w Londynie zaproszonych przez Polski Yacht Club do Komitetu Honorowego Memoriału tylko mała garstka pozwoliła sobie na udział? A nawet z tej garstki tylko kilka osób naprawdę czynnie się zaangażowało.

Dlaczego niektórzy musieli się tłumaczyć, że owszem osobiście popierają, ale nie mogą wziąć udziału ze względu na organizację, której są członkami lub kierownikami?

Dlaczego organizatorzy spotykali się z obojętnością albo wręcz przeciwdziałaniem oraz źle ukrywanym życzeniem, żeby Memoriał nie doszedł do skutku?

Dlaczego zabrakło polskiego Biskupa lub chociaż polskiego księdza podczas celebracji nabożeństwa w gibraltarskiej Katedrze? Czy ponad dwumiesięczne wyprzedzenie w zaproszeniu naprawdę było zbyt krótkie?

Dlaczego organizatorzy spotkali się ze strony władz brytyjskich i gibraltarskich z dużo większą pomocą i zrozumieniem wagi i znaczenia Memoriału niż ze strony władz polskich?

Dlaczego, pominąwszy udział ORP „Gryf", jedynym przedstawicielem z Polski był Ambasador, a jego samotny udział był praktycznie w ostatniej chwili wymuszony na władzach krajowych przez bieg wydarzeń i determinację organizatorów?

Dlaczego zamówienia na wieńce w imieniu organizacji i osobistości emigracyjnych skrystalizowały się dopiero na pięć przed dwunastą, gdy już wiadomo było, że Memoriał i tak się odbędzie? Czy to nie kolejna ilustracja starej prawdy, że sukces ma wielu ojców, a porażka jest sierotą?

Głównym czynnikiem sukcesu Memoriału był udział ORP „Gryf". Bez niego i jego załogi uroczystość byłaby małej wagi i ograniczonego znaczenia. Dowództwu i załodze okrętu za doskonałą współpracę organizatorzy winni są gorące i publiczne podziękowanie. Ale Gryf przypłynął dlatego, że organizatorzy zawiadomili Marynarkę Wojenną o Memoriale już w 1991 roku, spotkali się ze zrozumieniem i dzięki temu rejs szkoleniowy Gryfa na rok 1993 został na wszelki wypadek odpowiednio zaplanowany. Brak decyzji w Warszawie na temat wkładu i udziału czynników państwowych w Memoriale skutecznie prawie do ostatniej chwili wiązał ręce w działaniu Ambasadzie w Londynie. Nie tym więc ludziom zawdzięczamy obecność Gryfa w Gibraltarze.

*

Memoriał doszedł do skutku głównie dzięki jednostkom a nie, powołanym zdawałoby się do takich spraw, urzędom czy organizacjom. Podkreślając tą smutną prawdę, wypada jeszcze raz bardzo serdecznie i publicznie podziękować tym wszystkim, którym to nie szkodziło, którzy pomogli działaniem lub wkładem finansowym. Wspólnym wysiłkiem przypomnieliśmy fakty historyczne i uczciliśmy pamięć poległych. CZEŚĆ ICH PAMIĘCI.

Jerzy Knabe
1993

Instytut Polski
I
Muzeum im. gen.Sikorskiego

20 Princes Gate, London SW7 1PT
tel. 020-7589 9249

Instytucja naukowo-wydawnicza posiadająca na emigracji główne archiwa państwowe Polskich Sił Zbrojnych na Zachodzie i Armii Krajowej oraz największe na obczyźnie Muzeum Wojskowe.

Archiwum, Muzeum, Dyrekcja i Administracja:
Dyrekcja i Administracja	od poniedziałku do piątku	10.00 - 16.00
Archiwum	od wtorku do piątku	9.30 - 16.00
(Czytelnia Archiwum zamknięta w lutym.)		
Muzeum	od wtorku do piątku	14.00 - 16.00
oraz Muzeum w każdą pierwszą sobotę miesiąca		10.30 - 16.00

(Prosimy o możliwe uprzednie porozumienie telefoniczne.)

Studium Polski Podziemnej:
11 Leopold Road, London W5 3PB
tel./fax. 020-8992 6057
email. spplondon@ukgateway.net
www.polishresistance-ak.org/spp.htm

Studium czynne od poniedziałku do czwartku w godz. 10.00 – 15.00
Wizyty tylko po uprzednim porozumieniu telefonicznym.

ŚLADAMI HUCKA FINNA

Mężczyźni podobno nigdy nie wyrastają z krótkich spodenek a z upływem lat tylko zabawy i zabawki zmieniają się im na coraz kosztowniejsze. Przypuszczam, że towarzyszki życia żeglarzy szczególnie gorąco się zgadzają z tą powszechną damską opinią.

Propozycja Andrzeja Piotrowskiego, spotkania z „Miss Issippi" t.zn. spłynięcia rzekami Illinois i Missisipi, od razu ożywiła w pamięci przygody Hucka i kuszącą atmosferę włóczęgi, bezludnych wysp, rzecznych kąpieli i traperskich ognisk z czytanej za młodu powieści Marka Twaina.

Końcowy morski etap z Nowego Orleanu do St. Petersburga na Florydzie robiliśmy już tylko we dwójkę z Andrzejem. Po drodze – aligatory w delcie Missisipi, pola szybów naftowych, delfiny, „żeglarze portugalscy", żółwie, ryby latające – słowem Zatoka Meksykańska i kolebka Golfsztromu. Nareszcie ciepło! Nasz „trzeci"  zdecydowanie przedwcześnie wrócił do mroźnego Chicago.

Aż do Nowego Orleanu maszt leżał na pokładzie, płynęliśmy z prądem i na silniku. Tak było praktyczniej, ze względu na śluzy, mosty i ograniczony pożytek z żagli na krętej rzece. Za to akumulatory aż gotowały się z nadmiaru ładowania wydzielając niezbyt wonne „kwachy" i, zanim regulator został doprowadzony do porządku trzeba się było ratować zdejmujac pasek z alternatora.

Żegluga śródlądowa mało przypominała letni a nieśpieszny spływ Huckleberry Finna. Uciekaliśmy z Chicago przed nadchodzącą zimą, a jej mroźne podmuchy ścigały nas aż pod Nowy Orlean. Szron na pokładzie, -3°C w kabinie... Za to tylko raz jeden napadły nas komary. Przypuszczam, że latem ten problem może być bardzo dokuczliwy.

Ziąb nie nastrajał do kąpieli, raczej do pośpiechu. Szlak wodny Chicago – Nowy Orlean jest na całej długości ruchliwą arterią komunikacyjną zarządzaną przez amerykańskich saperów i pogłębioną do minimum 2,75 metra. Woda zbełtana śrubami pchaczy ma kolor kawowych pomyj. Ogromne zestawy barek płyną w górę i w dół rzeki prawie bez przerwy. Te barkowe pociągi, a właściwie trzeba by powiedzieć „popychy", liczą sobie, jak liczymy na rzece Illinois, po 15 barek (trzy wszerz, pięć wzdłuż!)

Dalej rekordy rosną. Cztery na sześć ! Pięć na osiem ! Największy spotkany zestaw miał pięćdziesiąt barek! Lekko licząc pół kilometra długości. Mimo, że pchacz rozporządza mocą wielu tysięcy koni mechanicznych, manewrowanie takim potworem na krętym nurcie rzeki i prądzie rzędu 5 węzłów jest godną podziwu sztuką. Jednak staramy się nie płynąć nocą szukając miejsca na postój z dala od nurtu i płynącego po nim żelastwa.

Od samego początku, podróż była bardzo egzotyczna – na mapie. Mijamy nie zatrzymując się Marsylię, Ottawę, Peru, Pekin, Liverpool, Hawanę, Neapol i Florencję! I jeszcze Swan Lake czyli Jezioro Łabędzie! Faktycznie zaś przepłynęliśmy 300 km w ciągu trzech dni, mając po obu brzegach jednolity mur ogołoconych z liści drzew. No może czasem między nimi stała drewniana chatka na palach, a czasami betonowa śluza zagrodziła nam nurt.

Dostrzegalne dla nas miejscowości są odwrócone tyłem do rzeki, przystani dla jachtów nie ma, po paliwo trzeba drałować na piechotę do najbliższej stacji drogowej, a w dwóch marinach na całym dystansie 2300 kilometrów (tyle co Warszawa-Madryt) krany były suche, woda zakręcona – zima nadchodzi.

Dopiero w Grafton, gdzie Illinois wpada do Missisipi, zaczęliśmy płynąć śladami Hucka. Jak okiem sięgnąć – żadnej tratwy z uciekającymi z niewoli Murzynami. „Solidarity" to jacht a nie wehikuł czasu. Przy ujściu Missouri też nie widać czółna Shenandoah. U ujścia rzeki

Styks Charon nie proponuje przeprawy. Jedyne czółno, jakie spotkaliśmy, to bączek dryfujący zestawowi holowniczemu przed dziobem i oświetlony jaskrawym reflektorem pchacza. Z odległego mostka padło do nas pytanie, czy tam ktoś jest. Nie było nikogo... Pośpieszyliśmy dalej na upatrzone miejsce nocnego kotwiczenia.

Podczas powodzi w lipcu 1993 roku tylko czubek dachu Jacht Klubu Palisades w Portage des Sioux wystawał nad 10-metrowy przybór wody. Bar klubowy, w którym właśnie oglądamy zdjęcia powodzi, był całkowicie zatopiony. Ogromne obszary zalane wodą w kilku sąsiadujących stanach USA nazwano wtedy „Ohio Sea".

W dolnym swym biegu Missisipi zwalnia i kręci się jak wąż tak, że często po paru kilometrach żeglugi znajdujemy się ponownie prawie w tym samym miejscu. Z czasem kółko się zamyka całkowicie i rzeka płynie już sobie prosto zostawiając stare koryto z boku. W kilku miejscach skróty takie przekopane są już przez ludzi. Odcięte od nurtu meandry stają się jeziorami o charakterystycznym kształcie obwarzanka. Te jeziora-meandry zwane są Ox Bow Lake albo Bayou. Powodzie obejmują ogromne obszary na tej równinie i nad brzegami jest mało miast. Tylko kilka, tam gdzie brzeg jest wysoki.

Jak, na przykład, Memphis o którego egipskich powiązaniach świadczy piramida oraz ponad 7-metrowa statua Ramzesa Wielkiego. Memphis to również miasto, gdzie w 1968 roku zamordowany został Martin Luther King. Gdzie znajduje się słynny Grace Land – dom Elvisa Presleya. Gdzie murzyńskie knajpki na Beale Street są ojczyzną bluesa a specjalnością menu jest zupa rybna o wdzięcznej nazwie „gumbo". Gdzie oczywiście mieszkają również Polacy żeglarze, którzy zapoznali nas z godną uwagi lokalną bourbon whisky z kukurydzy: „Tennessee Whiskey Jack Daniel's".

Andrzej był kapitanem, kukiem i oficerem rozrywkowym – czyli opowiadaczem kawałów – oraz disc-jockeyem, który częstował nas z magnetofonu programem piosenek włoskich i izraelskich oraz gregoriańskimi śpiewami Enigmy. Artur Żebrowski z Polish Sailing Center w Chicago i ja z londyńskiego PYCL-u zmienialiśmy się za sterem.

Nurt jest dobrze oznakowany bojami. Są to „nuns and cans" czyli „mniszki i puszki". Płynąc z prądem zielone walce z prawej, czerwone stożki z lewej: IALA system B – odwrotnie niż w Europie. Mimo zwodniczej, czasami z górą kilometrowej szerokości rzeki dobrze jest nie pływać na skróty. Udało mi się raz przejechać kilem po kamieniach zanurzonej ostrogi. Dezaprobata w spojrzeniu Andrzeja, który zaalarmowany wyskoczył na pokład, skutecznie oduczyła mnie dalszego ścinania zakrętów. Na nurcie zaś głębokości bywały zaskakujące. W połowie rejsu notowaliśmy 24 metry, pod koniec doły pod kilem sięgały 50 metrów.

Już od Baton Rouge (400 km od morza) spotykamy statki morskie. Ale widokowo nie wytrzymują one konkurencji z prawie równie wielkimi rzecznymi statkami o napędzie kołowym. To wycieczkowce i kasyna na wodzie. „Delta Queen", „Missisipi Queen", „Prezident Casino".

Tropikalna ulewa zaskoczyła nas podczas stawiania masztu. Co gorzej, musieliśmy ze względu na dźwig stać z jachtem akurat pod samą rynną, więc przemokliśmy do nitki. Po podsuszeniu się ruszamy zwiedzać Nowy Orlean, który podobno ma więcej kanałów niż Wenecja. Główna atrakcja to stara dzielnica Vieux Carre, która po pożarach odbudowana została w stylu bardziej hiszpańskim niż francuskim. Ale nadal posiada francuski wdzięk i z lekka rozwiązłą, jak to u Francuzów, podkasaną atmosferę – odmienną niż w pozostałych częściach purytańskiego USA. Nazwy koktajli w miejscowych barach przyprawiaja o zawrót głowy jeszcze przed spożyciem: „Mint Julep", „Daiquiri", „Hurricane", „Hand Grenade"!

Na koniec turystycznego wieczoru utknęliśmy na Bourbon Street, w jednym z lokali striptizowych. Z kąta przyglądamy się tańczącym i po kolei rozbierającym się dziewczynom, rozmawiamy z tymi, które już pobieżnie zakryły swoje intymne tatuaże, a teraz namawiają nas na indywidualny „prywatny pokaz". Poprzestajemy na zamówieniu następnej kolejki Whiskey Jack Daniel'sa z Tennessee.

Ciśnie się na usta jeden z Andrzejowych dowcipów o konwersacji na damskiej herbatce: – „Moja pani, moja pani, co tu się dziwić, wiadomo że mężczyźni to duże dzieci, przecież im tylko wódka i k...y w głowie, no zupełnie jak dzieci, moja pani, jak dzieci!"

Jerzy Knabe
1994

169

15-LECIE I NASTĘPNE
DWA ZLOTY 1997, 2000.

Klub z Londynu brał czynny udział w organizacji i przeprowadzeniu kolejnych dwóch zlotów w kraju żeglarzy polskich działajacych poza granicami Polski.

II Zlot miał miejsce w roku 1997 i był związany z obchodami 1000-lecia Gdańska, który gościł żeglarzy z zagranicy w nowootwartej marinie. Żeglarze z Londynu byli na nim jachtem „Zeus" pod dowództwem kpt. Macieja Gumplowicza. Przy tej samej okazji Polski

sy „Zeus" in Rőnne, 2-nd World Polonia Jamboree

ŻEGLARZ

Biuletyn PKŻ w Nowym Jorku

Polski Yacht Club London
istnieje już XV lat!

Redakcja "Żeglarza" śle Wam
gorące życzenia
Pomyślnych Wiatrów
we wszelkich żeglarskich
zamierzeniach!

Krzysztof Sierant.

15-lecie PYCL z Zejmanie '97 — Fot. J.Knabe

A.Dębiec — M.Gumplowicz

Yacht Club London obchodził swoje 15-lecie bankietem w Międzynarodowym Klubie Morza „Zejman" na Wyspie Śpichrzów z udziałem polskiego i polonijnego środowiska żeglarskiego. Jachty zlotowe spotkały się ponownie w Kołobrzegu.

Drugi Zlot Polonii Zeglarskiej Gdańsk '97

Drugi Zlot Polonii Zeglarskiej Gdańsk '97

172

Second Jamboree '97. Yachts in Marina Gdańsk

III Zlot miał miejsce w roku 2000 w Kołobrzegu i zbiegł się w czasie z bankietem Żeglarskiej Republiki Karaibskiej założonej przez kapitana Andrzeja Piotrowskiego z Chicago. Klub londyński występował już wtedy jako Yacht Klub Polski Londyn i przypłynął jachtem „Quo Vadis" na którym kapitanem był Jerzy Knabe.

3-rd Jamboree in Władysławowo fishermen harbour

Jamboree participants: J.Kotlarek (Germany), Chris Nowicki
(Denver, Colorado, USA), Wlad Cendrowicz (London, England)

Jamboree in Kołobrzeg:
M.Żyliński (Germany),
A.Piotrowski (USA),
J.Oleszkiewicz (GB),
Chris Nowicki (USA)

Jasiek, Pinokio, Ewa,
Jurek, Maciek G,
Maciek Ż. and Chris.

All of us in Kolobrzeg, 2-nd Jamboree 1997

Kolobrzeg Yacht Harbour

YACHT KLUB POLSKI
LONDYN

YACHT KLUB POLSKI
Zarząd Główny
Yacht Club of Poland
The Main Council

03-980 Warszawa, ul. Wał Miedzeszyński 377, , tel. 616 05 08, 616 05 09, 617 75 01 w.13, tel./fax 617 63 11

Warszawa dnia 27 marca 1999 r.

Pan Komandor Maciej Gumplowicz

Londyn

Zarząd Główny Yacht Klubu Polski - w dniu 27 marca 1999r. rozpatrując złożony wniosek przez żeglarzy z Polskiego Yacht Clubu w Londynie i analizując przedłożone dokumenty o przyjęcie w szeregi stowarzyszenia Yacht Klub Polski, w wyniku pozytywnego głosowania podjął Uchwałę o przyjęciu do stowarzyszenia członków Polskiego Yacht Clubu w Londynie. Klub będzie nosił nazwę Yacht Klub Polski Londyn i na podstawie nadanego Klubowego Patentu Flagowego ma prawo podnosić na maszcie klubowym Banderę i proporce Yacht Klubu Polski, a jachty członków klubu powinny pływać pod banderą Yacht Klubu Polski na podstawie nadanych Jachtowych Patentów Flagowych wystawionych przez Zarząd Główny YKP.

Zarząd Główny Yacht Klubu Polski i Komandor Klubu składają wszystkim członkom serdeczne gratulacje.

Sekretarz Generalny ZG YKP   Komandor ZG YKP

Janusz Taber   Jerzy Łyżwiński

YACHT KLUB POLSKI
– YACHT CLUB OF POLAND

Yacht Klub Polski to jeden z najstarszych polskich klubów żeglarskich. Został oficjalnie zarejestrowany w organach administracji państwowej 10 grudnia 1924. Akcję rozpoczęli żeglarze z Warszawy pod przewodnictwem Antoniego Aleksandrowicza, który był też jednym z czterech założycieli i pierwszym prezesem Polskiego Związku Żeglarskiego. Komandorem Yacht Klubu Polski został gen. Mariusz Zaruski, natomiast Komandorem Honorowym – Prezydent RP Ignacy Mościcki.

YKP jest wielokrotnym członkiem, założycielem Polskiego Związku Żeglarskiego. Obecnie Yacht Klub Polski jako stowarzyszenie zrzesza siedemnaście Klubów. Yacht Kluby Polski, z dodaną na końcu nazwą miejscowości, są rozproszone po całym kraju. Yacht Kluby Polski istnieją także w San Francisco oraz w Londynie.

Yacht Klub Polski to jedyny cywilny klub żeglarski, który ma prawo posługiwania się Banderą Polskiej Marynarki Wojennej z własnym logo. Przywilej ten otrzymał w roku 1927 w wyniku porozumienia Ministra Spraw Wewnętrznych i Ministra Spraw Wojskowych. Yacht Club of Poland i jego Bandera zostały wpisane do rejestru Lloyd's Register of Yachts.

Bandera

YACHT CLUB OF POLAND
Est. 1924

COM.	W. Zakrzewski
V.-Cs.	W. Cechowicz, T. Schuch, J. Karasek, H. Katana & G. Groch
R.-Cs.	W. Szraj, S. Zakrzewski, A. Przybój-Jarecki, M. Doroszewicz, W. Jankowski, J. Przygocki & J. Sawicki
H. TREAS.	Z. Juraszynski
H. SEC.	J. Wysocki,

ul. Wal Miedzeszynski 377, Warsaw, 33, Poland
Tel. 17-63-11
Central Boards in Warsaw, other divisions at Gdynia, Lublin, and Bydgoszcz.

Wpis do Lloyd's Register of Yachts

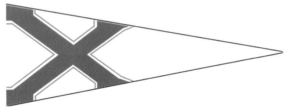

Proporzec

Strona internetowa YKP: http://www.ykp.pl
Strona internetowa YKP LONDYN: http://www.ykplondyn.org

YACHT KLUB POLSKI LONDYN

STATUT

YKP Londyn jest członkiem zagranicznym Stowarzyszenia Yacht Klub Polski i kontynuuje tradycje Yacht Klubu Polski, powołanego w Warszawie w 1924 roku, posiadającego nadany w 1927 roku dekretem Prezydenta Rzeczpospolitej Polskiej przywilej noszenia bandery Marynarki Wojennej z dodanym emblematem klubu.

1. NAZWA, BANDERA, GODŁO.
   1.1 NAZWA. Yacht Klub Polski Londyn. W tłumaczeniu angielskim: Yacht Club of Poland – London. Historycznie używana jest również poprzednia nazwa: Polski Yacht Club London.
   1.2 BANDERA jest flagą biało-czerwoną z wcięciem trójkątnym na brzegu przeciwległym do drzewca, z godłem państwowym R.P. na środku pasa białego oraz ukośnym krzyżem czerwonym o rozszerzonych końcach z obwódką niebieską umieszczonym na białym pasie od strony drzewca.
   1.3 GODŁO jest białą tarczą z ukośnym krzyżem czerwonym z obwódką niebieską w otoku złotego wieńca na dwóch skrzyżowanych kotwicach.
2. CELE
   Promowanie i ułatwianie jachtingu sportowego i turystycznego oraz innych sportów wodnych, kultywowanie wiedzy, kultury

i tradycji w tych dziedzinach oraz zaspokajanie potrzeb członków w sposób zgodny z uchwałami Klubu.

3. CZŁONKOSTWO

Przyjęcie wyboru na członka klubu jest równoznaczne ze zobowiązaniem się do poszanowania Bandery, ścisłego przestrzegania Statutu i pozostałych zarządzeń klubowych.

3.1 Rodzaje członkostwa.

- Członek Rzeczywisty posiada wszystkie prawa i przywileje.
- Kadet jest członkiem klubu młodszym niż lat 17.
- Członek Zagraniczny: Osoby mieszkające poza Zjednoczonym Królestwem mogą zostać członkami w sposób ustalony przez Zarząd.
- Członek Honorowy. Godność Członka Honorowego może być nadana za zasługi dla Klubu i żeglarstwa polskiego. Nadanie tej godności następuje przez Walne Zebranie – na wniosek Zarządu.

3.2 Przyjęcie nowego członka wymaga pisemnego poparcia przez dwóch członków wprowadzających po czym przyjęcie zależy wyłącznie od decyzji Zarządu.

3.3 Wysokość składki członkowskiej w danym roku jest ustalana przez Roczne Walne Zebranie a termin jej opłaty za rok bieżący mija 1 maja. W razie niedokonanej płatności członkostwo i związane z nim prawa wygasają 31 maja. Jeżeli Zarząd wyrazi zgodę członkostwo może być wznowione przez dokonanie pełnej płatności. Członkowie przyjmowani w drugiej połowie roku mogą zapłacić tylko połowę rocznej składki.

4. PRAWA CZŁONKÓW

4.1 Osoby o stażu członkowskim krótszym od jednego roku nie mogą być wybrane do Zarządu Klubu.

4.2 Członek Rzeczywisty ma czynne i bierne prawa wyborcze na Walnym Zebraniu.

4.3 Członek Zagraniczny nie ma obowiązku płacenia składek. Jeżeli je płaci – ma prawa wyborcze ale ze względów praktycznych nie powinien być wybierany do Zarządu Klubu zbierającego się w Londynie. Na Walnym Zebraniu jego

członkostwo nie będzie się liczyło przy ustalaniu quorum jeżeli nie jest obecny fizycznie albo przez pełnomocnika.

4.4 Członek Honorowy ma prawa członka rzeczywistego bez obowiązku płacenia składek. Jeżeli przebywa zagranicą podlega takim samym ograniczeniom jak członek zagraniczny (punkt 4.3)

4.5 Kadeci nie mają praw wyborczych.

5. WALNE ZEBRANIA

5.1 Walne Zebranie Sprawozdawczo-Wyborcze jest zwoływane przez Zarząd Klubu i odbywa się co roku nie później niż 31 marca.

5.2 Nadzwyczajne Walne Zebranie może być zwołane w każdym terminie. Cel nadzwyczajnego zebrania powinien być podany w zawiadomieniu i dyskusja na zebraniu jest ograniczona do tego tematu.

5.3 Nadzwyczajne Walne Zebranie może być zwołane przez Zarząd Klubu, Komisję Rewizyjną lub na pisemne żądanie grupy liczącej albo minimum 12-tu albo minimum 1/5 ogółu uprawnionych do głosowania członków.

5.4 Zawiadomienia o Walnym Zebraniu muszą być wysłane z co najmniej dwutygodniowym wyprzedzeniem. Zawiadomienia wysłane pocztą internetową uważa się za wystarczające. Niedoręczenia spowodowane brakiem lub niezgłoszoną zmianą adresu nie powodują nieważności zawiadomienia.

5.5 Quorum na Walne Zebranie stanowi albo minimum 12--tu albo minimum 1/5 ogółu uprawnionych do głosowania członków, którzy przybyli w ciągu 30 minut od ustalonego terminu.

5.6 Decyzje Walnego Zebrania (z wyjątkiem określonych odmiennie w innej części Statutu) przyjmowane są zwykłą większością głosów. W wypadku równej ilości głosów za i przeciw decyzję podejmuje wybrany uprzednio Przewodniczący Zebrania.

5.7 Głosowanie przez pełnomocnika jest dopuszczalne po przedstawieniu pisemnego upoważnienia podpisanego przez nieobecnego członka. Jego członkostwo jest w takim wypadku wliczane do quorum.

6. ZARZĄD KLUBU

6.1 Zarząd Klubu – Komandor, Vicekomandor, Sekretarz i Skarb-nik – konstytuuje się wewnętrznie z czterech osób, które otrzymały największą ilość głosów w liście siedmiu osób wy-branych co roku do Zarządu przez Walne Zebranie Sprawoz-dawczo – Wyborcze. Pozostałe trzy osoby nie mają prawa gło-sowania do czasu ewentualnego objęcia vacatu w Zarządzie.

6.2 Zarząd Klubu kieruje sprawami Klubu zgodnie ze Statutem, używa fundusze i majątek Klubu celem osiągania jego celów, ustala i zmienia zarządzenia klubowe w sposób jaki uznaje za stosowny.

6.3 Quorum Zarządu Klubu stanowią trzy osoby. Nieobecność członka Zarządu na dwóch kolejnych zebraniach bez wiary-godnego usprawiedliwienia jest równoznaczna ze złożeniem przez niego rezygnacji.

6.4 Vacat w Zarządzie Klubu jest wypełniany przez dokooptowa-nie z listy siedmiu osób wybranych przez Walne Zebranie. Je-żeli ilość wybranych na Walnym Zebraniu członków Zarządu spadnie do dwóch, należy zwołać Nadzwyczajne Walne Ze-branie by zaradzić sytuacji.

6.5 Decyzje Zarządu Klubu przyjmowane są zwykłą większością obecnych i głosujących członków Zarządu. W wypadku rów-nej ilości głosów za i przeciw decyzję podejmuje Komandor Klubu.

7. SPRAWY FINANSOWE

7.1 Rok finansowy Klubu kończy się 31 grudnia.

7.2 Skarbnik Klubu przygotuje roczne rozliczenie i udostępni je ogółowi członków Klubu co najmniej dwa tygodnie przed Walnym Zebraniem Sprawozdawczo – Wyborczym.

7.3 Komisja Rewizyjna składająca się z co najmniej trzech osób jest wybierana co roku przez Walne Zebranie Sprawozdawczo – Wyborcze z prawem kontroli w każdej chwili wszystkich dzia-łań finansowych, rachunków i księgowości Klubu.

7.4 Członkowie Komisji Rewizyjnej mają (bez prawa głosowania) prawo udziału i przedstawiania swojego punktu widzenia na zebraniach Zarządu Klubu.

7.5 Komisja Rewizyjna przygotuje swój raport na temat rocznego rozliczenia i udostępni go ogółowi członków Klubu co najmniej na tydzień przed Walnym Zebraniem Sprawozdawczo – Wyborczym.

7.6 Jeżeli ilość wybranych i aktywnych członków Komisji Rewizyjnej spadnie do jednego należy zwołać Nadzwyczajne Walne Zebranie by zaradzić sytuacji.

7.7 Klub nie jest organizacją nastawioną na osiąganie zysków. Wszelkie zyski i nadwyżki są zużywane na działalność Klubu i realizowanie jego celów. Żadne zyski ani nadwyżki nie będą dzielone między członków.

8. SPRAWY DYSCYPLINARNE

8.1 Działalność każdego członka władz Klubu, który zdaniem innego członka władz Klubu nie dopełnia swoich obowiązków lub powoduje szkodę dla Klubu podlega zbadaniu i decyzji przez nadchodzące Walne Zebranie co do przyszłości jego członkostwa w Klubie.

8.2 Każdy członek, który zdaniem Zarządu naruszył Statut, naraził dobre imię Klubu albo honor Bandery, będzie wezwany by złożyć Zarządowi wyjaśnienie swojego postępowania.

8.3 Nieobecność wezwanego na wyznaczonym zebraniu Zarządu nie powstrzymuje Zarządu przed decyzją jakie kroki podjąć aby uniknąć powtórnego przekroczenia.

8.4 Decyzja Zarządu może być pisemnie przekazana do apelacji w Komisji Dyscyplinarnej Klubu.

8.5 Komisja Dyscyplinarna składa się z osoby Przewodniczącego wybieranego corocznie na Walnym Zebraniu Sprawozdawczo – Wyborczym oraz czterech osób dokooptowanych przez losowanie, dla każdej sprawy oddzielnie, spośród wszystkich dostępnych a uprzednio nie związanych ze sprawą Członków Rzeczywistych.

8.6 Decyzja Komisji Dyscyplinarnej jest podejmowana zwykłą większością głosów i jest ostateczna.

9. ODPOWIEDZIALNOŚĆ

9.1 Ani Klub ani członkowie jego władz nie są odpowiedzialni przed żadnym członkiem, gościem ani osobą trzecią za jakikolwiek wypadek, stratę lub uszkodzenie jakkolwiek spowodowane na terenie Klubu lub podczas działalności klubowej – chyba, że obowiązujące prawo stanowi inaczej.

9.2 Członkowie Zarządu będą refundowani przez członków Klubu w razie odpowiedzialności finansowej wynikającej z ich prawidłowego działania w imieniu Klubu jednak odpowiedzialność indywidualnego członka jest ograniczona do sumy jego rocznej składki członkowskiej.

10. ZMIANA STATUTU LUB ROZWIĄZANIE KLUBU

10.1 Uchwała zmiany Statutu lub rozwiązania Klubu musi być podjęta przez większość co najmniej dwóch trzecich członków obecnych i głosujących na Walnym Zebraniu.

10.2 W razie rozwiązywania Klubu, jeżeli jest potrzeba spłacenia długów, odpowiednią część jego majątku należy spieniężyć a przeznaczenie pozostałości określić, zgodnie ze Statutem, w uchwale rozwiązującej.

Podpisano z upoważnienia Walnego Zebrania
w dniu 21 stycznia 2007

Jerzy Knabe   *Maciej Gumplowicz*
Sekretarz YKP Londyn   *Komandor YKP Londyn*

YACHT KLUB POLSKI

LONDYN

1982 - 2002

XX
Lat
Years

YACHT KLUB POLSKI LONDYN

Powstal w Londynie w 1982 roku jako POLSKI YACHT CLUB LONDON W 1999 roku przylaczyl sie do rodziny Yacht Klubów Polski jako 1-szy poza granicami kraju

Established in 1982 as POLSKI YACHT CLUB LONDON joined Yacht Klub Polski organization in 1999

Dla uczczenia naszego Dwudziestolecia Królewska Poczta w Wielkiej Brytanii wydala zalaczone znaczki pocztowe:

XX Anniversary of our Club was kindly marked by Royal Mail with stamps attached:

SAGA „MACAJA"

Kim był Konstanty Maciejewicz nie potrzeba żeglarzom przypominać. Przed trzydziestu laty do „Kapitana kapitanów" zgłosiła się deputacja z WYC-u (Warszawskiego Yacht Clubu ZSP) z prośbą o zgodę na nazwanie jego imieniem budowanego przez Klub drewnianego jola.

sy „Konstanty Maciejewicz"

Jacht zszedł na wodę w lipcu 1971 roku jako sy „Konstanty Maciejewicz" i po dość krótkiej eksploatacji już 26 marca 1973 opływał Przylądek Horn – idąc, jako pierwszy w historii polskich żagli, "pod włos", ze wschodu na zachód. Oba osiągnięcia – zakończona pomyślnie budowa i daleka wyprawa – były wynikiem szczególnego zaangażowania garstki młodych żeglarzy, których nazwiska jako ka-phornowców stały się od tamtej pory znane w żeglarskich kręgach. Nic dziwnego, że Maciek Gumplowicz, Jurek Jaszczuk, Leszek Ko-sek i „Genia" Moczydłowski są dotychczas emocjonalnie związani z tą jednostką, której poświęcili kilka lat życia a w zamian uzyskali wiele osobistej satysfakcji.

Następni ludzie nie mieli już gopodarskiego podejścia, czasy się zmieniały, jacht wielokrotnie zmieniał właściciela, z reguły brakowa-ło funduszy na remonty i po latach zdewastowany, nadpalony ka-dłub leżał na pół zatopiony w jednej z greckich zatok. Pomieszkiwały na nim miejscowe kundy portowe, stał się pijacką metą, schronie-niem włóczęgów... Oczywiście żadnych opłat portowych nikt nie pła-cił – było to typowe mienie porzucone.

Zainteresował się nim młody polski biznesmen, programista komputerowy Tadeusz Mościcki. Własna firma szła mu dobrze, bę-dąc płetwonurkiem łatwo znalazł dojścia do żeglarzy, dowiedział się o bogatej przeszłości tego jachtu i pod tym wrażeniem postanowił wskrzesić historyczną jednostkę a przy tym uzyskać własny statek do wypraw nurkowych. Kupił wrak – do skasowania pieniędzy wła-ściciel stosunkowo łatwo się znalazł – i przystąpił do remontu.

Jego historia to prawdziwa saga, długa, zawiła a kosztowna. Jeżeli Tadeusz kiedyś ją napisze – będzie na pewno pouczająca... Ja posta-ram się krótko:

Na swoje nieszczęście – Tadek związał się emocjonalnie z „Ma-cajem" i jego rezurekcją. Mimo, że szukał i chętnie wysłuchiwał rad, nie zawsze się do nich stosował. Nie mając własnego żeglarskiego do-świadczenia, trudno mu było podchodzić do nich krytycznie, a general-nie każdy następny doradca kasował mu z pamięci rady poprzednika. W kolejnych rundach tym ostatnim byl przeważnie ktoś przebywający w Grecji, ktoś kto chciał przy jachcie popracować – i brać za to pienią-dze. Przecież było widać gołym okiem, że te pieniądze są do wzięcia.

Wśród konsultantów była również, oczywiście, „stara gwardia": Jaszczuk, Gumplowicz... Od samego początku, wbrew emocjom, po-wstała kwestia ekonomicznego sensu takiego remontu. Kompletna praktycznie odbudowa drewnianego jachtu wyniesie przecież drożej niz zakup nowej jednostki z LPS-u. Gdy jednak z „wyższych" racji zapadła już decyzja remontu bez wględu na większe koszty, następną decyzją do powzięcia było – kto i gdzie ma remont przeprowadzać.

Tadeusz zdecydował się na Grecję, mimo rad przewiezienia resztek jachtu do Polski, gdzie – mimo obowiązków zawodowych – miałby jednak łatwiejszy osobisty nadzór nad robotami. Różni wykonawcy w Grecji podejmowali się wykonania swojej „działki", robili to lepiej, gorzej – lub wcale, wchodzili sobie w paradę, miejsce remontu trzeba było zmieniać. Właściciel co chwila był wzywany do podejmowania decyzji i do płacenia – („jak nie ma forsy to dalej nie robimy !") więc brał kasę, wsiadał w samolot i leciał do Aten.

Potrzeba generalnego wykonawcy stała się wreszcie oczywista. W kraju morskim jak Grecja o to nie trudno. Stocznia jachtowa pana Ploutakisa w Pireusie podjęła się zlecenia. Tadeusz mógł spokojniej pracować i zarabiać w Warszawie, prawidłowy postęp robót został zapewniony, co potwierdzały regularne telefony o dalsze fundusze od złotoustego Ploutakisa. Ten jednak okazał się jeszcze większym hochsztaplerem niż wszyscy poprzedni, bo już prawie nic poza braniem pieniędzy nie robił.

Ciężko doświadczony Tadeusz postanowił wreszcie wysłać do Grecji swojego rzeczoznawcę i pełnomocnika. Wybór padł na znanego z pryncypialności kapitana i prawnika Bolesława Kowalskiego, który pojechał czyścić tą stajnię Augiasza i przypiął się do Ploutakisa niczym buldog. Roboty poszły do przodu ale Ploutakis nie nawykły do takich bezkompromisowych kontrahentów wkrótce salwował się skargą do greckiego sądu.

Po trzech dopuszczalnych przepisami wizowymi miesiącach pobytu Bolek wrócił do Warszawy, problem Tadeusza pozostał w Grecji. Był to już trzeci – a może i czwarty rok remontu. Maciejewicz zaczynał już wprawdzie ponownie wyglądać jak jacht, ale mimo wielu dziesiątków tysięcy dolarów już w niego utopionych, dalsze wydatki były niezbędne.

Równolegle z remontem jachtu szło planowanie towarzyskiej wyprawy nurkowej przez Morze Czerwone na Seszele. Poza powitaniem roku 2000, Tadeusz miał tam egzotycznie wziąć swój opóźniony re-

Slow revival of the famous boat

montem ślub, kapitanować miał Maciek Gumplowicz, pomocą żeglarską i trochę nurkową miał też służyć niżej podpisany (obaj z Polskiego Yacht Clubu w Londynie).

Wtedy – niestety – Tadeusz „spuchł" finansowo. Naprawdę trudno się dziwić, niemniej spowodowało to duże perturbacje. Pojawił się nowy partner z Warszawy, Łukasz Młynarski. Też płetwonurek i młody biznesmen ale z początkowego, surowego kapitalizmu. Pieniądz jest królem i wszystko załatwi, każdego kupi. Nowy współwłaściciel grał teraz pierwsze skrzypce, bo miał kasę.

Zostawił na jachcie obdarzonego pełnym zaufaniem pełnomocnika. Był to kolejny nurek, niedawno zwolniony z Legii Cudzoziemskiej Nowozelandczyk – ksywa „Kiwi". Paszportowo nazywał się Hamish Sambs, a jak naprawdę – to kto wie? Wiadomo przecież, że Legia zapewnia swoim weteranom nową tożsamość. Tak czy owak nowi ludzie okazali się zwolennikami rozwiązań szybkich i zdecydowanych, a w razie potrzeby siłowych. Remont posuwał się do przodu. Pieniądze i stały nadzór zapewniały na pół wojskową dyscyplinę, jednak nie mogły zapewnić ani serca do roboty, ani prawidłowości jej wykonania.

Przyjacielska wyprawa na Seszele przekształciła się w plan komercjalnego poszukiwania i eksploatacji wraków u brzegów Madagaskaru... Nominalny właściciel większości udziałów w jachcie przestał mieć cokolwiek do powiedzenia. Co zresztą było mu nieraz, w mało subtelny sposób – chociaż może bezwiednie – okazane. Pieniądz rzadko przemawia subtelnie.

Żeglarska załoga z Londynu nadal przyjeżdżała do Warszawy i Aten, by konsultować remont i wyposażenie jachtu oraz organizować nadchodzący rejs. Na dogadanie nowych warunków uczestnictwa, w nowym profilu wyprawy nie było stosownej okazji i sprawa czekała na konieczne zebranie się wszystkich zainteresowanych na jachcie – przed ostatecznym wyruszeniem. Najpilniejsze było doprowadzenie „Maciejewicza" do stanu morskiej gotowości w terminie takim aby zapewnić dobre meteo-nawigacyjne warunki planowanego rejsu.

Termin ten wreszcie nadszedł. W styczniu 2000, zamiast wszystkich, na jachcie znalazł się tylko Kiwi i dwóch żeglarzy z Londynu, czyli kapitan M.Gumplowicz i J. Knabe. Właściciele pozostawali w Warszawie, każdy ze swojego ważnego powodu. Kiwi powiedział, że zaraz wypływamy, ponieważ jacht jest gotowy i ma być pilnie dostarczony na miejsce poszukiwań wraków i skarbów. Kapitan powiedział, że póki nie było rozmowy i umowy o „dowóz" z właścicielami, a żadnej kasy nie ma na pokładzie – nigdzie nie płyniemy. Nie było to w smak nawykłemu do posłuchu Kiwiemu, ale nie popłynęliśmy.

Następne dwa dni zeszły na telefonach do Warszawy, generalnych porządkach, sprawdzaniu gotowości zgromadzonego sprzętu i rozmowach, w których Kiwi nie pozostawił żadnej wątpliwości, że czuje się decydentem a nawet właścicielem „Maciejewicza". Ostrzegł, że doskonale zna się na wszystkim i będzie pilnie nadzorował prawidłowość wykonywania naszych obowiązków na jachcie. Zapowiedział, że ta wyprawa jest „dużo większa niż my" oraz, że przywykł był do ślepego posłuszeństwa zgodnie z maksymą: „Jeżeli ja mówię skacz – to skaczesz!" Generalny brak zrozumienia i entuzjazmu ze strony żeglarskiej dla tego nowatorskiego 'modus vivendi' na jachcie prowadził do rosnącej frustracji. Język używany stawał się coraz bardziej wulgarny. Miarę przebrała chyba indagacja kapitana na temat nieuzgodnionej obecności broni palnej na pokładzie.

Normalnie niepijący Kiwi wróciwszy z baru w środku nocy nagle oznajmił, że ma nas dosyć, nie spełniamy jego oczekiwań i mamy się natychmiast wynosić z jachtu. Poparł to dalszymi przekleństwami i co więcej – rękoczynami. Dalsze współżycie z psychopatą na jachcie, w oczekiwaniu na spóźniających się właścicieli – nie mówiąc już nawet o szansach współpracy w dużym projekcie na dłuższą metę – stało się niemożliwe.

Po spakowaniu manatków i wyprowadzce złożyliśmy meldunek o zajściu na policji, aby otrzymać jakieś potwierdzenie dla właścicieli, że cała afera nie jest wytworem naszej chorej imaginacji. Kiwi pojawił się wkrótce na komisariacie, w kajdankach. Nadal agresywny, nadal przedstawiający się za właściciela, nadal obawiający się naszego powrotu na jacht.

Nam to już było nie w głowie. Kilka godzin refleksji potwierdziło przekonanie o szczęściu w nieszczęściu. Dobrze, że sprawa rozwiązała się zanim wyprawa ruszyła, w porcie, a nie w morzu. Łukaszowi trudno było uwierzyć w to, co się stało. Gdy stało się jasne, że nasza współpraca jest zakończona z winy Kiwiego, zapewnił telefonicznie, że zwróci nam poniesione wydatki. Rachunek czeka na uregulowanie już ponad 6 lat. Widocznie Kiwi cieszy się nadal pełnym zaufaniem.

„Maciejewicz" do Madagaskaru nie dopłynął. Wrócił cieknący z Port Sudanu, podobno był na sprzedaż... znów w Grecji. Na pewno to jeszcze nie koniec sagi „Macaja". Ale koniec mojej opowieści, spisanej żeglarzom ku przestrodze i nauce. Zawszeć to lepiej wiedzieć i cudzych błędów nie powtarzać.

Jerzy KNABE
grudzień 2006

HAILSTORM AT DJERBA
OCTOBER 2000

The sailing yacht "Bona Terra" had almost completed a trip around the world and, in order to close a remaining loop of the Atlantic, found a safe mooring in Valetta Marina in Malta.

An invitation to skipper her for a short period was accepted without a second thought. While sitting in the cockpit enjoying the afternoon sun a decision to sail on to Tunisia was met with everyone's approval so we decided to leave the next day.

The weather in that part of the Mediterranean in October can be very nasty indeed with prevailing SW to westerly strong

winds with a short swell, but did not put us off. Good seamanship requires that even a short trip should be thoroughly researched using a pilot book, charts and weather patterns before even considering leaving the harbour. At that time the decision to sail to Djerba was supported by a travel guide! I loved it. Sailing requires fundamental knowledge but sometimes haphazard decisions are the most enjoyable. So be it and we left Valetta bound for the sunny Tunisian Isle of Djerba which is connected to the continent of Africa by a bridge.

One may think the approaches are straightforward but in fact they are quite demanding – shallows with sideways currents require careful navigation and only calm weather and daylight could be considered safe.

We moored in the small fishing harbour of Moumt Souk alongside, we thought, an unused pleasure boat. The next morning she moved out, dropping our mooring ropes without a word of warning. Well perhaps it's the local custom!

Unhelpful fisherman boat in Djerba

Two events from that trip have been new experiences for me. One afternoon while sitting observing life in the dusty local square my attention was drawn to some small chickens (in Africa all chickens are small but these were exceptionally small) getting on with their daily living. Suddenly a tiny animal appeared from nowhere obviously frightened and distressed. Do you know that feeling when sometimes you look at something but in fact at nothing but then it starts to come into focus and you see what you want to see? The little moving thing caught my full attention and proved to be a mouse. It was at this point that the chickens noticed it as well and the most spectacular show began to unfold. The chickens formed themselves into a ring around the mouse and each of them in turn had a go at it. The mouse, using probably every survival skill it possessed fought so hard to escape but sadly succumbed to a brave death.

The second event occurred in the late afternoon and just before our departure from Djerba. The weather became most peculiar with heavy black clouds appearing from nowhere followed by a powerful gusting wind. Then the heavens

Look at it! No comments.

Look between the steering wheel and the vent

opened with the most frightening hailstorm I've ever experienced. We battened down but there was nothing that could be done except listen to the bombardment. It was all over in a few minutes but the damage to the boat was considerable. Solar panels were smashed and the bimini was holed. In the harbour there was extensive damage to other vessels and surrounding houses, cars and market stalls were all damaged. Wow!

Sailing back to Malta we stopped for a short time in the lovely town of Maghdia, clocking up 154 miles in twenty four hours riding a SW gale of 6 – 7 Beaufort.

M Gumplowicz. Skipper.

196

GIBRALTAR TO MADEIRA 2001

I was sixteen when my dad brought me to Gibraltar for a Polish Yacht Club sailing trip aboard Bona Terra. We spent a couple of days here before leaving as my dad and Jurek Knabe had to gallivant around Gib looking for an engine part. I can remember using this valuable time to race around in the boat's dinghy and get wrecked in some of the new bars that had opened along the marina front. If I am not mistaken I slept out on deck that night as I was too intoxicated to negotiate my way inside the yacht. A hangover cure was going to be required in a few hours time and sure enough I was  back in the same seafront restaurants in the morning drinking orange juice and scoffing down a fry up to try and prepare myself for the voyage ahead. By lunchtime the engine was running perfectly and we had bought our supplies. A couple of hours later and we were off in the direction of Madeira.

Unfortunately we were also off in the direction of a great many fishing nets. As night fell there was no wind whatsoever and it was so foggy that I could not see the bow from the cockpit. We hit one tuna net but luckily realized quickly and managed to reverse in time and so avoid getting the net stuck in the propeller. It was then my job to stand on the bow with a huge spot light and keep an eye out for more nets. I managed to guide Bona Terra away from another two nets and after the noises of horns coming from Spanish fishing boats became quieter we knew that we were out of the fishing grounds and no longer in danger of getting caught up.

The next day the wind started to pick up, we were well on our way and I was loving every minute of it. Now I thought I was a real sailor, having done lots of dinghy sailing before this trip. Alas after a couple of days at sea with the increased continuing bobbing up and down without seeing any land the sickness began to hit me. Once again I found it difficult to go inside the yacht or be able to take full responsibility for my watches which my dad had to do for me as I felt too ill. I was half in the cockpit, half on deck just like I was when I was drunk, only this time I was dressed from head to toe in sailing gear, keeping myself warm but feeling incredibly sick. During my distress and disorientation I managed to 'piss into the wind' but after that experience I must point that I have not done and never will do so again. A couple more days went by and I felt just as ill all the way through but managed to stay involved in what was going on. Eventually the sea sickness settled and I felt trusted enough by the crew to take the helm on my own and give my dad some well earned rest. The following morning we could just make sight of land and I felt right as reign again. That evening we had made port (Funchal) and had a slap up dinner.

The next day the whole crew went 'Big Game Fishing' on high powered motor boats and didn't get a bite all morning. It was still a very nice day and it was good to be pottering about in the sun. The afternoon however was a bit different. All of a sudden the fishing reel went crazy rotating very quickly. The fisherman told me to keep letting it out to tire out the fish. I was strapped into the chair with the pole in between my knees. I pulled back on the pole and that's when I first felt the great weight of the fish. As I did this I began to reel in. There was no messing about with this fish and it took about half an hour to get the bugger to the back of the boat. At this point the fishermen with us took over completely and pulled a huge Dorado into the boat which started to leap

Dorada coming on board

around everywhere almost getting back over the side. The next thing I know a base ball bat appears and the fish is taking beatings straight in the head. There was blood everywhere and we were not allowed to take pictures until it had all been cleaned up which I'm not too surprised at as there was quite a mess. After this we went back to the harbor and had dinner. I bet you can't guess what we had to eat!

I spent another few days in Madeira. I did a PADI diving course at a centre which was attached to one of the hotels and that was great fun. The water was crystal clear and

Not golden any more

there was a mass of different types of colourful fish and is a lot different experiencing it for yourself rather than just watching it on television.

Bona Terra was due to head down to the Azores and I was due to head back to school and so it was time for me to leave. I had had a fantastic holiday and was very glad I went.

Matthew Gumplowicz
2006

DWA ODCINKI OKRĘGU

Mimo że dość starannie i na bieżąco śledzę wydarzenia żeglarskie, propozycja objęcia w Brazylii funkcji kapitana na polskim jachcie w rejsie załogowym dookoła świata była zaskoczeniem. Tak rozpoczęło się moje długie zaangażowanie w podróż armatora Mieczysława Kurpisza, z wynajmowanymi załogami, na zbudowanym przez niego jachcie „Bona Terra".

To, czego dowiedziało się o tym polskie środowisko żeglarskie wynika, jak sądzę, głównie z moich dziennikarskich nawyków i braku wyraźnego zakazu publikowania. Ogranicza to się do dwóch etapów, w których brałem udział: Brazylia – Kolumbia (1996) i Malta – Szczecin (2001). O pozostałych częściach rejsu nadal mam dość blade pojęcie.

Jacare, Cabedelo – Club Nautico, Cartagena

W lutym na „Plaży Krokodyli" jest gorąco. A „Praia de Jacare" należy do miejscowości Cabedelo, która jest przedmieściem Joao Pessoa. Samoloty lądują w Recife, a w ogóle to jestem w Pernambuco. Kapitan, który dopłynął tutaj, wraca do kraju ze względu na zdrowie.

Czternastometrowy stalowy jacht stoi na kobyłkach, które są raz pod wodą, raz nad wodą, bo to ujście rzeki i pływy tu dochodzą. Jacht czeka na wymianę silnika, z ‚Pucka' na ‚Westerbeke', która przeciąga się w nieskończoność za sprawą brazylijskich celników. Obok w podobnych pozycjach i sytuacjach kilka innych jachtów. Para holenderska, para z Australii, rodzina emigrujących do Australii białych Południowo--Afrykańczyków z dwoma synami urwisami i z psem imieniem Hitler.

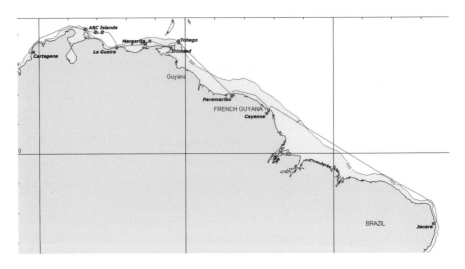

Maciej Gumplowcz przyleciał z Londynu i zastąpił dotychczasowego lekarza. Ten też wrócił do kraju ze względu na zdrowie – ale ojca. Wieczorowe zajęcia towarzyskie następowały regularnie po zajęciach stoczniowych prowadzonych przez osiadłego tu Anglika. Każdy miał swoje przezwisko jak „Colombo", „Popeye"... Mietek to „Pavarotti", a ja zostałem „Mitterrandem". Jedną z licznych żeglarskich opowieści był opis zawodów w Afryce Południowej; która załoga szybciej otworzy puszkę z szynką? Podobno załoga „Czarnego Diamentu" rozstrzygnęła współzawodnictwo na swoją korzyść, przecinając puszkę na pół jednym uderzeniem siekiery...

Nad rzeką Cayenne

Dreyfus and "Papillon"
could say more about it

Któregoś dnia jacht „Liberty Kay" powolutku położył się na burtę. Podpórki ustąpiły, a wylegujący się jak zwykle na dachu nadbu-
dówki Hitler, pomimo rozpaczliwego czepiania się pazurami, zsunął
się do wody budząc wesołość obserwatorów. Pies unikał dotychczas
wody jak ognia... Uszkodzeń nie było, więc incydent z psem stał się
wesołym przerywnikiem w dyskusjach.

Z jego właścicielem Michaelem Owen-Jones spotkaliśmy się jeszcze raz, cztery miesiące później, na Trinidadzie. „Look!! These Polish
bastards are coming!" rozległ się radosny wrzask, gdy wchodziliśmy
na kotwicowisko Chaguaramas. Opowiadaniom nie było końca. My,
po dwumiesięcznym postoju w Brazylii odwiedziliśmy po drodze Gu-
janę Francuską, oglądaliśmy fatalny start rakiety Arianne z Kourou, odwiedziliśmy dawną kolonię karną na Iles de Salut i Wyspie Diabelskiej
(to ta od Dreyfusa i Pappillon'a)... Na płyciznach przy ujściu Amazonki,
ale na pełnym morzu, w czarną bezksiężycową noc, uniknęliśmy o włos
zderzenia z rybakiem stojącym na kotwicy bez jakiegokolwiek oświetlenia... Potem było Paramaribo w tajemniczym Surinamie, czyli dawnej
Gujanie Holenderskiej, no i Tobago, z którego przeholowaliśmy właśnie
pełnym morzem jacht pewnego Szweda z uszkodzonym silnikiem.

Sea salt factory on Aruba

M. Gumplowicz w tropiku

Dalej była Wenezuela i jej różne przybrzeżne wyspy, potem trzy wyspy znane pod skrótem „ABC" czyli Aruba, Bonaire i Curacao. Kolejność odwiedzin była raczej „BCA". Podróż była ciekawa, ale zupełnie nieśpieszna, czasami wręcz dłużyła się niemiłosiernie, ponieważ armator odbywał lądowe wycieczki krajoznawcze, latał samolotami do odległych miejscowości, a jacht ze mną i Maćkiem czekał.

Po dziewięciu miesiącach, z Cartageny w Kolumbii odlecieliśmy z powrotem do Londynu. Bona Terra po remoncie, z nową załogą popłynęła w dalszą podróż w kierunku kanału Panamskiego.

La Valetta, Malta – Wały Chrobrego, Szczecin

Po latach i wielu przygodach Bona Terra dotarła na Maltę. Tam, zimą 2000/2001 przeszła lokalną konserwację i naprawy. W końcowy, liczący 5000 mil morskich etap swojego rejsu dookoła świata popłynęła z udziałem załogi z Yacht Klubu Polski Londyn i pod banderą YKP. Remonty okazały się niesolidne, bo silnik, od chwili wyruszenia w kwietniu, sprawiał kłopoty przez prawie cały czas podróży.

Ważniejsze zdarzenia tego rejsu to kolejno – czyszczenie całkiem zarośniętej i nieefektywnej śruby napędowej już w najbliższym Porto Palo na Sycylii. Dalej wielogodzinne sztormowanie pod wiatr siły 9ºB celem schronienia się w porcie Augusta, awaria silnika w najwęższym miejscu cieśniny Messyńskiej, bliska obserwacja lub wręcz prawie uczestnictwo w manewrach okrętów włoskich i NATO, wielokrotne problemy z uwalnianiem się z nieoznaczonych sieci rybackich.

Po opuszczeniu Palermo trasa prowadziła dalej przez Cagliari na Sardynii, Baleary, wzdłuż południowych brzegów Hiszpanii do Gibraltaru. Tam dnia 4 lipca w 58 rocznicę śmierci Gen. W.Sikorskiego załoga złożyła wiązankę kwiatów pod tablicą pamiątkową w miejscowym kościele.

Gęsta mgła nocą po wyjściu z cieśniny na Atlantyk i kolejne, ale uniknięte w porę, spotkanie z sieciami tuńczykowymi to pierwsze wydarzenia na kursie na Maderę. W okolicy wyspy Porto Santo archipelagu Madery, dnia 17 lipca o godz.19:37 Bona Terra zamknęła podróż dookoła świata. Było to na pozycji N32º51,3 W016º19,2 . Od poprzedniej obecności w tym punkcie minęło 5 lat, 6 miesięcy i 24 dni.

Funchal na Maderze, gdzie jacht zatrzymał się przed laty w drodze z Polski do Brazylii, był więc portem rozpoczęcia i zakończenia okrążania Ziemi. Zgodnie z żeglarskim zwyczajem na murze falochronu wymalowana została pamiątkowa tablica.

Po kolejnych zmianach w składzie załogi popłynęliśmy na Azory. Nieprzyjemnym incydentem było napotkanie w drodze na wyspę Santa Maria przewróconego do góry dnem katamarana, z rozwiniętym żaglem na maszcie pod wodą. Na nim nie było nikogo, w środku w pływakach też

Upturned catamaran drifting in the middle of Atlantic

nikt nie dawał znaku życia. Oznaczony był „Dazcat" 15M 666 i takie dane wraz z pozycją przekazaliśmy dalej przez radio jako komunikat SECURITE.

Na drugiej wyspie azorskiej – San Miguel, nasiliły się słyszane już wśród żeglarzy w poprzednich portach ponure opowieści o piractwie i działalności różnych mafii. W Benalmadenie podobno działa mafia rosyjska a tu w San Miguel prócz rosyjskiej cytują jeszcze niemiecką (?). Jachty stojące na kobyłkach to podobno te skonfiskowane za przewóz narkotyków...

Właśnie staliśmy przy falochronie, a na nim też stały jachty... Po powrocie z miasta okazało się, że jeden z tych naszych sąsiadów spadł z kobyłek i przewrócił się. Na szczęście w jedynie słuszną stronę czyli

In Kiel Canal

stronę ściany falochronu i tam się zatrzymał. Gdyby upadł w drugą, przewróciłby sąsiada, który stał nam praktycznie nad głową, a wtedy – znalazłby się na naszym pokładzie...

Przeważające wiatry zachodnie zwykle sprzyjają tym, co wchodzą w Kanał z Atlantyku. Niestety dla nas, przez dobre dwa tygodnie wiało właśnie odwrotnie. Dojście do Europy trwało niespodziewanie długo

Circumnavigation completed in Szczecin

i było niezwykle uciążliwe. Wreszcie doszliśmy do porciku Camaret koło Brestu. Stąd już było łatwiej, wiatry wróciły do normy. W angielskim Brighton znowu, ostatnie już, naprawy silnika. No i jeszcze Scheveningen, Helgoland i kanał Kiloński.

Na Bałtyku czujemy się prawie w domu, ale... - nie było ulgowo. Ostatnie mile płynęliśmy przy wietrze 8°B, więc mógłbym patetycznie stwierdzić, że wpłynęliśmy do Świnoujścia „na skrzydłach sztormu". Nie będę taki złotousty – to było pożegnanie i nauczka od Neptuna.

Nazajutrz 4 października 2001 Bona Terra, wystrojona we flagi odwiedzonych krajów, z czterdziestoczterometrową wstęgą na topie bezana, zrobiła rundę honorową na wysokości Wałów Chrobrego w Szczecinie, oficjalnie kończąc swój rejs. Trwał on 6 lat i 67 dni.

Jerzy Knabe
luty 2007

ŻEGLARSKI TYDZIEŃ
POLONII NA MAZURACH

Organizowany corocznie w maju rejs flotyllą po Mazurach ma wyrobioną i doskonałą opinię wśród żeglarzy polonijnych. „Spiritus movens" tej imprezy Jurek Kołakowski z Nowego Yorku wraz z Mietkiem Konarzewskim i innymi działaczami z Giżycka stworzyli już tradycję spotkań, wspólnych regat, zwiedzania ciekawych miejsc i poznawania ciekawych ludzi. Nieodłączne biesiady, ogniska i gawędy dają znakomita okazję integracji polskich żeglarzy z kraju, zagranicy i...Londynu.

Inauguration in Giżycko

Beginning in the good mood

211

BŁYSKAWICE
z wyspy Wight

Cowes położone u ujścia rzeki Medina na wyspie Wight jest uważane za Mekkę albo stolicę światowego żeglarstwa – jeżeli nie przez cały świat, to przynajmniej przez żeglarzy brytyjskich... Tu mieści się Royal Yacht Squadron – najstarszy jachtklub w Wielkiej Brytanii założony w 1815 roku i pierwszy, który otrzymał specjalny przywilej podnoszenia angielskiej bandery wojennej, czyli tzw. White Ensign. Tu w 1851 roku, z okazji organizowanej w Anglii „Wielkiej Wystawy", odbyły się pamiętne regaty dookoła wyspy Wight o srebrny puchar RYS (puchar wykonany bez dna – niczego się z niego nie można napić, ponieważ królowa próbowała wykorzenić pijaństwo wśród żeglarzy!). W regatach tych wziął udział świeżo zbudowany jacht, który specjalnie w tym celu przypłynął z Nowojorskiego Jacht Klubu. Królowa Wiktoria obserwowała przebieg regat z pokładu swojego jachtu. Podobno na pytanie:

– Który jest pierwszy jacht, poruczniku? – otrzymała odpowiedź:

– „America".

– A który jest drugi?

– Nie ma drugiego, Your Royal Highness!

W Cowes, w sierpniu 2001 roku odbyły się jubileuszowe regaty 150-ej rocznicy Pucharu Ameryki – bo tak już od tamtej pory, od nazwy pierwszego zwycięskiego jachtu, zwie sie ten puchar.

No i tutaj w początkach maja 2002 odbyły się obchody 60-tej rocznicy uratowania miasta przed zniszczeniem niemieckimi bombami przez Okręt Rzeczpospolitej Polskiej „Błyskawica".

Cowes ma bowiem i inne niż żeglarskie oblicza. Nie istniejąca już obecnie stocznia John Samuel White zbudowała tutaj w 1936 roku dwa bardzo nowoczesne niszczyciele dla Polskiej Marynarki Wojennej. Były to „Grom" i „Błyskawica". „Błyskawica" na próbach morskich przekroczyła swoją znamionową szybkość o 2,5 węzła i osiągnęła 41,5 węzłów!

W kwietniu 1942 „Błyskawica" była w macierzystej stoczni na naprawach i doposażaniu. Dowódca okrętu komandor Wojciech Francki wysłał większość załogi na zasłużone urlopy, ale nie zezwolił na rozładowanie zapasów amunicji z okrętu, co może nie zgadzało się ze stoczniowym regulaminem, ale dobrze świadczyło o nim jako dowódcy okrętu w czasie wojny. Że miał rację, okazało się wkrótce. Pierwszy zwiadowczy nalot niemiecki o włos nie zniszczył „Błyskawicy". Bomba trafiła między burtę okrętu a brzeg rzeki Medina, niszcząc trap wejściowy. Kilka dni później, w nocy z 4 na 5 maja 1942 o 11-ej wieczorem, zamiast jednego przyleciało ponad sto Dornierów. Obrona przeciwlotnicza miasta była za słaba na tak zmasowany atak. Ale załoga „Błyskawicy" obsadziła pokładowe działa i swoim nieustającym ogniem zmusiła napastników do zwiększenia pułapu. Atak trwal falami przez kilka godzin aż do świtu. Rozgrzane do czerwoności lufy działek dosłownie świeciły w mroku nocy. Artylerzyści chłodzili je polewając wiadrami wody zaczerpniętej za burtą. Po ataku okazało się, że wielu z nich ma ręce poparzone od kontaktu z rozżarzonym metalem. Mimo tego wzięli zaraz udział w gaszeniu pożarów na lądzie.

Polacy nie byli jedyną obcą nacją na rzece owej nocy. Cowes było również bazą około tuzina ścigaczy okrętów podwodnych Wolnej Francji jednak, w porównaniu do siły ognia „Błyskawicy", nie miały one większego wpływu na obronę.

Ponad siedemdziesiąt osób zginęło w wyniku tego nalotu. Ci, co przeżyli zgodnie stwierdzili, że gdyby nie zażarta kanonada z „Błyskawicy" miasto byłoby kompletnie zniszczone. Wkrótce po wojnie, z incjatywy dzieci szkolnych zrodzonej po lekcji historii na temat tych wydarzeń, wmurowana została w Cowes pierwsza tablica dla uczczenia polskich marynarzy. Mimo upływu dziesięcioleci pamięć ta jest nadal żywa. W obchodach czterdziestolecia brali udział oficjalni przedstawiciele PRL – zatem miejscowa Polonia była demonstracyjnie nieobecna.

Yacht Klub Polski w Londynie został poproszony przez organizatorow 60-lecia o zapewnienie udziału polskich załóg w okolicznościowych regatach na jachtach „Sonar" udostępnionych przez Island Sailing Club w Cowes. Mimo bardzo krótkiego terminu udało się

Racing crew from YKP Gdynia

Racing crew from YKP London: Adrian Matusek, Maciej Gumplowicz,
Jan Oleszkiewicz, Matthew Gumplowicz

to załatwić, wystartowało pięć załóg i zwycięska załoga YKP Gdynia (kierowana przez Marcina Jaczewskiego) na rozdaniu nagród wręczała Anglikom banderkę własnego klubu, który też ma specjalny przywilej noszenia bandery swojej Marynarki Wojennej.

Zamiast okrętu przyjechał autobus z reprezentacyjną Orkiestrą Marynarki Wojennej, natomiast klub żeglarski MW czyli gdyńska „Kotwica" wydelegowała jachty „Kapitan II" i „Hetman" tak, że polskich mundurów nie brakowało na ulicach Cowes udekorowanych obficie polskimi flagami. Można tam było kupić pamiątkowe koszulki z odpowiednimi napisami, jedna miejscowa knajpa nawet zaryzykowała umieszczenie w swoim menu pierogów i bigosu! [niestety nie był to oszałamiający sukces...]. Za to wystawa okolicznościowa zgromadziła wiele ciekawych eksponatów i informacji. Stamtąd dowiedziałem się, że „Błyskawica" miała małpkę jako maskotkę oraz że miejscowi dostawcy i rzemieślnicy, mając trudności z prawidłową wymową nazwy „Błyskawica", używali potocznie nieco zbliżonego fonetycznie określenia „Bottle of Whisky"!

Ta wystawa była zorganizowana specjalnie na czas obchodów. Ale wyspa Wight i Cowes ma wiele innych ciekawostek dla turystów. Jest to najlepsze w Europie miejsce do zapoznania się z dinozaurami, które tu buszowały małe 120 milionów lat temu. Jest muzeum morskie, co więcej – specjalistyczne muzeum wraków, których wokół wyspy nigdy nie brakowło i co najoryginalniejsze – muzeum przemytnictwa!

Wracajmy do uroczystości, które przy dobrej pogodzie trwały przez pełne trzy dni. Przyjęcie w Royal London Yacht Club, capstrzyk, składanie wieńców, nabożeństwo w kościele, podczas którego gospodarze dołączyli się do Polaków w śpiewaniu „Boże coś Polskę"(!), przemarsz przez miasto, liczne występy Orkiestr MW i Royal British Legion, pokaz sztucznych ogni, honorowa salwa z armatek Royal Yacht Squadron, koncert szopenowski na którym, poza programem i dość niespodziewanie, wystąpiła również Ewa Maria Doroszkowska, wnuczka zmarłego w 1996 roku w Australii komandora Franckiego.

Kulminacyjnym momentem było chyba odsłonięcie kolejnej polskiej tablicy pamiątkowej przez mera miasta Cowes. Tu spotkali sie wszyscy, i angielscy i polscy organizatorzy, sponsorzy z „Henri-Lloydem" na czele, przedstawiciele Polonii, polski konsul i attaché wojskowy. Byli też marynarze francuskiego okrętu „Glaiva" przybyli uczcić francuski element tych historycznych wydarzeń. Zabrzmiały więc dźwięki zarówno Mazurka Dąbrowskiego, Boże chroń Królową jak i Marsylianki.

W centrum zainteresowania znalazł się jeden z nielicznych żyjących jeszcze członków ówczesnej załogi „Błyskawicy", wtedy młody oficer artylerii, obecnie komandor inż. arch. Tadeusz Lesisz. Z nim mogłem wreszcie autorytatywnie ustalić imię maskotki okrętowej – gibraltarskiej małpy na „Błyskawicy". Otóż miała na imię Betty; wbrew

imieniu był to „małp" czyli samiec. Betty miała trzech opiekunów: stewarda kapitańskiego, który ją żywił, lekarza okrętowego, który ją leczył i pana Tadeusza, który ją lubił... Niestety skończyla marnie na zimnych wodach północnego Atlantyku. Przeziębiona wysiadywała, u nasady komina okrętowego, gdzie jej było cieplej. Potem znikła. Ktoś ją widział wdrapującą się na komin... Albo więc do niego wpadła albo jakiś przechył wyrzucił ją za burtę...

Jowialny mer Cowes Jeff Banks przepytał nas, polskich żeglarzy ze znajomości, co się dzieje z brytyjskim challengem do nadchodzących rozgrywek o America's Cup:

– Czy wiemy, że siedziba syndykatu GBR Challenge znajduje się tutaj w Cowes?

– Czy wiemy, że pierwszy współcześnie budowany w Wielkiej Brytanii, 80-stopowy jacht Formuly 1 na America's Cup powstał właśnie tu w Cowes?

– Czy wiemy, że przed kilkoma tygodniami odbyła się tutaj ceremonia chrztu tego jachtu z udziałem Księżniczki Anny?

– A czy wiecie, jak doszło do wyboru jego imienia?

Tego akurat nie wiedzieliśmy, ale mer z racji swojego stanowiska wiedział:

– Poproszono dzieci szkolne o propozycje. Nadeszlo ich 18 tysięcy i 940. Wybrano nazwę „Wight Lightning" złożoną przez 5-letniego George'a Pickeringa. A o takim wyborze nazwy zdecydowało właśnie pamiętne powiązanie wyspy Wight i miasta Cowes z okrętem „Błyskawica". Po angielsku błyskawica znaczy „Lightning"...

Jerzy Knabe
2002

MORSKIE POWROTY

Po zakończeniu Drugiej Wojny Światowej w Wielkiej Brytanii znalazło się wielu ludzi i wiele sprzętu wojskowego Polskich Sił Zbrojnych na Zachodzie.

O losach sprzętu – i okrętów Marynarki Wojennej – zadecydowały ówczesne układy polityczne. Promowany przez Stalina rząd lubelsko-warszawski kosztem rządu londyńskiego uzyskał dyplomatyczne uznanie ze strony pozostałych sojuszników. Jednym z efektów tej sytuacji był powrót do Polski żaglowego okrętu szkolnego Marynarki Wojennej szkunera „Iskra", który pod nazwą HMS „Pigmy" i pod brytyjską banderą służył przez całą wojnę w Royal Navy w Gibraltarze. Dnia 23 czerwca 1948 roku, czyli przed 55 laty, wyruszył w rejs powrotny z Portsmouth do Gdyni. Dwudziestoosobowa załoga pod dowództwem komandora podporucznika Juliana Czerwińskiego doprowadziła go do celu z początkiem lipca.

Ludzie podejmowali indywidualne decyzje. Ci zdecydowani na pozostanie, być może na całe życie, na emigracji postanowili zadbać o zachowanie polskości dla swojego rodzonego na obczyźnie potomstwa.

Środkiem do osiągnięcia tego celu było założenie Związku Harcerstwa Polskiego w W.Brytanii. Hufiec męski „Warszawa" w Londynie w 2002 roku obchodzil 55-lecie swojego powstania licznymi akcjami pod wspólnym tytułem „Bliżej Źródła".

Zdając sobie sprawę z wychowawczych walorów żeglarstwa kierownictwo ZHP zaplanowało jako kulminacyjny punkt tego programu morską wyprawę pod żaglami do Polski dla trzeciego już obecnie pokolenia harcerzy. Po nieudanych podejściach do „Pogorii" i „Zawiszy", Marynarka Wojenna RP i ORP „Iskra" okazała się strzałem w dziesiątkę.

Harcerze wraz z podchorążymi Akademii MW stali się honorową eskortą do Polski pamiątek osobistych ponad 1300 żołnierzy polskich poległych na Zachodzie. Wobec nieznalezienia rodzin przechowywane były one latami przez brytyjskie Ministerstwo Obrony, które właśnie postanowiło przekazać je stronie polskiej. A ci polegli to przecież rówieśnicy ich dziadków, którym udało się przeżyć wojnę... Symbolika tego równoległego powrotu ma swoją głęboką wymowę.

Nowa załoga „Iskry"

Paczki z pamiątkami

Pierwsza szkolna „Iskra" zakończyła służbę w 1977 roku. Druga, zbudowana w Gdańsku w 1982 to też żaglowiec, ale z takielunkiem typu barkentyna. Po zaokrętowaniu 28 harcerzy w bazie Royal Navy w Portsmouth 6 lipca zatrzymała się dnia 9 lipca w City of London, by przyjąć na pokład wspomniane prywatne pamiątki, ugościć rodziców oraz angielskie i polskie osobistości związane z wydarzeniem. Wśród nich: ostatni Prezydent II RP Ryszard Kaczorowski, żołnierz spod Monte Cassino Henryk Strzelecki – czyli Henri-

-Lloyd, który ubrał harcerzy w swoje sztormiaki, siostra komandora Juliana Czerwińskiego pani Janka Bielak z Sail Training Association oraz przedstawiciele Yacht Klubu Polski w Londynie, który pomagał harcerzom w przygotowaniach.

Harcerze polscy z UK wyruszają z Portsmouth na rejs "Do źródła" na ORP ISKRA

W drodze do Polski harcerze szkolili się razem z podchorążymi i poznali smak morskiej przygody, służąc jako załoga okrętu Polskiej Marynarki Wojennej. Do Gdyni przypłynęli na otwarcie wielkiego międzynarodowego zlotu żaglowców z całego świata. Potem ruszyli poznawać kraj swoich dziadków pod swoim historycznym sztandarem, poświęcanym przed laty w Londynie przez „chrzestnych" – Generała Władysława Andersa i żonę Marszałka Piłsudskiego, Aleksandrę.

Jerzy Knabe
lipiec 2003

KRYMSKIE PRZYGODY

Do Sewastopola podchodziliśmy głęboką nocą. Nawiązanie łączności z „dispeczerem" (port control) nastąpiło bez problemu. Wywołanie, odbiór, przejście na wskazany kanał, trochę pytań: macie mapy? Macie plan portu? Skąd płyniecie...Odezwijcie się, jak będziecie bliżej.

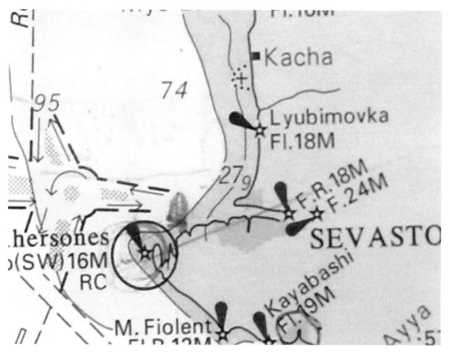

Nastąpił moment kontaktu z Krymem, pierwszym portem wyprawy na Morze Czarne, przystankiem w drodze do Gruzji, Abchazji i być może Rosji. Myśl wyprawy na Morze Czarne tłukła się w naszych głowach od dawna. Ostateczna decyzja zapadła w nocnych rozmowach żeglarzy... Wyobraźnię rozpalała książka „Morze Czarne" Neala Aschersona, której polskie wydanie zbiegło się w czasie z naszymi planami. Koło przygotowań poszło w ruch.

Szybko okazało się, ze czarter jachtu w tym rejonie nie jest możliwy. Czarter w Chorwacji. Może Grecja. Odległości, koszty. W rezultacie czarterujemy od prywatnego polskiego armatora 40-stopowego „Brucea" o nazwie „Bona Terra". Jachtu, który opłynął wcześniej Glob, jest po remoncie i cumuje na...Malcie.

Morze Śródziemne, na Jońskim wyspa Kefalonia, kanał Koryncki, krótki odpoczynek na Aeginie, wizyta w Atenach na kilka dni przed olimpiadą, dalej Dardanele z wizytą w Troi, jeszcze zwiedzanie i formalności w Istambule, który w czasie naszej podróży bardziej nam się kojarzy z Konstantynopolem. Dalej już bez postoju port na Krymie. Oczywiście, nasza wyprawa nie mogła mieć innego hasła niż „Herodot Expedition".

W oddali pokazują się światła główek wejścia do fiordu i coraz wyraźniej słychać odgłosy dyskotek bawiącego się w letnią noc miasta. Sewastopol. Miasto bohater. W czasie wojny zrównane z ziemią,

„Bona Terra" w Kanale Korynckim: A. Pugacewicz, M.Gumplowicz i J.Knabe

A. Kacała – poznać po wąsach

Pomnik w Galipoli

Koń trojański

Półwysep Galipoli

później ogólnie niedostępne, ‚zamknięte', gigantyczna baza okrętów wojennych. A jak teraz?

– „Bona Tiera", „Bona Tiera" – głos dispeczera – Idźcie jedną milę na N i czekajcie. Ledwie kończymy zwrot, a on:

– Dobrze. Tym kursem. 1 milę. – Obserwuje nas szelma.

Dryfujemy we wskazanym miejscu. Coraz wyraźniej zarysowują się kontury lądu. Najdalej wystający w morze cypel z latarnią, teraz nie zabudowany, stanowi ruiny miasta-państwa greckiego Chersonez sprzed ponad 2500 lat

Czas dłuży się, więc próbuję:

– Diespieczer Sewastopol, diespieczer... Polskaja jachta żdiot na waszyje rozporażenija.

– Teraz już wami będzie się zajmował „Łabądź 7", kanał... – słyszymy w odpowiedzi.

Za jakiś czas „Łabądź 7": – Amatorskaja jachta „Bona Tera". Skąd przychodzicie? Ile osób na pokładzie? Jaka bandera? Wymiary jachtu? – Odpowiadamy.

I znowu cisza. Po chwili dispeczer:

– Płyńcie kursem…, aż wejdziecie w nabieżnik.

Natychmiast włącza się „Lebied Siedem”: – Macie pozostać na miejscu i czekać na dalsze instrukcje.

– Mamy zezwolenie z port control na wejście!

W odpowiedzi słyszymy: – Do portu będziecie mogli wejść o 8 rano.

Sytuację ratuje port control:

– Nie zrozumieliście instrukcji. Czekajcie na moje instrukcje. To ja będę was prowadził.

W radiu pojawia się nowa instytucja, Sewastopol Jeden. Damski głos: – Co to za jacht na redzie, on wchodzi czy wychodzi?

I tak dotrwaliśmy prawie do 8.00, kiedy ponownie odezwał się port control: – Macie plany portu? Będę was prowadził na radarze. Widzicie ten biały statek? – Był to jedyny statek w całej okolicy.

– Płyńcie za nim. On idzie do odprawy celnej.

Zmierzaliśmy więc do odprawy prowadzeni przez „pilota”, ciekawi tego nowego dla nas świata. Jeszcze tylko formalności, załatwiane na jachcie przez sympatyczną celniczkę o biegłym angielskim w towarzystwie dwóch mundurowych pograniczników, którzy nosili za panią dokumenty i przystawiali pieczątki w miejscach przez nią wskazanych. Od tej pory mogliśmy żeglować po wszystkich portach Ukrainy bez żadnych odpraw celnych czy granicznych, bez przeszkód

Sewastopol

formalnych chyba, że szlak nasz skrzyżuje się …. ze szlakiem jachtu prezydenta Ukrainy.

Kolejnym portem była Bałakława. Jak i Sewastopol, miasto dawniej ,zamknięte' – baza okrętów podwodnych. Jest położony w uroczym fiordzie. Na wzgórzach przy wejściu ruiny twierdz Genueńczyków i Wenecjan, którzy w owych czasach nadgryzali Bizancjum torując drogę Turkom do Europy. Tunele w skałach na wysokości lustra wody, wydrążone w czasach nam znanych, to wejścia do podziemnych portów dla okrętów podwodnych.

Balaclava

Cały fiord jest teraz we władaniu żeglarzy i te tak bardzo strzeżone do niedawna podziemne budowle można swobodnie zwiedzać. Powitani zostaliśmy serdecznie, zrobiono nam miejsce przy bosmanacie, a jednocześnie przy wejściu do tawerny. Oświadczono, że jesteśmy „pierwaja polskaja jachta", który odwiedził ich port wpisując się tym samym do historii mariny. Miasto szykowało się do uroczystych obchodów 2500-lecia swojego istnienia od założenia przez Greków pod nazwą Taurikon, zaś my po kilku dniach postanowiliśmy przenieść się do Jałty.

W bosmanacie oświadczono, że teraz nie ma żadnych wejść i wyjść, ponieważ w porcie cumuje jacht prezydenta Ukrainy, Leonida Kuczmy. Rzeczywiście, przy nabrzeżu stał statek wielkości wycieczkowca Gdynia-Hel.. Koło południa podjechały dwie limuzyny, prezydent w towarzystwie obstawy zwizytował nabrzeże, zniknął we wnętrzu „pasażera" z przyciemnianymi szybami, a po kilku godzinach odbił i znowu zaczęła obowiązywać swoboda żeglugi – z wyjątkiem wejścia do portu Ałuszta, bo tam cumował…prezydent.

Te osobliwości nie zmieniają faktu, że byliśmy serdecznie traktowani, otrzymywaliśmy pomoc na każde skinienie, a czas upływał w życzliwej atmosferze.

Aleksy Pugacewicz
styczeń 2007

KOTEK

Ta zabawna dla nas ale nie dla kapitana, historyjka wydarzyła się na jednym z etapów rejsu „Herodot" zorganizowanego przez YKP w Londynie na sy „Bona Terra". Byłem jego uczestnikiem na trasie: Malta – Krym. Kapitanem był Maciej Gumplowicz. A oto jej opis – wyciąg z mojego „Dziennika Podróży", który zawsze piszę uczestnicząc w różnych eskapadach.

14.08.2004. Sobota

08.45. Przycumowaliśmy w głębi olbrzymiego portu, pełnego okrętów i łodzi podwodnych. Sewastopol był do niedawna wielką i zamkniętą bazą radzieckiej Floty Czarnomorskiej. Obecnie okręty podzielonej floty: wojenno-morskich sił Ukrainy i Czarnomorskiej Floty Rosji rdzewieją po obu stronach nadbrzeża.

Wieczorem mieliśmy trochę zabawy z małym kotkiem przybłędą, który pomimo początkowego zniechęcania mu wizyty w końcu wszedł na jacht a potem już w żaden sposób nie można go było wygonić. Zrobiło nam się żal tego maleństwa i pozwoliliśmy mu zostać. Nazwaliśmy go „Szparek". Jego imię miało pewien związek z profesją naszego Kapitana – lekarza.

15.08.2004. Niedziela

08.00. W nocy budziłem się kilkakrotnie. Najpierw obudził mnie deszcz bębniący o pokład i wyładowania atmosferyczne. Później do koi wlazł mi Szparek, który od wczoraj zadomowił się na jachcie. Trochę trwało zanim go wyrzuciłem. Okazało się, że nocą chodził po wszystkich kojach i zewsząd go wyrzucano. Marek wystawił go dwa razy na zewnątrz, Kapitan też.

10.30. Miałem kambuz. Szparek wypił już miseczkę mleczka, którą mu nalałem. Wyglądał na bardzo zadowolonego.

20.00. Już po kolacji. Wieczorem długo jeszcze siedzieliśmy na pokładzie z kotkiem, który jak to wszystkie małe kotki był bardzo chętny do zabawy. W bardzo przyjemnym nastroju rozeszliśmy się do koi, życząc sobie dobrej nocy. Nie dla wszystkich jednak okazała się ona dobra. Nie zdążyliśmy się położyć, kiedy nagle ze swojej kajuty wyskoczył Kapitan ze strasznym wrzaskiem. Okazało się, że kotek sprawił mu „niespodziankę". Przez dłuższy okres czasu załatwiał się w śpiworze na jego koi. Chyba polubił naszego Kapitana? Usmarowany kocim gównem, przeklinając i wygrażając Szparkowi, Kapitan krążył po jachcie szukając kota. Ten jednak zniknął. Umycie się, wypranie śpiwora i zrobienie porządku w kajucie zajęło sporo czasu. „Maciusiu, jeszcze masz coś na czole" – z poważnymi minami donosiła załoga.

Po kątach krztusiliśmy się ze śmiechu, no bo jak się z tego nie śmiać? Ale wiem, że nie byłoby mi do śmiechu, gdyby się to mnie przytrafiło. Maciek ciągle brzydko klnąc szukał Szparka. Dopadł go wreszcie w jakimś zakamarku i trzymając za kark wyniósł na pokład. Zamarliśmy z przerażenia. Spodziewaliśmy się najgorszego. Skończyło się tylko na przerzuceniu kota przez wysokie ogrodzenie na drugą stronę. Nieczęsto zdarza się widzieć tak „szybującego" kota. Gdyby istniała taka dyscyplina sportu jak „rzucanie kotem w dal", to nasz Kapitan byłby bezkonkurencyjny.

Ponieważ kot spada zawsze na cztery łapy, to i naszemu Szparkowi nic się nie stało. Pojawił się też wkrótce znów w okolicy, ale trzymał się w bezpiecznej odległości. „Sterroryzowani" przez Kapitana musieliśmy się zgodzić na drastyczne rozwiązanie. Zajął się tym wezwany strażnik portowy, który zamknął naszego ulubieńca na noc w „areszcie". Noc, co prawda, mieliśmy spokojną, ale nie czuliśmy się dobrze. Najlepiej czuł się Kapitan.

16.08.2004. Poniedzialek

12.00. Od rana zamieszanie, dzień roboczy na jachcie. Maciek już w lepszym humorze ale Szparka ciągle przeklina. Mogliśmy się wreszcie pośmiać „całą gębą", bo wcześniej nie wypadało. W ciągu dnia chodziliśmy na „widzenia" do Szparka w areszcie nosząc mu różne smakołyki. Wyjątkiem był tylko Kapitan, który do samego odpłynięcia nie odwiedził Szparka i nie chciał go mieć nawet w zasięgu wzroku. Nawet nasze argumenty, że Szparek tęskni za nim, nie zmieniły jego zdania. Wkrótce jednak nabrał dystansu i jeszcze wiele razy wspólnie śmialiśmy się z tej przygody. Kapitan okazał się facetem z klasą i dużym poczuciem humoru.

Andrzej Kacała
grudzień 2006

Z KRYMU NA MALTĘ

Krym. Będąc na Krymie, nie godzi się pominąć Jałtę. Zgodnie ze wskazówkami lokalnych żeglarzy, oddaliliśmy się od zamkniętych akwenów południa Krymu. Brak wiatru i generalny prąd cyrkulujący wokół Morza Czarnego w kierunku przeciwnym do wskazówek zegara spowodował, że do niedalekiej w gruncie rzeczy Jałty dopływaliśmy już w nocy. Zawiadamiamy Port Control Jałta, że jacht „Bona Terra" pod polską banderą zgłasza zamiar wejścia do portu. Odpowiedź brzmiała „A za czem?" czyli „po co?". Nasz radiooperator, na takie dic-

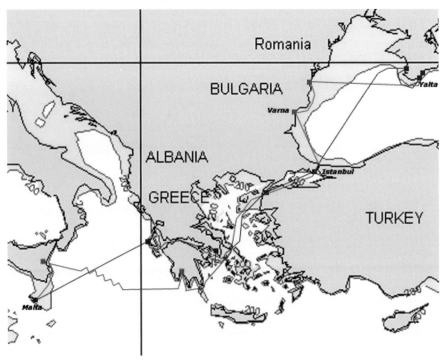

tum lekko się zapowietrzył, ale szybko zebrał się w sobie i powiada: „Nu ja nie znaju, szto wam otwietit na takoj wapros!"... Koniec końców powiedzieli nam, że mamy iść do Massandry.

Massandra to port handlowy Jałty, parę kilometrów na wschód i mimo spartańskich warunków stało się tam bezpiecznie. Dojazd: 12 minut mikrobusem, czyli tzw. „marszrutką" z jałtańskiego „owoszcznyj targ" (gdzie owoców nie sprzedają). Port w samej Jałcie to tylko nabrzeże dla promów i pasażerów a jachty ryzykownie tańczą na linach i kotwicach przy nie osłoniętym falochronem brzegu. A na brzegu świeżo wyremontowana promenada, zatłoczona do niemożliwości przez turystów. Między nią i targiem owocowym – imponujący Lenin na wysokim cokole...

W zbudowanym dla cara Aleksandra pałacu w Liwadii dnia 11 lutego 1945, Roosevelt, Churchill i „Ziutek Słoneczko" podpisali niesławny Układ Jałtański, którym nasi znakomici sojusznicy z II Wojny Światowej na dziesięciolecia wsadzili nas do obozu „pokoju i socjalizmu". Teraz po pałacu imperatora snują się w nabożnym skupieniu tłumy turystów w muzealnych kapciach, a piękne ogrody zamieniono w jarmark straganów z pamiątkowo-odpustową tandetą. Nie żałuję, że to miejsce odwiedziłem, ale nic nie poradzę na to, że jako żyjący świadek tego całego okresu wyszedłem – *excuse le mot* – raczej wk......y. Co było zresztą do przewidzenia.

Tak jak poprzednio w Turcji, tak też na Ukrainie, traktowani byliśmy jako statek handlowy. Pojęcie jachtu nie mieści się w przepisach ani w praktyce. Zaś statek handlowy odprawiany jest przez agenta. To on ma odpowiednie formularze, wypełnia je i przedstawia celnikom przy odprawie. Już długo przed wyjazdem podlegaliśmy naciskom, by koniecznie zatrudnić agenta. Celnicy mówią, że oni w ogóle nie mają w swoim biurze odpowiednich formularzy... Trzeba agenta!

Pierwsze rozmowy skończyły się na dosyć gwałtownej wypowiedzi naszego kapitana i trzaśnięciu drzwiami. Po tym wstępnym zmiękczeniu przeciwnika poszedł inny negocjator. Kategoryczne stwierdzenie, że za naszą odprawę nikt „dienieg nie połuczyt", a jeżeli nas nie odprawią, to znajdziemy na to inną metodę, sprawiło że formularze się znalazły lub zostały narysowane... Postój był już opłacony u „dispeczera", celnicy z dobrą miną do złego, ale obowiązujacego ich scenariusza pełnili swoje obowiązki, aż wreszcie koniec wszystkiego był pomyślny.

Morze Czarne wcale nie jest czarne, ale równie niebieskie, zielone lub turkusowe, jak i Śródziemne. Dawnymi czasy nazywano je po łacinie Pontus Euxinus, czyli Morze Gościnne. Mieliśmy na nim zawsze korzystne wiatry – niezależnie od tego, w którym kierunku zdecydowaliśmy akurat popłynąć. Kapitan Maciej Gumplowicz ma opinię „urodzonego w czepku" i nieprawdopodobne żeglarskie szczęście – nie tylko do pogody. Wiem, bo pływając razem z niejednej już opresji udało nam się wyjść cało.

Rumunia. Gdy nocą zbliżaliśmy się do brzegów Rumunii, ogromna i wrednie wyglądająca czarna chmura przed nami skłoniła nas do całkowitego zrzucenia grota. Prócz częstych zmian siły i kierunku wiatru nic poważnego się nie sta-

„Poler" – po burzy

ło. Tylko fale przyjęły górski charakter, powodując gwałtowne i nie-przewidywalne kołysania jachtu. Nazajutrz po wejściu, przy całkiem już spokojnej wodzie, do Port Tomis usłyszeliśmy o niezwykle silnej burzy, która przeszła ubiegłej nocy. Port Tomis znajduje się tuż na pół-noc od właściwego i olbrzymiego portu handlowego Konstanta, gdzie jachty nie powinny wchodzić.

Odprawa w Rumunii – marzenie. Jeden pogranicznik załatwił ją u nas na pokładzie w 15 minut. Mamy tylko surowy zakaz przyj-mowania kogokolwiek na pokładzie jachtu. A po kei falochronu bez żadnych ograniczeń spacerują miejscowi. W środku basenu porto-wego bije na 40 metrów w górę fontanna i kąpie się w nim młodzież szkolna, korzystając z ostatnich dni wakacji...

Konstanta ma długą historię. Jest zamieszkiwana od VI wieku przed Chrystusem, starożytni Grecy nazywali ją Tomi, obecną nazwę zawdzięcza jednemu rzymskiemu cezarowi, a na placu Owidiusza stoi jego statua, bo tu właśnie żył po wygnaniu z Rzymu przez innego cezara – Augusta, któremu nie spodobała się frywolna Owidiuszowa „Ars Amandi", czyli „Sztuka Kochania".

Przyjemnym epizodem była wizyta na „Bona Terra"... konika morskiego. Ten bardzo rzadki obecnie gatunek rybki przysiadł się w towarzystwie kraba na naszej spuszczonej do wody drabince nur-kowej. (Czyściliśmy zarośnięty propelerek logu). Oba okazy trafiły do słoika jako fotograficzne modele, ale musieliśmy konika ratować, gdy wkrótce znalazł się w objęciach kraba. Poczytaliśmy tą wizytę jako następne potwierdzenie towarzyszącego nam szczęścia... Oczy-wiście konik morski odzyskał swoją wolność.

Na odprawę wyjazdową przyszło dwóch z „immigration", ale o jej at-mosferze świadczy fakt, że gdy w dobrych humorach wyszli, musiałem ich biegiem gonić, by oddać zapomniany na stole w mesie służbowy stempel do przybijania daty wjazdu i wyjazdu w paszportach...

Bułgaria. Krótki przybrzeżny rejs prowadził obok przylądka Ka-liakra. Tak zwie się siostrzany statek naszej Pogorii, jej port macie-rzysty to Varna i właśnie ją spotkaliśmy. Wchodząc w nocy mieliśmy gęstą mgłę, ale kontroler portu obserwując nas na radarze precyzyj-nie kierował naszymi ruchami przez radio, posługując się płynnie angielskim.

Varna to kolejne miasto nad Morzem Czarnym o długiej historii sięgającej 6-go wieku przed Chrystusem. Jeszcze przed Grekami była tu Tracja, potem Rzymianie, Słowianie, Bułgarzy tureckiego pochodzenia (przyjęli i używają do dzisiaj słowiańskiego języka). Ich królestwo sięgało kiedyś do Adriatyku. W muzeum leży najstarszy jakoby na świecie kompletny kościotrup z wielką ilością równie starej i odkopanej razem z nim w 1972 roku złotej biżuterii.

Całą trasę z Varny do Bosforu mieliśmy ENE sztorm 6-7° B ale znów był to w miarę korzystny kierunek i na samym foku dopłynęliśmy rankiem do Bosforu i dalej do Atakoy Marina w Stambule. Granicząca dla mnie z magią była znaleziona później informacja z locji. Cytowane tam są stare zapiski z jakiegoś koptyjskiego kalendarza dotyczące pogody na M.Czarnym. Np. 16 maja – silny wiatr północny. 5 sierpienia – trzy dni silnego wiatru. A na 6 września – sztorm (7--8°B). Płynęliśmy właśnie tego dnia – i się sprawdziło!

Stambuł Tu powinienem rozpływać się nad standardowymi tematami: muzeum Aya Sofia i Błękitnym Meczetem lub co najmniej opisać targowanie się po polsku w Grand Bazaar, gdzie pod jednym dachem mieści się ponad 4000 sklepików. To normalka, bo od lat bywały tu już całe pokolenia polskich handlowych turystów. Zresztą tutejsi kupcy są biegli również w wielu innych językach.

Stambuł od czasów rzymskich aż do roku 1453 nazywał się Konstantynopol. Pamiętam jeszcze ze swojej szkoły najdłuższe jakoby polskie słowo: konstantynopolitańczykiewiczówna! Teraz nazwa ta popada w zapomnienie.

Atakoy Marina jest pierwszej klasy! Duża, bezpieczna i dobrze zorganizowana, strzeżona od lądu i od wody. Motorówka wprowadza jachty i wskazuje miejsce postoju, kilka razy dziennie opływa wszystkie stanowiska, sprawdzają cumy... Do dyspozycji są nie tylko prysznice i WC, nie tylko woda i elektryczność przy każdym stanowisku, ale i sala internetowa w biurze!

Dla żeglarzy jest to jednak trochę ślepy zaułek. Dojście od południa trudne ze względu na stały przeciwny prąd w Dardanelach i przeważający przeciwny wiatr Meltemi na Egejskim. Zaś płynąć dalej – do „dzikich krajów" postsocjalizmu i biurokracji wielu nie ma odwagi... Tymczasem biurokracji jest dosyć już i tu na miejscu.

Wielostronicowy blankiet Transit Logu zdobywa się u agenta (czyli w marinie). Wypełniony dokument zabiera młody, mówiący po angielsku student i najpierw oglądają ten papier celnicy. Potem jazdy taksówką po całym mieście: urząd stwierdzający zaocznie nasze zdrowie; gdzie indziej – Kapitanat Portu pobiera opłatę od tonażu. Pokwitowań się nie wydaje... Gdzie indziej, na policji pobierają opłaty za wizy – ale te płatne tylko w dolarach, nie w tureckich lirach! Wizy już zapłacone, ale nie wstemplowane! Tą imigracyjną czynność wykonuje się jeszcze gdzie indziej – w budynku, na którym z niewiadomych powodów napisane jest cyrylicą „Таможня", czyli urząd celny (!?)... Wreszcie po trzech godzinach wracamy na jacht, taksiarzowi płacimy 45 milionów za jego trudy i jesteśmy odprawieni – na wjazd. Manager mariny zeznał, że od lat usiłuje za własne pieniądze zaangażować państwowego urzędnika, który mógłby załatwić wszystko na terenie mariny. Niemożliwe! Biurokracja zabija mój kraj – mówi zrezygnowany.

Grecja. Andros to pierwsza od północy wyspa Cykladów. A port Gavrion leży w niewielkiej zatoce z wejściem od południa. Powinien być dobrze zasłonięty przez góry, ale hulały po nim różne szkwały utrudniające manewry portowe. Jest to przystanek licznych promów. Wpływają do portu z wielką szybkością, rzucają kotwicę na środku zatoki, dochodzą rufą do rampy. Jeszcze nie są przycumowane, a już rozpoczyna się wyładunek pieszych i samochodów, potem załadunek i po 10 minutach – wio w dalszą drogę z równie wielką szybkością. Pomimo, że zdarza się czasem wielki tłok w porcie. Dwie lub nawet trzy ogromniaste „fery" manewrują w tym samym czasie o metry od siebie...

W zachodnie strony Śródziemnego trzeba płynąć z wyspy Andros aż do przylądka Maleas na Peloponezie. Prawie dokładnie na tej trasie jest grupka nieoświetlonych skał Nisidhes Karavi. Za dnia pół biedy bo wystają jakieś 30 metrów z wody, ale nocą gorzej. Oczywiście przestudiowaliśmy locję jachtową Heikella. Napisał, że mimo braku jakiejkolwiek strefy zamkniętej są one używane jako poligon strzelniczy dla lotnictwa wojskowego i że sam będąc milę od nich widział wybuchające tam rakiety. Wypadło nam przepływać tamtędy nocą, a gdy zaczął krążyć nad nami samolot – na pokładzie miny trochę zrzedły i zapanował wisielczy humor. Przeżyliśmy! Nikt nie strzelał i o skały też nie zawadziliśmy. Jeżeli rzeczywiście strzelają, to nie ma co na nich stawiać latarni, a jak postrzelają dłużej, to z biegiem czasu i niebezpieczeństwo nawigacyjne zniknie...

Na Maltę. Po opuszczeniu Kalamaty schowanej głęboko na Peloponezie i wyjściu na morze Jońskie okazało się, że szczęście kapitana do korzystnych wiatrów zawiodło. Zaczęły nas nękać uporczywie silne wiatry i sztormy z kierunków południowo-zachodnich. A my chcemy na Maltę! Równie uporczywie z nimi się borykaliśmy przez pięć dni, robiąc żałosne postępy, raz tylko 6 Mm na dobę – aż wreszcie dowiało nas do Katanii, na wschodnim brzegu Sycylii. Tam w pełni księżycowej nocy witał spektakularny widok dymiącej poziomo Etny.

Zdawało się, że terminowy powrót na Maltę jest zagrożony. Ale gdy już byliśmy w porcie, prześladujący nas przeciwny wiatr ustał. Po krótkim odpoczynku znowu kurs na Maltę. Wiatry niekorzystne, ale słabe. I znów termin zagrożony. Nocą koło SE rogu Sycylii silnik kaprysi i przestaje ciągnąć. Coś siedzi na śrubie! Michał daje nurka do wody i przy świetle szperacza skierowanym pod jacht znajduje śrubę zapakowaną w wielki płat czarnej folii plastykowej. Na szczęście odpakowanie poszło łatwo i za chwilę płyniemy dalej.

"Bona Terra" dotarła do La Valetty zgodnie z planem 30 września 2004. Zrobiliśmy 2725 Mm w ciągu 70 dni. Nie odkryliśmy Złotego Runa. Złowiliśmy jedną jedyną złocistą doradę. Dorada była smaczna, rejs był ciekawy i wielce pouczający. Nasza wiedza o Morzu Czarnym i jego historii powiększyła się o kilka promili, ale nadal jest znikoma. Vivat Herodot!

Powrót na Malte

Jerzy Knabe
styczeń 2007

243

W ODWIEDZINY DO MAMERTA

17 listopada 2005 roku trójka nowych członków Yacht Klubu Polski w Londynie, pod wodzą kpt. Jerzego Knabe, wszyscy w tradycyjnych strojach klubowych, wyruszyła w podróż do oddalonego o 250 mil Hartlepool, aby odwiedzić grób kpt. Mamerta Stankiewicza.

Może nie każdy będzie od razu wiedział, kto to był, ale większość żeglarzy czytała kiedyś lub przynajmniej słyszała o pięknej książce Karola Borchardta, „Znaczy Kapitan". Pokolenia polskich żeglarzy wychowały się na tych opowieściach o rejsach szkolnego żaglowca „Lwów". W tej to właśnie książce odnajdziemy postać jego komendanta Mamerta Stankiewicza – człowieka, który do ostatnich swoich chwil pozostał wierny morskim tradycjom.

Kpt. M. Stankiewicz zginął na posterunku 26 listopada 1939 roku, gdy zatonął u wybrzeża Wielkiej Brytanii dowodzony przez niego transatlantyk ms „Piłsudski". Przyczyna zatonięcia nie została określona. Przypuszcza się, iż statek albo został storpedowany, albo wszedł na minę niemiecką. Brytyjska akcja ratownicza, pomimo sztormowej pogody, uratowała prawie całą załogę, która na rozkaz kapitana i pod jego nadzorem opuściła statek. Kapitan Stankiewicz skoczył do wody jako ostatni, ale kilka godzin oczekiwania w morzu na ratunek doprowadziło do śmierci z wychłodzenia. Został pochowany z wielkimi honorami na cmentarzu w Hartlepool i tam spoczywa do dzisiaj.

Przez lata całe grób był pod troskliwą opieką Związku Polskich Oficerów Marynarki Handlowej w Londynie oraz ms „Piłsudski" Society, a załogi przypływających do Anglii polskich statków i jachtów nieraz go odwiedzały. Z upływem czasu marynarze ze Związku mieli coraz większe trudności podołać zadaniu i Yacht Klub Polski Londyn uznał, że przyszła pora zaoferować pomoc.

Dwa wieńce w barwach narodowych – od Yacht Klubu Polski i od Bractwa Wybrzeża – złożyli Jerzy Knabe i Konsul Generalny RP w Londynie Janusz Wach, który wraz z ekipą telewizji TV Polonia przyjechał do Hartlepool specjalnie w tym celu.

Jerzy Knabe przypomniał drogę życiową kpt. M.Stankiewicza i okoliczności jego śmierci. Konsul Wach podkreślił wagę troski o miejsca pamięci dla pielęgnowania naszych narodowych tradycji i tożsamości w ramach euopejskiej wspólnoty.

Po około godzinnej uroczystości wybraliśmy się na krótką wycieczkę po miasteczku Hartlepool. Nie można sobie wyobrazić piękniejszego miejsca wiecznego spoczynku dla żeglarza i marynarza. W miasteczku znajduje się piękny port, z którego codziennie w morze wychodzą rybacy. Marina jest miejscem postoju kilkudziesięciu jachtów żaglowych. Funkcjonuje muzeum miasta przedstawiające jego nierozerwalnie związaną z morzem historię. W restauracji „fish and chips" w pobliżu mariny skosztowaliśmy prawdziwie angielskiej, tradycyjnej kuchni.

Mimo smutnych przyczyn naszego przyjazdu tutaj, uznaliśmy, że los dobrze zrządził wybór miejsca wiecznego spoczynku dla kapitana Mamerta. Jest to okolica miła sercu każdego człowieka związanego z morzem.

Agnieszka Mazur
2005

* * *

Rok minął szybko. Delegacja z londyńskiego YKP przyjechała w następne odwiedziny w dniu święta narodowego, 11 listopada 2006 roku. Nieoczekiwanie znaleźliśmy obydwa nasze wieńce z ubiegłego roku w bardzo dobrym stanie. Klubowy został wymieniony na przywieziony nowy, zaś wieniec Bractwa pozostał ‚na służbie' na rok następny. Podczas prac porządkowych usłyszeliśmy pochlebny komentarz od przechodniów, że „The Captain's grave is well looked after...". **'The Captain'** jest wciąż pamiętany przez angielską społeczność Hartlepool. A na lekko spłowiałej biało-czewonej szarfie nadal widnieje napis po polsku: „Kapitanie: Znaczy...pamiętamy".

Jerzy Knabe
2006

246

YKP LONDYN NA ADRIATYKU

Na lotnisku w Zagrzebiu przywitała nas deszczowa pogoda i Kruno Poljak – mój serdeczny przyjaciel z żoną Ivanką. Nie dość, że załatwił nam wszystkim wygodną i dość tanią kwaterę, to tego samego wieczoru porwał mnie i Maćka na spotkanie w Towarzystwie Astronomicznym, gdzie okazało się, miałem wygłosić prelekcję (w języku chorwackim!) na temat podróży, z których jedna miała poprzednio pewien związek ze wspomnianymi astronomami. Prelekcja się odbyła, „po chorwacku", podpierana polskim i angielskim... Maciek stwierdził, że była „pathetic". Ale nie wszyscy uciekli, a nawet, mieliśmy po niej długie pogawędki w miłej atmosferze przy winie i poczęstunku.

Reszta naszej grupy zjadła kolację niezbyt daleko od naszej kwatery. Ich apetyt wzrastał w miarę czasu traconego na poszukiwanie restauracji. A strata była spowodowana zbyt dosłownym traktowaniem wskazówek tubylców. Po chorwacku ‚pravo' oznacza ‚prosto' – a nie ‚w prawo'...

Nazajutrz krótka kurtuazyjna wizyta u chorwackiego żeglarza Joży Horvata. To ten, którego książkę o rejsie dookoła świata w latach 1965-67 pt. „Besa" przetłumaczyłem kiedyś na język polski.

W Dubrowniku – miła niespodzianka. Oba oczekujące nas jachty „Jeanneaux Sun Odyssey" okazały się większe niż zamówione! Nie chciano dopłat, tylko jeden miał być oddany po rejsie zamiast w Dubrowniku – w Splicie. Przedłużająca się deszczowa aura i konieczność czekania na oryginał ubezpieczenia wymagany w Czarnogórze spowodowały szybką integrację obu załóg. Od razu na wstępie weszły w życie wygodniejsze od imion 'ksywy', których używanie było potem charakterystycznym elementem całego rejsu. Z biegiem czasu ksywy się zmieniały, uzupełniały, powstawały nowe i dodatkowe, ale zbyt dużego bałaganu nie było. Może tylko z wyjątkiem dwóch „Płaskich" (Adama i Michała). Potem więc, dla rozróżnienia, jeden został dodatkowo „Wąskim". Zagmatwaną sytuację ratowało, że Adam był na Maestralu, a Michał na Livingstonie.

Na trzeci dzień ruszyliśmy na południe. Na „Maestralu" rządził Janusz, znany kolejno jako „Siara", „Breżniew", „Beria", „Duće", a potem również „Benito" lub „Mussolini" – a w pięcioosobowej obsadzie znalazły się dwie dziewczyny. Jedna miała koję w forpiku – przez co zyskała imię „Forpiczka". Druga, znana z umiejętności kucharskich (czasami żywiła nawet obie załogi, ale nigdy nie widziałem jej jedzącej – zawsze była ,niegłodna'), miała trzy równoprawne zawołania wszystkie na „Ba..." : „Barbie", „Bambi" lub „Balbina" W cywilu wcale nie miała na imię Basia... Obie miały na imię Magdalena.

Załoga Maestrala miała mniejsze doświadczenie morskie, więc kapitan Siara oszczędzał im długich i nocnych przelotów. Na „Jonathan Livingstonie" była za to sama ,admiralicja' – pięcioosobowa i wyłącznie męska. Dla zyskiwania kapitańskiego stażu przez pierwszy tydzień dowodził Michał, czyli „Wąski-Płaski", przez drugi „Aleks" – co o dziwo było jego prawdziwym imieniem. Reszta admiralicji robiła za załogę.

Załoga 'Livingstona'

"Młody", "il Commodore" i powitalna rakija

Większość postojów w marinach spędziliśmy wspólnie. A codzienne postoje w porcie były praktycznie obowiązkowe. Co wieczór przecież była ważna rozgrywka meczu piłkarskiego Pucharu Świata... O wyborze ,konoby' decydowała więc nie jakość piwa czy wybór potraw w menu, ale telewizor z włączoną transmisją... Raz tylko – w zatoce Polaće – nie trzeba było wybierać. Kilka oddzielnych kei należy tam do kilku oddzielnych knajp. Po dojściu do kei nie ma już alternatywy. Trafiamy do „Chez Joseph". Na pokład wkracza gospodarz lokalu, przekazując kapitanowi powitalną butelkę rakii. Postój i telewizja za darmo, płatna jest tylko kolacja. To tu można było wynająć na przejażdżkę porośniętego futrem ,malucha', czyli Fiata 125p. I tu nasze jachty się rozstały. My popłynęliśmy dalej w kierunku Splitu, a oni, czyli „Maestral", z powrotem, na Dubrownik. Po drodze odkryli jeszcze miłą zatoczkę, nazwaną przez nich „Zatoką Płaskiego i Balbiny". O pozostawieniu tam odpowiedniej tablicy informacyjnej dla potomnych donieśli nam przez radio...

Boka Kotorska

Wcześniej odwiedzaliśmy razem Czarnogórę, czyli Montenegro. Właśnie odłączyła się od Serbii i wszędzie już powiewały nowe flagi państwowe. Na okrętach byłej jugosłowiańskiej „Ratnej Mornaricy" też. Bo zatoka Kotorska była i jest idealną bazą dla marynarki wojennej. Jednak jedyne i bezproblemowe formalności, które nas dotyczyły, to odprawa wyjazdowa z Chorwacji w porcie Cavtat i wjazdowa w porcie Zelenika. Miasto Kotor, stare i piękne, otoczone murami u stóp wysokiego zbocza górskiego jest, zdaniem niektórych, ładniejsze od Dubrownika... A waluta, którą się posługują w Montenegro to Euro! Co nie przeszkadza, że jeszcze jest tanio. Znacznie taniej niż w Chorwacji.

Sy „Livingstone" był większy, toteż to jego kokpit lub mesa nadawały się znakomicie na spotkania towarzyskie obu załóg – i było ich co nie miara. Na zakończenie rejsu najlepszym dowcipem, z tysiąca opowiedzianych na rejsie, uznany został ten o Jasiu w parku miejskim przygotowującym się do randki przy użyciu szpadla... Tu padły pamiętne słowa, że „admiralicja nie będzie pić z plastiku" i tu byliśmi świadkami występów Krzysia, który na naszych oczach, za pomocą tylko kilku rekwizytów, stawał się kolejno „Mujaheddinem", „Sha-halem", „Rabinem" „Kamikaze", „Mułłą" i co tam jeszcze. Poza tym lubił rozprawiać o rzeczach, o których się nie śniło filozofom, o duszy, którą ma i kamień, i drzewo,

Kotor

Załogi jachtów „Livingstone" i „Maestral"

o reinkarnacji, o bioprądach, a więc najbardziej mu przypasował przydomek „Promienisty".

W Korćuli mała awaria. Nadużyty przy portowych manewrach ster strumieniowy na dziobie (mieliśmy taki – wielka wygoda!), pożerając łakomie prąd uszkodził nam akumulator. A bez prądu bardzo dużo rzeczy przestaje działać na nowoczesnych jachtach... Spędziliśmy więc noc bez oświetlenia i wody bieżącej. Przydały się świeczki, które dostaliśmy na pożegnalny prezent od Balbinki. Nazajutrz mechanik gwarancyjny z firmy czarterowej

Split nocą

doprowadził wszystko do porządku a podczas tych zajęć poznaliśmy jego opinię o jachtach ‚Jeanneau': – „sophisticated Russian tank!"

Marina ACI w Splicie była miejscem zdania „Livingstona" i okazją do nocnego zwiedzania tamtejszej atrakcji, czyli pałacu rzymskiego cesarza Dioklecjana – przed powrotem do domu i codzienności. Karol – nasz „Młody", zgodnie z uprzednią zapowiedzią nie wracał do Londynu, tylko ruszył dalej powłóczyć się po świecie – zaczynając od Bałkanów, a kończąc – może za rok, jeżeli mu się znudzi lub, gdy mu forsa się skończy...

No i proszę. Udało mi się napisać reportaż z rejsu żeglarskiego, ani razu nie wspominając o stawianiu grota... Maciek czyli „Il commodore" powinien się cieszyć. Zawsze, od kiedy pamiętam, przedrzeźniał opowieści żeglarskie typu: „rzuciłem kotwicę, zapaliłem kuchenkę, wiatr skręcił, postawiłem żagle, itd.", twierdząc nie bez racji, że atrakcja żeglarstwa leży głównie w życiu towarzyskim z nim związanym, w atmosferze dobrze dobranej ‚kajut-kompanii', a nie w oraniu morza, zliczaniu mil i walce z żywiołami...

Spisał i przekazuje
Jerzy Knabe, czyli „Papa Smurf".
Londyn, 4 sierpnia 2006

PAWEŁ FRANKOWSKI I „EL DHOW"

Jestem członkiem YKP Londyn od roku 2001, jednak żeglarstwo zacząłem uprawiać jeszcze w Polsce, gdy mialem czternaście lat. Wiosną 2000 roku nabyłem 24-stopowy jacht typu Colvic, który był w opłakanym stanie technicznym. Pomimo tego, w przerwach pomiędzy może zbyt częstymi remontami, udało mi się dość ekstensywnie uprawiać żeglugę na wodach wschodniego wybrzeża Anglii i ujścia Tamizy. Mając port macierzysty w Burnham on Crouch, na jachcie nazwanym „El Dhow", co roku, w towarzystwie
także członków klubu Michała Kopciała, Adriana Matuska bądź Karola Zadykowicza odbywalem rejsy do francuskich portów, a w 2002 r. trzytygodniowy cruising po wodach wewnętrznych Holandii. Jesienią 2004 brałem udział w wyprawie „Herodot", zorganizowanej przez YKP Londyn jachtem „Bona Terra" pod dowództwem kapitana Macieja Gumplowicza.

Latem 2006 roku w ciągu trzech miesięcy przeprowadziłem mój jacht kanałami Francji z zimnego i wietrznego Morza Północnego na Morze Śródziemne. Przeprawa kanałami przez Francję zaczęła

„El Dhow" w kanałach francuskich Michał Kopciał i Paweł Frankowski

się w Calais, niestety zaraz potem, wobec remontu jednej ze śluz, musiałem nadłożyć drogi i przepłynąć przez całą Belgię, wracając z powrotem do Francji w okolicach przemysłowego Lille. Od tego miejsca w kierunku południowym robiło się coraz cieplej a żegluga stawała się przyjemniejsza, szczególnie zaś, gdy nad rzeką Somme dołączyła do mnie moja żona Sylwia. Od tego czasu mogłem spędzać więcej czasu przy sterze – zwolniony z potrzeby gotowywania sobie posiłków. W Lyonie dołączył do nas Michał – prosto po zakończeniu swojej czteromiesięcznej, kolejnej podróży po Dalekim Wschodzie. Teraz nie musiałem już nawet sterować...

Na trasie kanałów i rzek środkowej Francji przydarzyło nam się wiele przygód. Najbardziej niebezpieczna była ta, gdy w wąskim odcinku kanału, nie mogąc wyprzedzić płynącej barki, nasza łódź została złapana w pułapkę w postaci jej fal – dziobowej i rufowej. W takim właśnie momencie nasz silnik stanął i przez kilkaset metrów surfowaliśmy na tej tworzonej przez barkę fali. Puściło nas dopiero, gdy barka zwolniła przed podnoszonym mostem.

Po przebyciu ponad tysiąca kilometrow i pokonaniu około 250 śluz, kilku tuneli i akweduktów dotarliśmy do Morza Śródziemnego w Port St. Louis u ujścia Rodanu. Tutaj postawiliśmy maszt i pożeglowaliśmy wzdłuż brzegu na wschód, odwiedzając po drodze urokliwe porty francuskiej Riwiery, takie jak Marsylia, La Ciotat, Calonque, Port Miou, wyspy D'Hyeres. Po dwóch tygodniach dotarliśmy do St. Tropez i był to najdalszy punkt osiągnięty w tamtym roku. Z braku miejsca w marinach na zimowanie jachtu zawróciliśmy do Port St. Louis, gdzie wyciągnąłem łódkę z wody. W ciągu całej podróży nosiliśmy polską banderę YKP, ktora wzbudzała zaciekawienie w wielu odwiedzanych portach.

Nazwa mojego jachtu „El Dhow" nie jest przypadkiem, bo poza "klasycznym" jachtingiem jestem bardzo zainteresowany dosyć rzadką obecnie formą żeglarstwa, jaką jest komercyjne przewożenie towarów pod żaglami.

Do obecnych czasów przetrwały niewielkie floty małych żaglowców, głównie w krajach tak ubogich, że ich armatorów nie stać na zakup silnika i paliwa. Są to, np: Tanzanijskie dhow, slupy z Haiti, szkunery i dhow u wybrzeży Madagaskaru czy różnego rodzaju żaglowe ,perachu' w Indonezji. Moja fascynacja tymi ostatnimi pracującymi żaglowcami, które przetrwały do naszych czasów popchnęła mnie do odbycia kilku podróży. Jak do tej pory dotarłem na wyspę Zanzibar, do Kenii, Indii i na archipelag wysp Indonezji. Wszędzie udało mi się odbyć rejsy na tamtejszych prymitywnych jednostkach żaglowych.

Najbardziej pamiętny był dla mnie rejs pomiędzy wyspą Zanzibar a Portem Tonga w Tanzanii, na pokładzie żaglowego dhow o nazwie „Maradhia". Z pewnością ten dhow za czasów Vasco da Gammy nie wzbudzałby sensacji swoimi nowinkami technicznymi ani wyposażeniem ratunkowym. Mnogością i urozmaiceniem „pasażerów na gapę" bardziej przypominał arkę Noego niż towarowy żaglowiec.

Ostatnią wyprawę w poszukiwaniu tradycyjnych komercyjnych żaglowców odbyłem w towarzystwie kolegi klubowego Michała Kopciała do Indonezji. Zimą 2004 r. w ciągu prawie trzech miesięcy zwiedziliśmy wyspy Java, Sulawesi, Bali, Lombok, Sumbawa i Flores, starając się, kiedy tylko było możliwe, przemieszczać się pomiędzy wyspami za pomocą tradycyjnych jednostek pływających zwanych ,perachu'. Trzeba dodać, że piękno tego kraju zaowocowało wieloma innymi – nie tylko nautycznymi – przygodami.

Nadal zapraszam wszystkich członków YKP Londyn do wspólnych rejsów na pokładzie „El Dhow"!

Paweł Frankowski
grudzień 2006

FILIA YKP LONDYN W BREMIE

Kiedy w roku 1987 okazało się, że przepisy niemieckich ‚landów' nie pozwalają na założenie polskiego klubu żeglarskiego, niewielka społeczność żeglarska polskiego pochodzenia z Bremy, Hamburga i Oldenburga zdecydowała powołać do życia filię niemiecką Polskiego Yacht Clubu w Londynie. Formalnie powstała ona w marcu 1988 roku i obejmowała: jedną rodzinę z Hamburga, jedną z Lubeki, trzy rodziny z Oldenburga i dwie z Bremy.

Pierwsze morskie pływania filii niemieckiej to rejs na jachcie „Centuś" z Vilamoury. Potem było coraz liczniej i ciekawiej... Na „Centusiu" wykonano jeszcze dwa rejsy – jeden z Vilamoury do Gibraltaru i drugi z Włoch do Dubrownika. Do kolejnych żeglarskich zdarzeń należy udział naszych członków w dwóch Zlotach Polonii Żeglarskiej w Polsce.

Zakup 39-stopowego jachtu przez doktora Janickiego stał się zaczynem sprzętowym w naszej filji. Wielu z naszych członków skorzystało także z miejsc na jachcie „Mary-Anne" - trzymasztowej barkentynie spędzającej kolejne zimy na Wyspach Kanaryjskich oraz w Dubaju.

Narastający w Niemczech kryzys ekonomiczny spowodował, że wielu naszych członków albo powróciło z emigracji do Polski, albo opuściło Niemcy podążając w innym kierunku. Spowodowało to znaczny ubytek członków, ale trzon naszej żeglarskiej społeczności w Niemczech trzyma się dzielnie, nadal żegluje i jestem pewien, że kolejne lata przyniosą kolejne wyprawy na morze.

Przy tak kameralnej liczbie członków nie zachodzi potrzeba prowadzenia jakiegoś lokalu - spotykamy się po prostu u siebie w domach i nawet w okresach, kiedy jest nieco mniej pływań, integracji naszego środowiska nic nie grozi.

Kilku naszych członków pływało również na statku żaglowym „Atlantis", oraz brało czynny udział w jego przebudowie w stoczni szczecińskiej. Również w procesie powstawania „Mary-Anne" w stoczni w Gdańsku, nasza filia czynnie uczestniczyła kierując tam kolejne zamówienia na budowę masztów i taklowanie całego żaglowca. Jego wyposażanie odbywało się w Laboe w Zatoce Kilońskiej i tam również czynnie udzielali się nasi członkowie.

Szczególnie zasłużył się w tym dziele Maciej Krajniak ze Stuttgartu, który wybudował 16-metrowy jacht typu 'Hydra', na którym po Morzu Śródziemnych odbyliśmy kilka rejsów.

Tyle w telegraficznym skrócie można by powiedzieć o dotychczasowej – już 19-letniej działalności filii niemieckiej, zwanej obecnie Yacht Klub Polski Londyn – Filia w Bremie.

Ryszard Lutosławski
luty 2007

Z TRADYCJĄ NA POKŁADZIE

Ten dosyć ogólny tytuł Polsko-Polonijnej konferencji żeglarskiej w Dąbrowie Górniczej nie mówił zbyt wiele o jej treści. Co to było i co dało?

Polska wróciła do Europy. Szeroki świat wkracza do Polski. Związane z tym szanse zauważyło, po znalezieniu się w Londynie, żeglarskie rodzeństwo Mazurów – Agnieszka i Tomasz z Dąbrowy Górniczej. Znając już zagraniczne realia oraz potencjał swojego miasta, gdzie w żeglarstwie działali przez lata, prośbą i... perswazją przekonali sceptyków do organizacji spotkania, które miało miejsce 17 września 2005 roku. To dzięki nim inicjatywa wyszła z Yacht Klubu Polski Londyn, a chętnie ją podjął Urząd Miejski w Dąbrowie Góniczej.

Dla szerszej opinii Dąbrowa Górnicza kojarzyła się dotychczas z żeglarstwem w sposób śladowy. Jeszcze „Pogoria" coś mówi, niektórzy nawet wiedzą, że to sztuczne jezioro gdzieś na Śląsku, od którego nazwę przejął szkolny statek. Teraz to ten żaglowiec jako pierwszy kojarzy się z nazwą „Pogoria". Tymczasem Dąbrowa jest to dobrze zarządzane miasto, które potrafiło odnaleźć się w nowych warunkach i nie utkwiło w żałobie po przemysłowo-kopalnianej przeszłości. W roku 2005 otrzymało dwie prestiżowe nagrody: „Przyjaznego Brzegu" od ZG PTTK oraz „Złotą Miejscowość Radia Katowice" z Funduszu Ochrony Środowiska. Zaś jezior Pogoria ma już cztery! Czwarte jest właśnie w trakcie wypełniania wodą. To już całe pojezierze!

Celem konferencji było stworzenie żeglarzom polonijnym okazji do zapoznania się z regionem i jego już istniejącymi osiągnięciami oraz umożliwienie dalszych wspólnych inicjatyw, które dlatego dają lepsze rokowania, że oparte są na kontaktach osobistych. Pomysł z propagowaniem miasta i regionu przez działalność żeglarską nie jest nowy i realizowany już od kilku lat przez gminy mazurskie w programie „Żeglarski Tydzień Polonii", przez Gdańsk goszczący już trzy Zloty Polonii Żeglarskiej i planujący następny w czerwcu 2006 oraz przez Kołobrzeg będący krajową bazą działań „Żeglarskiej Republiki Karaibskiej" z Chicago.

Goście zagraniczni po przylocie na międzynarodowe lotnisko Katowice-Pyrzowice przyjęci zostali bardzo serdecznie. Gospodarze zadbali o pokazanie swoich atutów:

– przystani i klubów na Pogorii 1 i 3 oraz rezerwatu przyrody Pogoria 2.

– właśnie zakończonej inwestycji zalewu wyrobiska piasku kopalnianego ‚Kuźnica Warężyńska', czyli tej czwartej Pogorii, która po napełnieniu wodą będzie miała powierzchnię 56 km². To połowa obszaru Śniardw i poza ochroną przeciwpowodziową dalsza ogromna możliwość rozwoju sportów wodnych.

– zamku w Ogrodzieńcu (tego od filmu Polańskiego ‚Zemsta'), który wraz z cała Jurą Krakowsko-Częstochowską, Pustynią i Bagnami Błędowskimi to tylko część atrakcji turystycznych i niespodziewanej liczby rezerwatów przyrody w regionie.

– ćwiczebnej kopalni węgla ‚Sztygarka' należącej do Szkoły Górniczej im. Staszica, a udostępnionej specjalnie dla uczestników konferencji.

Na sali sesyjnej Urzędu Miasta nastąpiła dalsza wymiana informacji, gęsto ilustrowana fotografiami. O swojej działalności opowiedzieli przedstawiciele środowisk polskich żeglarzy z Anglii, Niemiec i Stanów Zjednoczonych. YKP Londyn wystąpił z referatami na temat powojennej historii żeglarstwa polskiego zagranicą, form działania Royal Yachting Association oraz tytułowej tradycji, łączącej i pomagającej we współpracy żeglarzy na świecie.

Ze strony gospodarzy przedstawiło się pięć lokalnych klubów żeglarskich, a o działaniach i planach administracji mówili kierownicy Wydziałów: Strategii i Rozwoju Miasta; Sportu, Rekreacji i Turystyki oraz Ekologii i Rolnictwa.

Obrady obserwowali i zabierali głos przedstawiciele społeczeństwa – posłowie i radni, a szersze gremia żeglarskie reprezentowane były przez Śląski Okręgowy Związek Żeglarski i delegację Zarządu Głównego Yacht Klubu Polski. Komandor ZG YKP Jerzy Łyżwiński podkreślił z zadowoleniem zachowanie na Śląsku – w przeciwieństwie do Mazur – kultury żeglarskiej oraz zaapelował o jej dalszą pielęgnację, mówiąc m.in.: „YKP od swego powstania przed z górą osiemdziesięciu laty zawsze kładł nacisk na szacunek dla bandery i żeglarzy wzajemnie do siebie, na ‚dobre maniery' w zachowaniu, na ‚fair-play' w regatach – słowem na pielęgnowanie tradycji. Stąd trafny tytuł konferencji, która również podkreśla, że tradycja nie stoi nowoczesności na przeszkodzie, że można i należy iść do przodu bez wyrzucania tradycji ‚za burtę' i bez obniżania poziomu zachowań do ‚zęzy i szarych ścieków'...

Oczekiwana przez organizatorów konferencji współpraca Polonii żeglarskiej i regionu Dąbrowy Górniczej już się rozpoczęła. YKP Londyn przedstawił władzom miejskim projekt ośrodka sportów wodnych nad jeziorem Pogoria 4 jako wspólnej krajowej bazy dla klubów polonijnych. Miejscowe kluby szykują się na przyjmowanie młodzieży polonijnej na wakacje i szkolenia. Życzmy tym inicjatywom powodzenia w obopólnym interesie.

Jerzy Knabe
listopad 2005

Klub Sportów Wodnych FREGATA

Lokalizacja:

Dąbrowa Górnicza POGORIA I

Ośrodek Wypoczynkowy WODNIK

Klub organizuje:

- kursy żeglarskie,
- szkółki żeglarskie,
- programy edukacyjne m.in. dla przedszkoli, szkół podstawowych, gimnazjów oraz szkół średnich,
- regaty,
- spotkania integracyjne pod hasłem „Weekend z Żaglem",
- rejsy morskie i śródlądowe.

Zapraszamy

www.pogoria.org.pl

POZNAWANIE NASZEJ PRZESZŁOŚCI

Rozdział ten to krótki opis prowadzonej przez nas szeroko zakrojonej akcji. Celem było odnalezienie medali upamiętniających Regaty YKP-1943 r. Jak wynika z informacji zawartych w książce *YKP 1924--1999. Zarys historii i dzień dzisiejszy,* dwa z pośród 14 ocalałych medali powinny znajdować się na terenie Londynu.

Badania zainicjował Zarząd Główny YKP, a prowadzili je Jerzy Knabe i Tomasz Mazur. Pytanie, jakie postawił ZG YKP, wydawało się proste: ,Z jakiego kruszcu wykonane są medale przechowywane w zbiorach londyńskich?'

Konspiracyjne medale Yacht Klubu Polski

Istniało prawdopodobieństwo, że do zbiorów w Anglii mogły trafić unikatowe egzemplarze medali wykonane ze srebra.

Nikt nie przypuszczał, że sprawdzenie tej informacji zainicjuje ponad siedmiomiesięczne poszukiwania. Nikt nie mógł też przewidzieć, że wynikiem będzie odnalezienie innych pamiątek polskiego żeglarstwa.

Osobiście z zagadnieniem medalu, regat YKP-1943 i konspiracyjnej działalności żeglarzy z warszawskiego YKP zetknąłem się już w Londynie. Wiosną 2005 r. kol. Jerzy Knabe opowiedział mi w skrócie o tej historii i pożyczył wymienioną powyżej książkę. W wyniku jej lektury znacznie pogłębiłem moją wiedzę. Gdy w lecie 2005 Jurek powiedział mi, że jego listy skierowane do londyńskich instytucji w celu znalezienia odpowiedzi na pytania postawione przez ZG YKP pozostają bez odpowiedzi, postanowiłem przyłączyć się do poszukiwań.

Poszukiwania w Instytucie Sikorskiego: J.Knabe, T. Mazur,
dyrektor Krzysztof Barbarski

Przez kilka miesięcy trwały żmudne przeszukiwania materiałów literackich i tekstów źródłowych. Szczegółowo analizowaliśmy każdy możliwy ślad. Musieliśmy odpowiedzieć na pytania i ustalić fakty z dalekiej przeszłości. Kim był Kazimierz Leski? Człowiek, którego napotykamy we wszystkich wzmiankach o medalu. Czym była organizacja „666"? Kim była Eileen Garlińska? Jak wyglądało uprawianie zorganizowanego, warszawskiego żeglarstwa w warunkach okupacji? Wreszcie, ile było medali i z jakiego materiału zostały wykonane?

Prace te pozwoliły na zobrazowanie złożonej sytuacji tamtego okresu. Pozwoliły również na wytyczenie kierunków dalszego poszukiwania w terenie.

Miały one odbywać się jednocześnie w Instytucie Polskim i Muzeum im. gen. W. Sikorskiego oraz w British Museum. Do Instytutu miały trafić, *Banderka YKP, Medal Regat YKP-1943*, oraz Dyplom. W British Museum miał znajdować się *Medal YKP-1943* podarowany po wojnie przez Eileen Garlińską.

Moja pierwsza wizyta w Instytucie miała miejsce 10.01.2006r. W czasie bardzo serdecznej rozmowy z Dyrektorem tej placówki inż. Krzysztofem Barbarskim ustaliłem, że rzeczy te mogą się znajdować w pamiątkach po Prezydencie RP Władysławie Raczkiewiczu. Z analizy tekstów źródłowych wynikało, że wspomniane wyżej symbole żeglarskie stanowić miały podarunek dla Prezydenta RP jako dla Honorowego Komandora YKP. Ustaliliśmy termin mojej kolejnej wizyty w Instytucie. W międzyczasie pracownicy muzeum mieli sprawdzić zbiory.

Na pierwszy ślad natrafiliśmy w dniu 23.01.2006. Księga Depozytowa darów przekazanych do Instytutu przez żonę Prezydenta Raczkiewicza zawiera pozycję o banderze i dyplomie *Yacht Klubu Polski*, które to trafiły do kancelarii prezydenckiej w listopadzie 1943 r.

Ta krótka informacja pozwoliła na sprecyzowanie miejsca przechowywania zbiorów. Kilka tygodni później odnaleźliśmy banderkę YKP, dyplom, znaczki klubowe pochodzące z czapek, ale również proporzec Yacht Klubu Marynarki Wojennej. To ostatnie znalezisko zostało odkryte przypadkiem, jakby przy okazji naszej działalności w Instytucie i nie została jeszcze zbadana historia jego pochodzenia. Trzeba podkreślić, że w poszukiwania w tamtym okresie włączyło się wiele osób. Informacje o możliwych miejscach przechowywania medalu oraz innych wymienionych pamiątek przychodziły do nas nawet z Hiszpanii.

Niestety, pomimo usilnych poszukiwań, możemy z przykrością stwierdzić, że medalu upamiętniającego Regaty YKP-1943 r. nie ma obecnie w Instytucie Sikorskiego w Londynie. Próbowaliśmy dotrzeć do drugiego egzemplarza medalu, który zgodnie z literaturą, Eileen Garlińska przekazała po wojnie dla British Museum. Wystosowaliśmy tam oficjalne pismo z pytaniami. Odpowiedź z działu Monet i Medali BM całkowicie zaprzeczyła informacjom zawartym w tekstach źródłowych. W zbiorach British Museum nie ma medalu, o który pytaliśmy. Nie ma też wzmianki o przekazaniu takiego daru.

Można więc uważać, że nasze poszukiwania zakończyły się klęską. Czas pozacierał ślady. Nie odpowiedzieliśmy na główne pytanie ZG YKP. Jest to niewątpliwie prawda. Udało się jednak co innego.

Nasze poszukiwania zainteresowały szeroką opinię publiczną historią żeglarstwa polskiego z okresu okupacji faszystowskiej, a szczególnie Regat YKP z 1943 r. W znacznym stopniu pogłębiło to wiedzę o samym YKP w środowisku polonijnego żeglarstwa na całym świecie. Informacje o naszych poszukiwaniach, jak i wyniki znalazły swoje echo w polonijnej prasie angielskiej i amerykańskiej.

Odnalezione pamiątki polskiego żeglarstwa zostały zebrane w jeden zbiór i stanowią obecnie część ekspozycji udostępnionej zwiedzającym w Sali Marynarki Wojennej Instytutu.

Wynikiem naszych poszukiwań jest także przyjaźń, jaką nawiązaliśmy z pracownikami Instytutu i jego kierownictwem. To zaś pozwoliło klubowi londyńskiemu, dnia 25 maja 2006 roku, w Sali Marynarki Wojennej Instytutu, zorganizować źródłowy odczyt na rozproszony i mało do tej pory znany temat historii żeglarstwa polskiego poza krajem oraz na przedstawienie perspektyw jego rozwoju. Wykład

ten został ujęty w programach działalności Polskiego Uniwersytetu na Obczyźnie (PUNO) oraz Stowarzyszenia Techników Polskich w Wielkiej Brytanii.

Wielu rzeczy już nie można odtworzyć. Niemożliwe jest zweryfikowanie w stu procentach wiedzy zawartej w literaturze. Uniemożliwił to upływ czasu i przemijanie ludzkich istnień. Eileen Garlińska zmarła w roku 1990, pozostawiając po sobie wspomnienia i tablice w Katedrze Polowej WP w Warszawie. Czy jeszcze natrafimy na rozwiązanie historycznych zagadek związanych z Regatami YKP – 1943? Czas pokaże, ponieważ nasze kontakty z Instytutem nadal trwają i pojawiają się nowe okoliczności.

Tablica w Katedrze Polowej WP w Warszawie

Artykuł ten przedstawia temat jedynie w telegraficznym skrócie. Całość obszernej relacji znajdą czytelnicy na stronie internetowej www.pogoria.org, do lektury której serdecznie zapraszam. Namawiam również do odwiedzenia Instytutu Polskiego i Muzeum im. gen. W. Sikorskiego.

Tomasz Mazur
styczeń 2007

PERSPEKTYWY

W szeregach Yacht Klubu Polski Londyn działam dopiero od lat dwóch. Wraz z innymi świeżymi przybyszami spotkałem się w nim z zaufaniem i otwartością, mimo iż niegdysiejsi założyciele klubu mieli pewne obawy, kogo powitają na swoim pokładzie. A trzeba wspomnieć, że w polskiej społeczności Londynu funkcjonują różne pokolenia, jak „emigracja powojenna" lub „emigracja solidarnościowa". Teraz doszła „wspólnotowa" lub „zarobkowa". Jest znanym faktem, ze różnice pokoleniowe i odniesienia do jakże różnych okresów politycznych nie sprzyjają łatwej integracji i wzajemnemu zaufaniu.

Docklands Sailing and Water Sports Centre, London

Po tak krótkim okresie działalności, propozycję przedstawienia prognozy, tego co może mieć miejsce w przyszłości, przyjąłem jako wyróżnienie, czując się równie zaskoczony, co zaszczycony.

YKP Londyn przez lata specjalizował się w uprawianiu żeglarstwa morskiego. Dla nas jednak, ludzi przybyłych do Londynu niedawno, rejsy takie pomimo ich niezwykłej atrakcyjności są nieosiągalne. Problemem nie do pokonania dla nas „na razie" jest to, że wszyscy dopiero rozpoczęliśmy swoje kariery zawodowe w tym kraju i nie stać nas na komfort „niepracowania" przez okres tygodnia czy dwóch. Klub przyjął już nowe kierunki działania, by nasze potrzeby zaspokajać.

Obecnie znajdujemy się w zupełnie innej, nowej rzeczywistości geopolitycznej. Zgoła odmiennej, niż pamiętają nasi starsi koledzy klubowi. Polska i Anglia przez dziesięciolecia pozostawały w odmiennych i wrogich sobie obozach ustrojowych. Stan ten tylko w niewielkim stopniu zmieniły zmiany, jakie zaszły w Polsce w roku 1989. Konieczność posiadania wiz wjazdowych na teren Wielkiej Brytanii i koszty przemieszczania nadal skutecznie hamowały rozwój współpracy i zacieśnianie więzów.

Dopiero wejście Polski w struktury państw Unii Europejskiej 1 maja 2004 roku, otwarcie granic, możliwość swobodnego poruszania się oraz uruchomienie tanich połączeń lotniczych diametralnie odwróciły ten stan rzeczy. Efektem tego jest wzmożona aktywność w kontaktach pomiędzy środowiskami żeglarzy mieszkających zagranicą a Polską. Na przykład wyjazdy na festiwale szantowe do Polski i na odwrót, Żeglarski Tydzień Polonii organizowany rokrocznie na Mazurach, polskie bankiety Żeglarskiej Republiki Karaibskiej, wspólnie organizowane rejsy.

W tym samym kierunku zmierza projekt YKP Londyn, dotyczący uruchomienia nad zalewem „Pogoria 4" międzynarodowego ośrodka sportów wodnych. Ma on służyć wszystkim polskim żeglarzom, tym z zagranicy i tym z kraju. Jest pomyślany jako śródlądowa centrala żeglarskiego szkolenia od podstaw dla żeglarzy polonijnych i ich młodego narybku. Jako ośrodek integracyjny pozwalający na utrzymanie lub wszechstronne odnowienie więzi z krajem, stwarzający przy okazji możliwość przedstawienie zagranicznym partnerom walorów turystycznych, gospodarczych i inwestycyjnych regionu i Polski.

Wszystko to daje mi podstawy sądzić, że najbliższe lata będą czasem pogłębiania i kontynuowania tych procesów. Status społeczno--ekonomiczny emigrantów „unijnych" powoli będzie się stabilizował. Wielu będzie zmuszonych przyjąć zupełnie nowy model społecznego zachowania, czyli życie w dwóch krajach. Przewiduję, że wielu z nas będzie zmuszona część życia spędzać w Anglii lub innym kraju, miejscu realizacji zawodowych ambicji. A część w Polsce, gdzie mieszkają nasi bliscy, rodzice i znajomi. Pewna część z nas będzie chciała albo osiedlić się zagranicą na stałe, albo wrócić na stałe do kraju.

Proces podejmowania tych ważnych, życiowych decyzji będzie z pewnością trwał przez najbliższe lata. W ostatniej fali emigracyjnej większość stanowią ludzie młodzi o nie ustalonych jeszcze statusach społecznych i rodzinnych. Spowoduje to, że przez YKP Londyn przewinie się spora grupa ludzi, których działalność będzie jedynie okresowym sposobem na wypełnienie pustki i tęsknoty za żeglowaniem. W moim rozumieniu nie jest to jednak zjawisko złe. Wielu ludzi pozna struktury organizacyjne żeglarstwa polonijnego i po powrocie do kraju może zechce ten kontakt utrzymać. Ludzie, których połączyły wspólne przeżycia, realizacja projektów i po prostu przyjaźń, mają większą szansę na kontynuowanie wspólnych zamierzeń, pomimo odległości ich dzielącej – za pomocą internetu i łączy telefonicznych.

Prognozuję większe zainteresowanie wschodem kontynentu europejskiego. Polscy żeglarze byli już praktycznie wszędzie, gdzie można dopłynąć pod żaglami. Świat zachodni bardzo skomercjalizował wypoczynek i turystykę wodną. Oczywiście zjawisko to jest nieuniknione i niekoniecznie negatywne. Ludzie muszą przecież pracować, zarabiać i rozwijać się. Turystyka jest normalną gałęzią gospodarki, która przynosi wcale niemałe zyski. Niemniej jednak, wciąż istnieje spora grupa pasjonatów, których nie satysfakcjonują wczasy spędzone na hotelowo wyposażonym jachcie, pełnym luksusowych urządzeń ułatwiających mieszkanie i żeglugę.

Ludzie ci szukają przygody i przyrody nieskalanej jeszcze przez czynnik cywilizacyjny. Możliwości pełnego przeżywania i odczuwania kontaktu z żywiołami. Takie możliwości dadzą nam wyprawy do naszych wschodnich sąsiadów. Padła kilkakrotnie propozycja zorganizowania w nieodległej przyszłości wielkiej wyprawy YKP na Ukrainę. Jest to jeden z pomysłów, którego zalążek zakiełkował w naszych umysłach.

Co jeszcze się wydarzy? To tak naprawdę zależy od nas. Za każdą przygodą, wyprawą, rejsem, konferencją czy ogniskiem stoi przecież sztab ludzi. Klubu nie tworzy miejsce czy jachty. Klub tworzą klubowicze. Takie jakie będą ludzkie marzenia i pragnienia, tak będzie się rysować przyszłość polskiego żeglarstwa zagranicą i w kraju. Ludzie będą dążyli do realizacji swych planów i marzeń. Klub będzie jedynie narzędziem pomocnym w ich urzeczywistnianiu.

Tomasz Mazur
styczeń 2007

POLSKI YACHT CLUB LONDON
– YACHT KLUB POLSKI LONDYN

Okresy kadencji, Walne Zebrania i wyniki wyborów

1982	**15.05.82.**	**Komitet Organizacyjny**	
Komandor	M.Gumplowicz	Prezes	J.Oleszkiewicz
Skarbnik	A.Kępiński	Członek	J.Zazulin
Sekretarz	J.Knabe	Członek	M.Chybowski
V-Sekretarz	G.Teliga		
Skarbnik	(M.Janaszewski)/p.o. G.Teliga		
Sekr.Socj.	J.Jarosz		

Zarząd PYCL   **Komisja Rewizyjna**

1983	**26.01.83 (I AGM)**		**£25 Składka roczna**
Komandor	M.Gumplowicz	Prezes	A.Kępiński
V-Komandor	A.Cichocki	Członek	(M.Sas-Szecówka)
Sekretarz	J.Knabe	dokoopt.	Z.Sieciechowicz
V-Sekretarz	G.Teliga	Członek	(U.Służewska)
Skarbnik	M.Chybowski	dokoopt.	W.Cendrowicz
Sekr.Socj.	J.Jarosz		

1984	**08.02.84. (II AGM)**		**£25**
Komandor	M.Gumplowicz	Prezes	J.Oleszkiewicz
V-Komandor	A.Cichocki	Członek	A.Boszko
Sekretarz	J.Knabe	dokoopt.	J.Zazulin
V-Sekretarz	G.Teliga		
Skarbnik	(M.Chybowski)/p.o. E.Dragan		
Sekr.Socj.	W.Cendrowicz		

**16.05.85 (EGM – Nadzwyczajne Zebranie
w sprawie lokalu w Ognisku – otwarcie 4.07.84)**

1985	**27.03.85. (III AGM)**		**£25**
Komandor	M.Gumplowicz	Prezes	J.Oleszkiewicz

V-Komandor	A.Cichocki	Członek	A.Motel
Sekretarz	J.Knabe	Członek	(E.Dragan)/J.Zazulin
V-Sekretarz	G.Teliga		
Skarbnik	A.Boszko		
Sekr.Socj.	(A.Wachała) dokoopt.E.Kruczkowska		

1986   **12.02.86. (IV AGM)**   **£50**

Komandor	J.Knabe	Prezes	J.Oleszkiewicz
V-Komandor	J.Zazulin	Członek	A.Motel
Sekretarz	L.Pakulski	Członek	(K.Rafał)/A.Kępiński
V-Sekretarz	G.Teliga		
Skarbnik	A.Boszko		
Sekr.Socj.	Z.Sieciechowicz		

1987   **28.01.87. (V AGM)**   **£50**

Komandor	J.Oleszkiewicz	Prezes	J.Knabe
V-Komandor	M.Gumplowicz	Członek	A.Kępiński
Sekretarz	M.Jung	Członek	L.Slater
V-Sekretarz	A.Cichocki		
Skarbnik	J.Zazulin		
Sekr.Socj.	E.Kruczkowska		

1988   **23.03.88. (VI AGM)**   **£ 50**

Komandor	J.Oleszkiewicz	Prezes	J.Knabe
V-Komandor	M.Gumplowicz	Członek	(M.Jagiełło)/A.Kępiński
Sekretarz	A.Cichocki	Członek	L.Slater
V-Sekretarz	A.Boszko-Przyborowska		
Skarbnik	W.Cendrowicz		
Sekr.Socj.	E.Kruczkowska		

1989   **18.01.89. (VII AGM)**   **£ 50**

Komandor	M.Gumplowicz	Prezes	A.Sas
V-Komandor	J.Oleszkiewicz	Członek	M.Jung
Sekretarz	J.Knabe	Członek	A.Cichocki
Skarbnik	W.Cendrowicz		
Sekr.Socj.	E.Kruczkowska		
	I.Bandurska		
	L.Slater		

    17.04 i 10.05.89. (VIII AGM)   **£ 50**

Komandor	M.Gumplowicz	Prezes	A.Kępiński
V-Komandor	J.Oleszkiewicz	Członek	A.Przyborowska
Sekretarz	I.Bandurska	Członek	M.Balul
V-Sekr.	A.Cichocki		

Skarbnik	W.Cendrowicz
	E.Kruczkowska
	L.Slater
	Maciek Gumplowicz (zrezygnowal z udziału w zarządzie)
	Janusz Oleszkiewicz (zostaje komandorem)
	Andrzej Cichocki (usunięty z zarządu za nieobecność)
	Ryszard Jabłoński (zastępuje A.Cichockiego)
	Iwona Bandurska (zrezygnowała z udziału w zarządzie)

1990   **21.03/25.04.90 (IX AGM)**   **£ 50**

Zarząd PYCL		**Komisja Rewizyjna**	
Komandor	J.Oleszkiewicz	Prezes	J.Knabe
Sekretarz	B.Osińska	Członek	E.Zazulin
Skarbnik	W.Cendrowicz	Członek	E.Kruczkowska
		Członek	J.Marchacz

26.09.90 i 03.10.90 (EGM-Nadzwyczajne Zebranie)
Rozwiązanie PYCL&PYCoLtd na wniosek Zarządu.
Komisja Likwidacyjna postanawia założenie PYCL (bez Co.Ltd) od nowa

10.10.90. Zebranie organizacyjne
Zarząd Tymczasowy

Komandor	M.Gumplowicz
V-Komandor	G.Teliga
Sekretarz	J.Knabe
Skarbnik	J.Zazulin

1991   **30.01.91. (X AGM)**   **£ 50**

Zarząd PYCL		**Komisja Rewizyjna**	
Komandor	M.Gumplowicz	Prezes	A.Motel
V-Komandor	G.Teliga +	Członek	T.Perek
zast.	E.Kruczkowska	Członek	-vacat-
Sekretarz	J.Knabe		
Skarbnik	J.Zazulin		

1992   **25.01.92. (XI AGM)**   **£50**

Komandor	M.Gumplowicz	Prezes	R.Jabłoński
V-Komandor	E.Kruczkowska-Kean	Członek	A.Motel
Sekretarz	J.Knabe	Członek	R.Palczewski
Skarbnik	J.Zazulin		

1993   **30.01.93. (XII AGM)**   **£100**

Komandor	M.Gumplowicz	Prezes	R.Jabłoński
V-Komandor	E.Kruczkowska-Kean	Członek	A.Motel

Sekretarz	J.Knabe	Członek	N.Kean
Skarbnik	J.Zazulin		

1994   17.03.1994.(XIII AGM)   £25

Komandor	M.Gumplowicz	Prezes	M.Hołdak
V-Komandor	E.Kruczkowska-Kean	Członek	M.Borzęcki
Sekretarz	J.Knabe	Członek	G.Carrol
Skarbnik	J.Zazulin		

1995   27.01.1995. (XIV AGM)   £25

Komandor	M.Gumplowicz	Prezes	M.Hołdak
V-Komandor	E.Kruczkowska-Kean	Członek	M.Borzęcki
Sekretarz	J.Knabe	Członek	G.Carrol
Skarbnik	J.Zazulin		

1996   26.01.1996. (XV AGM)   £25

Komandor	M.Gumplowicz	Prezes	M.Hołdak
V-Komandor	E.Kruczkowska -Kean	Członek	M.Borzęcki
Sekretarz	J.Knabe	Członek	G.Carrol
Skarbnik	J.Zazulin		

1997   1.03.1997. (XVI AGM)   £25

Komandor	M.Gumplowicz	Prezes	M.Hołdak
V-Komandor	E.Kruczkowska-Kean	Członek	M.Borzęcki
Sekretarz	J.Knabe	Członek	R.Szalc
Skarbnik	J.Zazulin		

1998   6.02.1998. (XVII AGM)   £25

Komandor	M.Gumplowicz	Prezes	M.Hołdak
V-Komandor	E.Kean	Członek	M.Borzęcki
Sekretarz	J.Knabe	Członek	R.Szalc
Skarbnik	J.Zazulin		

1999 PYCL   31.01.1999. (XVIII AGM)   £25

Komandor	M.Gumplowicz	Prezes	M.Hołdak
V-Komandor	E.Kean	Członek	M.Borzęcki
Sekretarz	J.Knabe	Członek	W.Cendrowicz
Skarbnik	J.Zazulin		

2000 YKPL   13.02.2000. (XIX AGM) £25
Zarząd YKPLondyn   Komisja Rewizyjna

Komandor	M.Gumplowicz	Prezes	M.Hołdak
V-Komandor	E. Kean	Członek	M.Borzęcki
Sekretarz	J.Knabe	Członek	W.Cendrowicz
Skarbnik	J.Zazulin		

2001   **23.02.2001. (XX AGM)**   £25

Komandor   M.Gumplowicz   Prezes   M.Hołdak
V-Komandor   E. Kean   Członek   M.Borzęcki
Sekretarz   J.Knabe   Członek   W.Cendrowicz
Skarbnik   J.Zazulin

2002   **15.03.2002. (XXI AGM)**   £25

Komandor   M.Gumplowicz   Prezes   M.Hołdak
V-Komandor   E. Kean   Członek   M.Borzęcki
Sekretarz   J.Knabe   Członek   W.Cendrowicz
Skarbnik   J.Zazulin

2003   **15.03.2003. (XXII AGM)**   £25

Komandor   M.Gumplowicz   Prezes   M.Hołdak
V-Komandor   E. Kean   Członek   M.Borzęcki
Sekretarz   J.Knabe   Członek   W.Cendrowicz
Skarbnik   J.Zazulin

2004   **14.03.2004. (XXIII AGM)**   £10

Komandor   M.Gumplowicz   Prezes   M.Hołdak
V-Komandor   E. Kean   Członek   M.Borzęcki
Sekretarz   J.Knabe   Członek   W.Cendrowicz
Skarbnik   J.Zazulin

2005   **30.01.2005. (XXIV AGM)**   £10

Komandor   M.Gumplowicz   Prezes   M.Hołdak
V-Komandor   E. Kean   Członek   M.Borzęcki
Sekretarz   J.Knabe   Członek   W.Cendrowicz
Skarbnik   J.Zazulin

2006   **29.01.2006. (XXV AGM)**   £15

Komandor   M.Gumplowicz   Prezes   M.Borzęcki
V-Komandor   E. Kean   Członek   P.Frankowski
Sekretarz   J.Knabe   Członek   K.Zadykowicz
Skarbnik   J.Zazulin

2007   **23.01.2007. (XXVI AGM)**   £25

Komandor   M.Gumplowicz   Prezes   M.Borzęcki
V-Komandor   T.Mazur   Członek   E.Kean
Sekretarz   J.Knabe   Członek   A.Bieniek
Skarbnik   A.Mazur   Członek   M.Olszewski
Członek rez. J.Zazulin   Członek   M.Banach
Członek rez. P.Frankowski
Członek rez. W.Cendrowicz

POLSKI YACHT CLUB LONDON
YACHT KLUB POLSKI LONDYN

Kierownicy lokalu z ramienia PYCoLtd

Jerzy	Knabe	7.1984	–	9.1985
Grzegorz	Januszko	10.1985	–	1.1986
Jerzy	Knabe	1.1986	–	2.1989
Barbara	Mirecka	3.1989	–	12.1989
Iwona	Bandurska	1.1990	–	9.1990
Jerzy	Knabe	9.1990	–	2.1991

Lista zmarłych członków

1. Olgierd	BANIEWICZ	1933 -1986
2. Władysław	MAGOŃSKI	-1988
3. Gabriela	TELIGA	1946 -1991
4. Marcin	HONOWSKI	-1991
5. Wladyslaw	WAGNER	1912 -1992
6. Andrzej	WACHAŁA	1941 -1993
7. Feliks	STAWIŃSKI	1913 -1995
8. Jerzy	ŚWIECHOWSKI	-1995
9. Piotr	SKRZYNECKI	-1997
10. Andrzej	KĘPIŃSKI	1916 -1998
11. Andrzej Mogiła	STANKIEWICZ	1926 -2002
12. Tadeusz	JAKUBOWSKI	-2002
13. Jacek	KACZMARSKI	-2004
14. Andrzej	CICHOCKI	-2006

PORT WIELU STATKÓW

Jest kotwicowisko słoneczne zwane Królestwo Twoje.
Tam wciąż na rufę łażą po głębszy rum opoje
I ciągle się tam tańczy i rzępoli rozmaicie
To fajne miejsce dla zejmanów – to dopiero życie!
– I chciałbym, chciałbym już tam być.

Najgorszy wicher to morka co ją się ledwo czuje
I nikt nikogo nie beszta, nikogo nikt nie nagluje
Kto chce to z fają w zębach obija się, pałęta,
Na forkasztelu się opala, gapi na okręta...
– I chciałbym, chciałbym już tam być.

Bo tam z całego świata stoją żaglowce i jachty
Na jednej kotwicy, zwinąwszy wszystkie płachty
I zatopione łajby i ich pomarłe załogi
Unosi na swych pływach port słoneczny i błogi
– I chciałbym, chciałbym już tam być.

Zbutwiałe pudła w wodorościach ociekłych, zielone
Co portu nie ujrzały, w morzu zaginione
Rytmicznym pływem kołysane, w przyboju ryjące
A załogi biją w dzwon, śpiewają, patrzą w słońce...
– I chciałbym, chciałbym już tam być.

Autor – John Masefield
Tłumaczenie – Robert Stiller

WSPOMNIENIA OSOBISTE

Nie wyobrażam sobie, by w tej publikacji mogło zabraknąć wspomnienia o paru osobach z naszego klubu, których niestety nie można już poprosić o ich własną wypowiedź. Ich lista znajduje się w innym miejscu; tu kilka dodatkowych słów – jak ja ich pamiętam.

Marcina Honowskiego poznałem wkrótce po przybyciu z Calais do Londynu jachtem „Rairewa III". On budował własny jacht, to znaczy wyposażał kupioną w stoczni skorupę kadłuba. Trwało to oczywiście ładnych kilka lat. Był inżynierem elektronikiem, a nie szkutnikiem, ale inwencji mu nie brakowało i niektóre rozwiązania, które zastosował były delikatnie mówiąc ‚oryginalne'. Oczywiście był jednym z wczesnych członków PYC London. Jacht otrzymał nazwę „Roitelet", czyli „Mały Król". Niestety nazwa „Mały Książe" była już zajęta. „Mały Król" pływał bardzo szybko, a jego rejs ‚Sylwestrowy' po ujściu Tamizy był chyba pierwszy po zakończeniu budowy. O ile tego typu budowa może się w ogóle kiedykolwiek skończyć...

Nowy Rok w rejsie na „Roitelet" - armator Marcin Honowski

Andrzej Kępiński pochodził z Polesia. Był moim wieloletnim chlebodawcą, a przyjął mnie do swojej firmy pomimo (a może ponieważ) byłem żeglarzem. Mimo dojrzałego już wieku utrzymywał świetną kondycję psychiczną i fizyczną. Tą drugą dzięki coraz młodszym partnerkom... Praca u niego była dla mnie ideałem. Ilekroć potrzebowałem urlopu na tygodniowy, miesięczny lub nawet roczny wyjazd gdzieś na rejs czy w daleką podróż – nie stanowiło to problemu. Rozumiał to doskonale, a ponadto, co niesłychanie istotne – po powrocie zawsze mogłem liczyć na dalsze zatrudnienie. Oczywiście też natychmiast wstąpił do naszego klubu.

Andrzej Stankiewicz herbu „Mogiła", podobnie jak Kępiński należał do pokolenia walczącego w II Wojnie Światowej w armii Andersa. Był polskim „Litwinem" z Wilna. W Anglii został inżynierem chemikiem, pracował przy azbeście, który stał się przyczyną jego śmierci. Mieszkał poza Londynem, w Selby i kontakt z klubem nawiązał na dobre dopiero z okazji przygotowań i udziału swoim sy „Far Star" w World Polonia Jamboree i w Memoriale Sikorskiego.

Pozostałe dwie osoby to z mojego, bardzo prywatnego punktu widzenia osoby mi najbliższe i zupełnie specjalne. Kobieta i mężczyzna. Stosunki z nimi znajdowały się na innych płaszczyznach, ale odejścia ich obojga dotknęły mnie szczególnie boleśnie. Oboje byli moimi bardzo serdecznymi przyjaciółmi, niezrównanymi kompanami i niezawodnymi towarzyszami przygody, którą jest nasza podróż przez świat i życie.

Gabriela Teliga z domu Drwal pochodziła z Krosna, ale po studiach w Warszawie została inżynierem planowania przestrzennego i żoną bratanka Leonida Teligi. Niewielu znało jej nazwisko z drugiego małżeństwa – Findlater, które zawarła, aby móc zamieszkać ze mną w Londynie. W latach siedemdziesiątych uzyskanie prawa pobytu w Wielkiej Brytanii nie było takie proste jak obecnie. Gabrysia była jednym z trojga oryginalnych założycieli Polskiego Yacht Clubu London, przez lata włożyła w jego organizację i działanie mnóstwo owocnej i przeważ-

nie bezinteresownej pracy. A jednocześnie naprawdę lubiła żeglować i zawsze świetnie czuła się na jachcie. Taka partnerka to dla żeglarza unikat. Zdążyła jeszcze założyc klub po raz drugi ale wkrótce potem zmarła, gdy trwało jeszcze zamieszanie związane z eksmisją PYCL z Ogniska Polskiego.

Olgierd Baniewicz też pochodził z Wilna. Był lekarzem-chirurgiem, ale również żeglarzem i zawołanym włóczęgą. Od wyprawy na Morze Czerwone jachtem „Dar Opola" znany jako „Kum". Druga nasza wspólna wyprawa to esperanckie samochodowe „Karavano de Amikeco tra Afriko", podczas której weszliśmy na Kilimandżaro. Po plajcie ekspedycji podróżowalismy razem, a to piechotą przez pustynię Nubijską, a to autostopem, trochę okrężnymi drogami i za psie pieniądze, z powrotem do Polski.

Olgierd Baniewicz i Gabrysia
Teliga wychodzą na zakupy na Maderze

Potem był lekarzem polskich ekip agrolotniczych opylających bawełnę w Egipcie. Został członkiem zagranicznym PYC Londyn, a ponieważ właśnie pracował w Maroku odwiedzaliśmy go tam „Centusiem". Też „Centusiem" popłynąłem z nim i Gabrielą na Maderę. I to był jego rejs ostatni. Zmarł w drodze, w Montpellier we Francji, zdając sobie dokładnie sprawę, że przedwczesną śmierć zawdzięcza kolegom lekarzom w Polsce, którzy zamiast unieruchomić chorą nerkę zniszczyli mu napromieniowaniami zdrową... Zdążyli go jeszcze za pomyłkę przeprosić.

Ku zaskoczeniu licznych przyjaciół ‚Kum Baniewicz' okazał się również poetą. Poniżej wiersz z tomiku, który otrzymałem już po jego śmierci.

Wspomnienia spisał
Jerzy Knabe
luty 2007

Zatrzymałem się myśląc, że jestem wpół drogi
Choć kresu dróg naszych nikt przecież nie pozna
I plecak z co było zrzuciwszy pod nogi
Usiadłem siwawy, niemłody mężczyzna

Czy dróg naszych treścią, istotą ich trwania
Jest co zebrawszy niesiemy w plecaku?
Czy może to właśnie, co wiecznie przed nami
Co mami nas ciągle i trzyma na szlaku?

Wśród tego co było ileż jest przystanków
Ile dróg trudnych, podmokłych, bagiennych
Pustyń bezkresnych i nocy bez ranków
Lub zamków wyśnionych wśród oaz promiennych

W albumie pamięci kolorowe twarze
W niesionym zielniku zapachy, spotkania
Co szły ze mną razem wlokąc swe bagaże
Lecz znikły gdzieś swoich szukając przystani

Ten plecak ma wiele przegródek, kieszeni
By nie wymieszać lat ani wydarzeń
Tak jakby ktoś miał to kiedyś ocenić
Tak jakbym miał to komuś przekazać

Którejś słotnej nocy zacznę sie potykać
Szosa dotąd prosta, będzie bardziej stroma
Tej właśnie nocy zabraknie w zielniku
A wszystko co niosłem, dno Styksu przechowa.

Olgierd Baniewicz

285

ZASŁUŻENI DZIAŁACZE KLUBOWI

Marek Borzęcki – organizator nurkowania i filmowiec

Anna Boszko nie boi się żadnej pracy, chociaż normalnie pracuje tylko głową.

Władysław Cendrowicz – wieloletni członek klubu, na którego zawsze można liczyć.

Agnieszka Mazur trzyma teraz kasę klubu
– razem z bratem przyjechała do nas
z Dąbrowy Górniczej.

Tomasz Mazur – pełen pomysłów nowy
wicekomandor klubu.

Jan Oleszkiewicz z Krakowa
– armator jachtu „Centuś".

Tomasz Perek – artystyczny animator
działalności klubu

CZŁONKOWIE HONOROWI

Lista członków honorowych (od roku)

1. 1984 Andrzej   ROSIEWICZ
2. 1984 Jacek   KACZMARSKI
3. 1985 Feliks   STAWIŃSKI
4. 1985 Jerzy   ŚWIECHOWSKI
5. 1985 Andrzej   URBAŃCZYK
6. 1985 Władysław   WAGNER
7. 1986 Piotr   SKRZYNECKI
8. 1992 Andrzej   PIOTROWSKI
9. 1997 Tadeusz   JAKUBOWSKI

10. 1997 Richard   KONKOLSKI
11. 1997 Leszek   KOSEK

12. 1997 Jerzy   ŁUBISZ
13. 2005 Krzysztof   SIERANT
14. 2007 Henryk   STRZELECKI

ĆWIERĆ WIEKU
POLSKIEGO YACHT KLUBU W LONDYNIE,
CZYLI HERAKLIT ZA BURTĘ

Przed wiekami niejaki Heraklit z Efezu (540-480 p.n.e.), mocny w filozofii jak wzorowy kapitan w *Prawie Drogi*, zawyrokował: „Wszystko się zmienia".

Owe wieki potwierdziły tę tezę. Potwierdziły, poza jednym arcyważnym wyjątkiem – co w niniejszym, rocznicowym felietonie wykażę bezsprzecznie.

Dwadzieścia pięć lat temu, kilku nawiedzonych ludzi zrobiło rzecz wręcz nieprawdopodobną, organizując polski klub żeglarski 20 południków na West, od mającej na takie sprawy glejt PRL. Wolta była trefna, ryzykowna jak ropa w zęzie i – co tu gadać – bardzo imponująca. Tylko Ojcowie Założyciele znają historię tych dni, burzliwych niczym Biskaje zimą.

A jednak – mimo sztormów, cisz i mielizn PYCL trwał. Ba, krzepł jak dobrze odmierzone epoksy, nabierając blasku na podobieństwo niklowych knag, szczodrze traktowanych „Kometem". Mijały lata, zmieniały się gabinety nad Tamizą. Przestali śpiewać Beatlesi. Pan minister Profumo skończył pieścić (ku rozpaczy KGB) Krystynę Keller. A nasz klub jak był, tak był. Co tam Kryśka Keller, co tam "ye, yee, yeee". W życiu, ba w świecie, następowały o wiele bardziej istotne zmiany. Kilka pierwszych z brzegu przykładów:

Jachty. Cieknące i próchniejące, jak marksizm, drewniane kadłuby zostały zastąpione przez szklane, a wkrótce kevlarowe laminaty. Klejone sosnowe maszty wymieniono na aluminium, ba włókno węglowe. Drący się przy byle sztormie len ustąpił na rzecz dakronu i nylonu.

Urywającymi łapy szotami zajęły się kabestany – oczywiście napędzane elektrycznie. Łomoczące generatory ustąpiły miejsca, przybyłym na nasze pokłady wprost z kosmosu, bateriom słonecznym.

Łączność. Radia nie były w zasadzie na jachtach spotykane. A jeśli gdzieś je instalowano – wydając fortunę – zawodnością prześcigały polityków. Dziś odłożyliśmy do lamusa nie tylko kod flagowy, semafor (młodzi – proszę nie mylić z PKP), ba – nawet alfabet Morse'a! Współcześnie – pomijając poczciwe i skrzekliwe VHF – łączność satelitarna pozwala kontaktować się natychmiast dosłownie z każdym abonentem telefonicznym globu. W ten sposób możemy (zwłaszcza samotni szaleńcy) zapytać fachowca, jak zastartować zapowietrzony diesel albo lekarza, jak obandażować palec. Więcej – wypłakać się swej mamusi czy żoneczce, wyspowiadać księdzu, czy też wysypać psychologowi.

Nawigacja. Odłożyliśmy solidny mosiądz sekstantu i dumę tych, którzy potrafili po godzinie zmagań z nurkującym wśród chmur słońcem, przechyłami łajby, porywanymi przez wiatr papierzyskami oraz piętrowymi rachunkami, zapisać w dzienniku ‚Fi' i ‚Lambda'. Z miną – jak to nazwał Jack London *Wielkich Wtajemniczonych*. Dziś nawet ten kto doznaje choroby morskiej patrząc na kiwające się na cumach kadłuby, może owe ‚Fi' i ‚Lambda' przywołać (GPS) jak duchy w seansie spirytystycznym. W dodatku za drobne sto funtów, w dodatku sto razy dokładniej i tysiąc razy szybciej. Mało tego – bieszące się i wciąż wzywające na pomoc dewiatorów kompasy ustąpiły cyfrowym ekranom aparatury "digital". Mapy, i nie tylko mapy, wyjmujemy na pełnym morzu z podręcznych drukarek.

Jednak duch naszego Klubu trwa, drwiąc ze światowych turbulencji, mód i ciekawostek. Wciąż niezmienny, tak samo prężny i wspaniały.

Sto innych rzeczy! Z własnej koi: – ponieważ spędziłem pół życia na rowerze i mój dwutakt uderza zaledwie 50 razy na minutę, jeszcze nie tak dawno, wszechwładna przychodnia sportowa odmawiała podpisywania książeczki żeglarskiej, co nie pozwalało wystąpić o klauzulę pływań morskich. Dziś są rejsy dla narkomanów, aby ci sympatyczni chłopcy mogli się przekonać, że widok horyzontu nie może jednak konkurować z krajobrazami ze strzykawki…

Świat zmienia się nie tylko szybko, ale w sposób nie do przewidzenia. Rosyjscy żeglarze, dawniej wręcz nie istniejący, zadziwiają świat wyczynami w najtrudniejszych regatach wokółziemskich – natomiast widok skromnych, ale bogatych wolnością jachtów z Rosji, Litwy czy Łotwy w Sztokholmie lub Visby, traktowany jest z taką samą obojętnością co gołe piersi dziewcząt na Tahiti.

Zmiany są wszędzie – w miejsce kubrykowych gadek i szczytanych na śmierć przemokniętych gazet, żeglarz ma sto kanałów telewizji plus DVD, nie mówiąc już o *Games*. A jeśli zgłodnieje – na miejsce garnuszka smalcu czy puszki *swinnej tuszonki* – ma liofilizowane *filet mignon a'la de Gaulle* – wprawdzie bez smaku, ale jednak bez cholesterolu i czegoś tam jeszcze. Oczywiście z kuchenki mikrofalowej – no bo jak inaczej... Jahooo!

Tak, zmieniło się wręcz wszystko, ale Klub pozostaje polski, morski i żywotny... Za sto lat nie będzie, już (prawdopodobnie) ani założycieli – ani mnie. Ale nadal będzie, niezmienny, drwiący z porzekadła Heraklita, YKP Londyn.

Co tam dla naszego Klubu sto lat. Nieco wyobraźni, Koledzy! Drobiazg, że za tysiąc lat oceany nie tylko wyschną, ale zaludnią się "na gęsto" od brzegów do brzegów. Nasi następcy, tak jak my dziś na Adriatyk, wyruszą wówczas w międzygwiezdne wojaże, aby rozwijać żagle pod innymi słońcami. Nie wiemy, czy będą żeglować tam po oceanach srebrzystej rtęci, czy burzliwych wodach mórz stopionego cynku (temp. topnienia 420 °C). Nie ma jednak wątpliwości, że będą to czynić pod flagą naszego – na przekór heraklitowemu gderaniu – niezmiennie trwającego i niezmiennie wspaniałego Klubu.

Andrzej Urbańczyk
www.tratwanord.com
grudzień 2006

Tratwa Urbańczyka wyrusza na Pacyfik

GRYTVIKEN

He was an Old Tar, Captain Larsen
Man sure handed, eagle eye
His furious work around the clock
When towing whale's bloody lot
Across the frozen, icy bay…..

When whales vanished from the Ocean
The harpoon's edge is getting rust
Brave sailors best to be forgotten
Grytviken wharves are gathering dust

Once whales coughed up seas of blood
When steel was reaching target right
Where tons of flesh was hauled up
The winds now bleaching huge bones white
Erasing all the memories…..

The whaling ships are now a resting
Moored to a jetty, keeping watch
They won't set sails any longer
To follow whales lively path
They rest in icy, frozen waters
Old hulks just buried in the sands….

Translated from Polish Shanty Song by Leszek Kosek

FELIKS STAWIŃSKI

Urodzony 19.11.1913 r. w Brodnicy, zmarł 17.01.1995 r. w Londynie.

Był jednym z przedwojennych żeglarzy, którzy pływali na „Zawiszy Czarnym' pod dowództwem Gen. Mariusza Zaruskiego. W roku 1939 był obrońcą polskiego wybrzeża, w dalszym ciągu wojny był oficerem II Korpusu we Włoszech, walczył pod Monte Cassino, był też przez pewien czas włoskim partyzantem. Po wojnie został mężem opatrznościowym „Ogniska Polskiego"w Londynie, gdzie przez długie lata pracował jako kierownik klubu i przez ponad czterdzieści lat był „złotą rączką do wszystkiego". Był też głęboko związany z działalnością teatru emigracyjnego jako aktor, śpiewak, inżynier oświetlenia... W 1986 roku wystąpił w filmie pt. „Ulica Krokodyli".

Członek Honorowy Feliks Stawiński

297

Został odznaczony orderem ‚Polonia Restituta', ‚Złotym Krzyżem Zasługi', odznaką ‚Zasłużony dla Kultury Polskiej' oraz włoskim ‚Croce di Guerra al Valor Militare'.

Polski Yacht Club London, dla którego stał się przyjacielem i mentorem, jemu zawdzięczał w dużej mierze uzyskanie siedziby na terenie Ogniska. Kapitan Feliks Stawiński był od roku 1985 Członkiem Honorowym PYCL.

DZIENNIK POLSKI *9 maja 85*   5

3 lata Polskiego Yacht Clubu

Na walnym zebraniu obradował istniejący od trzech lat w Londynie Polski Yacht Club. Przez wiele godzin dyskutowano o zawiłych problemach żeglarstwa i możliwościach rozwoju działalności w trudnych na emigracji (zwłaszcza finansowych) warunkach. W tajnych wyborach ponownie wybrano na prezesa Macieja Gumplowicza, wiceprezesa — Andrzeja Cichockiego i sekretarza — Jerzego Knabe. Dokooptowano też do zarządu nowych członków. Finansami zajmować się będzie Anna Boszko, a sprawami związanymi z prowadzoną przez Yacht Club działalnością kulturalną — Andrzej Wachala.

Miłym akcentem obrad było wręczenie „Odznaki Honorowego Członkostwa Feliksowi Stawińskiemu. Mąż opatrznościowy Ogniska Polskiego otrzymał ją za wielką pomoc w zorganizowaniu lokalu Yacht Clubu w podziemiu budynku Ogniska.

Po zakończeniu zebrania jego uczestnicy i zaproszeni goście obejrzeć mogli wystawę fotografów wykonanych przez członków Yacht Clubu — Macieja Gumplowicza, Jerzego Knabe, Jacka Zazulina i świetnego fotografa Marka Borzeckiego, które wykonano podczas rejsów klubowych.

18 maja Polski Yacht Club „ukończy" trzy lata i z tej okazji zaprasza wszystkich chętnych na zabawę taneczną, o której ogłoszenia ukażą się w „Dzienniku Polskim".   (p)

J. SWIECHOWSKI
10, MEDBURN Rd
Camps Bay
8001
18/2/87

Polski Yacht Club London

Szanowny Pani Sekretarze

Jestem niezmiernie zaszczycony i wzruszony
przyznaniem mi honorowego członkowstwa
Klubu.

Gdy prawie pół wieku temu wyruszaliśmy
w sam podróż (w wielkiej tajemnicy i strachu
że a nuż się mi uda) nie przypuszczaliśmy
że ten nasz wyczyn będzie pamiętany aż tak
długo.

Cieszy się że żeglarstwo polskie w kraju
i jak teraz się dowiaduję i za granicą
tak się rozwinęło.

Na zakończenie życzę Klubowi i Członkom
dobrych wiatrów, przysłowiowej stopy wody
pod kilem i "romantycznych rejsów.

Bo "romantyzm morza" można teraz znaleźć
tylko w jachtingu.

Jeszcze raz serdecznie dziękuję za uznanie
i ściskam dłoń

Jerzy Swiechowski

„NIEPRZEMAKALNY HENRI"

Współczesne ubranie sztormowe jest wygodne, ciepłe, kolorowe, trwałe i wodoszczelne, choć „oddychające". Szczególnie ta ostatnia cecha to prawdziwe osiągnięcie. Wypuszcza wilgoć (parę wodną) na zewnątrz, a jest całkowicie nieprzemakalne w przeciwnymn kierunku dla wody w stanie ciekłym.

Dobry sztormiak to dla żeglarza podstawowy element wyposażenia osobistego. Nowoczesne tkaniny, zapięcia typu velcro („rzepy"), trwałe, nierdzewne zamki błyskawiczne, bri-nylon, gore-tex, taśmy odblaskowe, integralne pasy bezpieczeństwa i inne usprawnienia wydają się dziś normalne i oczywiste. To wynik ogromnego postępu w branży, który dokonał się w ciągu ostatnich kilkudziesięciu lat. Przedtem mu-

siały wystarczać „oleskiny", „zidwestki", „śmiertelne koszule", itd., uszyte właściwie z ceraty lub podobnego materiału. Niewygodne, zimne, sztywne, mało trwałe, przeciekające na szwach i załamaniach. Ale odbiegam od tematu. Nie chciałem pisać o technologii. Piszę sylwetkę człowieka.

Dobrze wiedzieć, że wielkie zasługi, pionierski udział i światowe uznanie w tym postępie ma nasz rodak, Henryk Strzelecki. W latach osiemdziesiątych Polski Yacht Club London działał w piwnicy Ogniska Polskiego. Znaleźliśmy tam przyjaciela „po fachu" – przedwojennego żeglarza, pamiętajacego rejsy z generałem Mariuszem Zaruskim – Feliksa Stawińskiego. Nazwa sztormiaków Henri-Lloyd była oczywiście znana każdemu z nas. Ale niespodzianką była wiadomość od Felka, że ten Henri to Polak, Henryk Strzelecki. Felek dobrze wiedział co mówi, bo nie dosyć, że go znał jeszcze z rodzinnej Brodnicy na Pomorzu, to obaj po wojnie i wspólnej kampanii we Włoszech zdecydowali się na pozostanie w Wielkiej Brytanii.

Nie trzeba było czekać długo, by powitać pana Henryka w Klubie. Stał się częstym gościem, sponsorem i zwykle właśnie u nas w PYCL urządzał przyjęcia dla swoich partnerów i pracowników ze stoiska na zakończenie corocznej Londyńskiej Wystawie Jachtowej. Niezmiennie serdeczne, pogodne i młodzieńcze – mimo siódmego już krzyżyka – zachowanie Henia doceniane jest po dzień dzisiejszy przez każdego, kto miał okazję go poznać. Szczególnie zaś przez kobiety, którym przy każdej okazji, niezależnie od wieku i urody prawi komplementy, kradnie całusy i śpiewa serenady. Jego typowy przebój to „Buzi daj, buzi daj moja mała, bo Twoja mama też kiedyś dawała..." – w polskim wykonaniu.

W przeciwieństwie do wielu, czasem zaskoczonych słuchaczek, jego żona po wielu latach małżeństwa przypuszczalnie poznała angielskie znaczenie tego tekstu. „Moja żona to nie Angielka" mówi zawsze Henryk „– to Yorkshire woman, a to jest specjalny gatunek..."

Ale „kobiety, wino i śpiew" to nie wszystko w jego życiu. Henryk Strzelecki jest doskonałym biznesmenem, który nie tylko potrafi skutecznie prowadzić interesy swojej firmy i nieustannie dba o jakość swoich wyrobów, ale również niezmiennie cieszy się wielkim szacunkiem swoich pracowników.

Firma Henri-Lloyd jest od lat pionierem postępu w technologii produkcji w całej branży. Otrzymuje nagrody za osiągnięcia eksportowe, zaś jej właściciel zarobił na literki MBE za nazwiskiem (pełny tytuł to: Member of the Most Excellent Order of British Empire), czyli został Członkiem Orderu Imperium Brytyjskiego. Ale pamięta, że po przyjeździe z Włoch, chcąc specjalizować się w handlu międzynarodowym, miał znamienną rozmowę z rektorem Wakefield

Technical College. – „Powiedziano mi, że jako cudzoziemiec bez wykształcenia w „Oxbridge" (to ekskluzywne angielskie uniwersytety Oxford i Cambridge) mam znikome szanse na taką karierę" – wspomina Strzelecki.

„Wobec tego zabrałem się do pracy w fabryce koszul w Wakefield. Ale jednocześnie dostałem stypendium Rządu Polskiego w Londynie na studia technologii tkanin w College of Technology, Arts and Commerce w Leeds. Na wszelki wypadek zrobiłem też studia nauczycielskie, co mi się przydaje do dzisiaj, bo najpierw wykładałem przez wiele lat na uniwersytecie w Manchester a teraz jestem zapraszany przez różne firmy na wykłady o metodach rozwijania exportu".

Mr Henri, bo tak jest powszechnie znany w życiu zawodowym, jest laureatem sponsorowanej przez Royal Yachting Association nagrody za życiowe osiągnięcia, a Uniwersytet w Salford nadał mu Honorowy tytuł Master of Arts.

Jednak, zanim doszło do odbierania tych honorów, było wiele lat pracy. W wytwórni odzieży przemysłowej Weatherfend próbował przekonać kolegów dyrektorów do zainteresowania się produkcją dla rynku żeglarsko-rekreacyjnego. Stawały się wtedy dostępne nowe materiały, tkaniny i dodatki. Starania pozostały bezskuteczne. Jego wizje spotykały się z niedowierzaniem i brakiem wyobraźni. Ponieważ był przekonany o swojej słuszności – uruchomił własną produkcję. Tak w 1963 roku w Manchesterze powstała spółka z Angusem Lloydem. W znaku firmowym spółki, pomiędzy imieniem Henryka a nazwiskiem Angusa, znalazło się jeszcze miejsce na Piastowską koronę.

Wytwórnia Henri-Lloyd rozpoczęła swego rodzaju rewolucję w branży. Już od Londyńskiej Wystawy Jachtowej w roku 1964 jej nowatorskie modele zaczęły przyciągać uwagę zarówno żeglarzy – użytkownikow, jak i.. producentów – naśladowców. I tak zostało do dzisiaj. Wśród zadowolonych użytkowników są największe nazwiska jachtingu, żeby wspomnieć tylko Chichestera, Knox-Johnstona, Blytha, Naomi James, Lawrie Smitha....

Po latach firma Henri-Lloyd stała się wyłączną własnością rodziny Strzeleckich, ale nazwa i logo, z oczywistych marketingowych względów, pozostały bez zmiany. Kilka lat temu Henryk przekazał bieżące kierownictwo swoim synom, Pawłowi i Marcinowi. Obaj są po solidnych studiach i praktyce w dziedzinie ekonomii i włókiennictwa. Dzisiejszy Henri-Lloyd to trzy wytwórnie, dwie w oryginalnym miejscu, w Manchesterze, a trzecia w Polsce, w rodzinnym mieście, w Brodnicy.

Pan Henryk Strzelecki jest już na emeryturze. Ale trudno oczekiwać by ze swoim usposobieniem spoczął na laurach. Nazwaliśmy go w Klubie „Nieprzemakalny Henri".

J.Knabe
1998

QUALITY AND COMFOR'

www.delphiayachts.

Our models:

DELPHIA **24** SPORT
DELPHIA **28** SPORT
DELPHIA **29**
DELPHIA **33** NEW!
DELPHIA **37**
DELPHIA **40**

Our partners:

Germanischer Lloyd

Raymarine

**VOLVO
PENTA**

Our General Import

AQUA MARINE s. r. o. - www.aqua-marine.cz - Czech Repu
COMAR YACHTS - www.delphiayachts.it - Italy, France, Spain, Slovenia, Malta, Israel, E
DELPHIA YACHTS (Aust) Pty Ltd. - www.delphiayachts.com.au - Aust
DELPHIA YACHTS Finland Ky - www.delphia.fi - Fin
DELPHIA YACHTS AB - www.delphiayachts.se - Scandir
DELPHIA YACHTS Pty Ltd. - www.delphiayachts.co.za - South A
DELPHIA YACHTS USA LLC - www.delphiayachtsusa.com -
FOURWINDS MARINE Ltd. - www.delphiayachts.co.uk - UK, Ire
ODISEJ YACHTING - www.odisej-yachting.com - Cro
SPORTINA YACHTS - www.sportina-yachts.de - Germany, Austria, Belgium, Netherla
southern Denmark, Switzer

Delphia Yacht

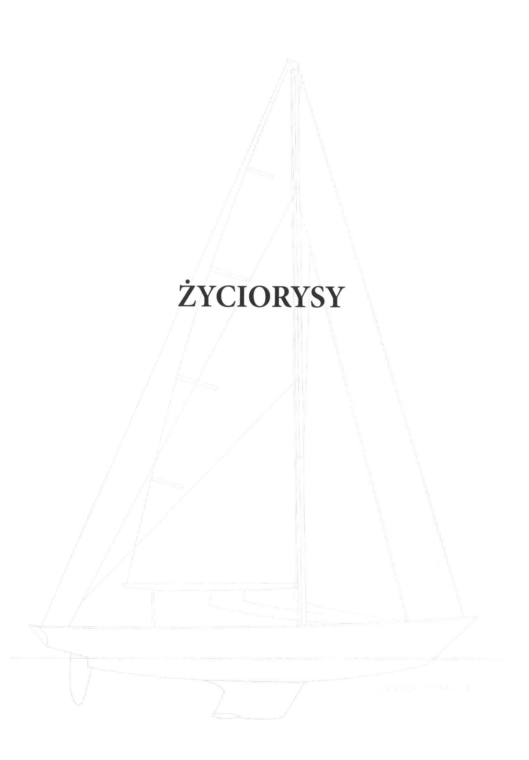

ŻYCIORYSY

Maciej Gumplowicz MD

My introduction to the world of sailing began in 1955 while I was at school. At first I sailed small dinghies on the Vistula river in Warsaw and then progressed to slightly larger ones which I sailed in the Mazurian Lake District of north east Poland. From here I moved on to yachts on the Baltic Sea.

During the many years I have sailed as crew, mate and skipper I have come to believe that the level of safety and enjoyment experienced on board is in direct proportion to the sense and attitude of the crew. I saw that while modern instruments increased access to information and simplification of skills they left in their wake a 'technology hangover'. I came to prefer sailing with minimal gear and electronics and to develop full human potential and skill. A person's true personality is revealed at sea. The naked truth can be either a pleasant surprise or a nightmarish discovery – both for the person in question and for the rest of the crew.

The more I have sailed the more my respect and understanding of seas and oceans has grown. There is a distinctive difference between the rules and forces which prevail at sea and the laws and powers which prevail in life on land. The sea knows no evils. The rules of the sea are constant and impartial. Yet man tends to turn the sea into a cruel and angry foe. An enemy is created. Nature's law for people at sea is simple; he who adjusts survives. In storms, for instance, we must first accept the conditions in which we find ourselves and adopt the natural forces that are in motion.

As a doctor by profession and after years of practicing both medicine and sailing I have reached the conclusion that these two disciplines are similar in relation to gaining respective knowledge on each subject. The more one learns and the more experience one gains, the more it becomes apparent how little one knows.

A highlight of my sailing experience in Poland was when I received my skipper's certificate in 1974.

I moved to England in 1975.

sy "K.Maciejewicz" at Cape Horn heading west on 26.03.73. Crew from the left:
J.Jaszczuk, T.Zydler, L.Kosek, M.Gumplowicz in the lifebuoy.
Fot. E.Moczydłowski

Qualifications:

Certificate of Oceangoing Yacht Master No: 360, Poland 1974.
Royal Yachting Association Yacht Master, England 1986.
Clubs:
Commodore of Medical Academy of Warsaw 1959-1963.
Membership of WYC (University of Warsaw) 1970-1974.
Commodore of PYCL and after joining YCP – Yacht Club of Poland, London.
Racing:
Academic Championship of Warsaw 1962 in Omega class – first.
Blue Ribbon of Mazurian Lakes 1968 in Omega class – first.

Championship of oceangoing boats of Poland, Szczecin.

Second place in open class on the boat "Konstanty Maciejewicz".

Number of skippered trips – 45.

Oceans and seas sailed include the Baltic, North Sea, Atlantic, Mediterranean, Marmara Sea, Black Sea, Pacific, Indian and Southern oceans.

The best trip – On board the yacht "Konstanty Maciejewicz" for the first Polish voyage around Cape Horn from East to West in 1973.

JERZY KNABE

Urodził się w Warszawie w roku 1933. Po Powstaniu Warszawskim, podczas którego był listonoszem Poczty Harcerskiej, po kilku przeprowadzkach, znalazł się w Poznaniu i tam w roku 1950 zdał maturę i na jeziorze Kiekrz „zaraził" się żeglarstwem.

Podczas studiów, na podstawie francuskiej literatury fachowej, nauczył się techniki i zasad bezpieczeństwa nurkowania swobodnego. W roku 1954 stał się jednym z założycieli i instruktorów pierwszego w Polsce klubu nurkowego. Byla to Sekcja Płetwonurków Klubu Morskiego Ligi Przyjaciół Żolnierza w Warszawie.

Dyplom mgr inż. chłodnictwa otrzymał na Politechnice Warszawskiej. Kariery zawodowej nie robił, ponieważ czas na pracę miał tylko pomiędzy rejsami i podróżami. Najbardziej wyrozumiałym pracodawcą okazała się Politechnika Warszawska, gdzie mimo przerw i urlopów, osiągnął stanowisko starszego asystenta...

Znajomość żeglarstwa i nurkowania zrodziła chęć, pomysł i determinację w organizowaniu (z kapitanem Bolesławem Kowalskim) dalekiego rejsu. Wyprawa na Morze Czerwone na jachcie „Dar Opola" przeprowadzona w latach 1959/1960 dostarczyła Instytutowi Zoologicznemu Uniwersytetu Warszawskiego okazów morskiej fauny do studenckich ćwiczeń na wiele następnych lat. Był kierownikiem technicznym, szefem nurkowania i III oficerem tej wyprawy.

W latach 1962-63 był kierownikiem technicznym międzynarodowej wyprawy samochodowej „Karavano de Amikeco tra Afriko" zorganizowanej przez stowarzyszenie Esperanta Geografa Asocio. Po przejechaniu Egiptu, Sudanu, Erytrei, Etiopii, Somalii i Kenii wyprawa zbankrutowała w Tanganice. Wrócił z Afryki podróżując przez kilka miesięcy – głównie autostopem,

W latach 1965-67 znowu jako kierownik techniczny brał udział w wyprawie naukowej Polskiego Towarzystwa Geograficznego na jachcie „Śmiały" dokoła Ameryki Południowej. Podczas tej wyprawy powstało polskie „Bractwo Wybrzeża" (Hermandad de la Costa). Jest jego członkiem do dzisiaj i był też jego pierwszym Kapitanem.

W latach 1968-69 pływał jako drugi oficer na chłodnicowcu ms. „Stella Nova" bandery brytyjskiej po wodach Środkowej i Południowej Ameryki i przy tej okazji pomógł organizacyjnie na miejscu przygotowywanej wtedy Polskiej Wyprawie Kajakowej przez Cieśninę Magellana. Ale „nielegalne" podjęcie pracy zagranicą wstrzymało na kilka lat dalsze wyjazdy z Polski.

Późniejsze, zaangażowanie w organizację Wyprawy Żeglarsko- -Nurkowej na zakupionym w Wielkiej Brytanii jachcie „Rairewa III" sprowadziło go na początku lat siedemdziesiątych do Londynu.

Do tej wyprawy nie doszło, natomiast na przełomie lat 1973-74 odbył dziewięciomiesięczną podróż samochodem 2CV przez Saharę na trasie Londyn – Dakar.

Dalszy pobyt w Anglii doprowadził w 1982 roku do założenia z Maciejem Gumplowiczem i Gabrielą Teligą Polskiego Yacht Clubu w Londynie. W okresie istnienia lokalu klubowego w Londynie pracował jako jego kierownik.

W latach 1988-94 był wraz z kapitan B. Kowalskim, armatorem jachtu „Radwan", który powstał z przeróbki bałtyckiego kutra rybackiego. Z Andrzejem Piotrowskim z Chicago organizował pierwszym Światowy Zlot Polonii Żeglarskiej w Polsce w 1991 roku, jak również dwa następne w latach 1997 i 2000. Był też inicjatorem i organizatorem żeglarskiego „Memoriału Sikorskiego 1993" w Gibraltarze – w 50 rocznicę tragicznej katastrofy.

Od 1970 roku jest jachtowym kapitanem żeglugi wielkiej (Patent Nr.324). W 1968 roku uzyskał też dyplom Szkoły Dziennikarskiej Uniwersytetu Warszawskiego i będąc w Polsce współpracował z prasą, radiem i telewizją oraz Towarzystwem Wiedzy Powszechnej. Były to reportaże z rejsów i wypraw. Mieszkając w Londynie, kontynuuje rozpoczętą w 1965 roku stałą współpracę z miesięcznikiem „Żagle". Ponadto dosyć regularnie pisze do nowojorskiego miesięcznika „Żeglarz" i żeglarskiej witryny internetowej Jerzego Kulińskiego w Polsce.

Opublikował kilka tytułów w dziedzinie nurkowania swobodnego, żeglarstwa i literatury podróżniczej:
– „Poradnik płetwonurka" (1966)
– „Śmiałym dokoła kontynentu" (1967)
– „Besa – Dziennik Podróży" (tłumaczenie z chorwackiego) (1981)
– „117 dni na łasce oceanu" (tłumaczenie z angielskiego) (1976) oraz uzupełnienie języka polskiego i rosyjskiego w „Ośmiojęzycznym słowniku żeglarskim" Barbary Webb, dzięki czemu powstał słownik „Dziesięciojęzyczny" (Gdańsk-1975). W roku 2004 został wybrany do Zarządu Głównego YKP w Warszawie. Jest prawie nieprzerwanie sekretarzem polskiego klubu żeglarskiego w Londynie (PYCL, później YKP Londyn) od momentu jego założenia aż po dzień dzisiejszy.

EUGENIUSZ JACEK ZAZULIN

Ur. 11.01 1944 w Pińsku. Jako 14-latek zacząłem przychodzić do modelarni szkutniczo-żeglarskiej Polskiego Klubu Morskiego w Gdańsku. Jeździłem na obozy żeglarskie – zdobywałem kolejne stopnie.Pierwsze uprawnienia zdobyłem w roku 1959. Później sternika jachtowego i lodowego.

Moją pasją były regaty. „Zaraziłem się" pływając na „Omegach". Przez pewien czas pływałem na „Hornecie", a później jako załogant na „Latającym Holendrze". To była przesiadka z „Trabanta" na samochód Formuły I !

Odtąd moje wszystkie wysiłki kierowałem na pływania na ‚holendrze'. W Akademickim Klubie Morskim były dwa – w opłakanym stanie. Udało się przekonać Zarząd do ich odbudowy. Pracując ponad rok, odbudowaliśmy obie łódki.

Zostałem przyjęty do Międzynarodowej Federacji Flying Dutchman i zaproszony na regaty w Weymouth. Niestety nie mogłem pojechać. Wtedy kupiłem puchar kryształowy i wysłałem do Międzynarodowej Federacji FD jako nagrodę specjalną „Dla żeglarza, który usilnie starał się o sukces, lecz los zniweczył jego plany i przegrał". Pomysł został tam przyjęty z entuzjazmem.

Bardzo mi zależało, żeby mieć dobry sprzęt, ale po ukończeniu remontu trener zdecydował, że jestem „za stary na Olimpiadę" i tak skończyły się marzenia o wyczynie żeglarskim.

Wtedy popróbowałem rejsów po Bałtyku, do Finlandii i Szwecji. To całkiem inne żeglarstwo, ale z licznymi utrudnieniami: zdobywania paszportu, „Klauzuli Pływań Morskich". Założenie rodziny oraz praca i studia wieczorowe na Politechnice odsunęły na bok marzenia „o wielkiej wodzie"...

Ukończyłem studia w 1981 roku, otrzymując absolutorium. Mając bardzo pionierski temat pracy dyplomowej zdecydowałem najpierw pojechać do Anglii do specjalistycznego Instytutu.

Rzeczywistość okazała się brutalna. Po tygodniach tułania się w Londynie dostałem wreszcie pracę na budowie. Kurs nauki języka angielskiego metodą „Callana" był jedną z najlepszych decyzji w życiu. Egzamin końcowy był 14 grudnia 1981. W niedzielę 13 ogłoszono stan wojenny. Miałem perspektywę pracy i kariery naukowej na Politechnice, ale jako jeden z organizatorów Niezależnego Zrzeszenia Studentów Politechniki nie odważyłem się na powrót.

Na pierwszym spotkaniu Polskiego Yacht Clubu w Londynie nie byłem ale już tydzień później trafiłem do Klubu na stałe i poza pracą wypełniał on moje życie. Krótkie i dalekie rejsy morskie, doszkalanie siebie i innych, wreszcie egzamin RYA zdany za pierwszym podejściem chociaż o stopień niżej od zamierzonego...

W roku 1991 byłem na „World Polonia Sailing Jamboree" zorganizowanym przez nasz klub, a w 1993 byłem współorganizatorem „Memoriału Sikorskiego" w Gibraltarze; broszura sprawozdawcza jest w większości mojego autorstwa. Kolejne Jamboree w roku 1997 na 1000-lecie Gdańska i obchodzone tam 15-lecie klubu pamiętam jako rejs, na którym płynęło nas pięciu kapitanów, ale nigdy nie było żadnych nieporozumień, bo „skipper" był jeden... To świadczy o tym, kim byli członkowie klubu.

W roku 2001, po ogromnych trudach udało mi się wreszcie obronić pracę dyplomową. Po dwudziestu latach przerwy w studiach zostałem inżynierem mechanikiem – co jest swego rodzaju ewenementem i powodem wielkiej satysfakcji.

E.J. Zazulin
luty 2007

RYSZARD LUTOSŁAWSKI

Pierwsze moje zajęcia nad wodą to „przewózka" po Wiśle na „Hetce" zorganizowana w roku 1948 przez YMCA dla swoich członków.

W roku 1949 YMCA została zlikwidowana. Przystań na Wiśle przemianowano na Międzyszkolny Ośrodek Sportów Wodnych. Pływania na silnym nurcie Wisły rozwijały umiejętności żeglarskie i wszyscy – nawet jako dzieci – wkrótce dobrze radzili sobie z obsługą łódek w każdych warunkach.W końcu września zdałem egzamin na Jachtowego Sternika Morskiego w Gdyni.

W Jastarni uzyskałem rozszerzenie uprawnień JSM do prowadzenia samodzielnie po morzu małych jednostek.

Zimą 70/71 przepisy żeglarskie o stopniach uległy zmianie i moje rozszerzone uprawnienia j. sternika morskiego przemianowano na Jachtowego Kapitana Żeglugi Bałtyckiej.

W roku 1972 wiosną uzyskałem upragniony patent J.Kpt.Ż.W. Pod koniec roku 1972 dokonałem jedynego do tej pory przejścia cieśniny

Pentland Firth ze wschodu na zachód – zwyciężając Merry Man of May – wielką stałą falę przegradzającą całą cieśninę przy prądach w kierunku zachodnim. Rejs ten został wyróżniony nagrodą Rejs Roku.

Cały rok 1974 spędziłem na pokładach, prowadziłem jacht „IX Fala" z Jugosławii do Polski. W czasie tego rejsu odbyłem również kilkumiesięczne pływanie samotne – bez załogi.

Po stażu oficerskim na „Zawiszy Czarnym" i na „Zewie Morza" uzyskałem rozszerzenie uprawnień kapitana na wielkie żaglowce i już mieszkając w Bremie spędziłem zimę w ‚Szkole pod Żaglami' na statku „Fryderyk Chopin" jako oficer i nauczyciel.

W roku 1984 wstąpiłem do Polskiego Yacht Clubu London i w ramach tego klubu prowadziłem rejsy na jachcie „Centuś" na Morzu Śródziemnym. Brałem też udział w drugim Zlocie Polonii Żeglarskiej w roku 1997. Od roku 1988 jestem Komadorem filii Yacht Klubu Polski Londyn w Niemczech

W roku 1998 nadzorowałem budowę niemieckiej barkentyny „Mary Anne" w stoczni w Gdańsku. Kilkakrotnie prowadziłem „Mary Anne" jak również barkentynę „Peace", w rejsach po Atlantyku, Morzu Północnym i Bałtyku.

W roku 2002 nadano mi tytuł Zasłużonego Działacza PŻŻ. Pomimo wielu rejsów odbytych w charakterze kapitana, nadal chętnie pływam również jako oficer czy zwykły załogant...

Ryszard Lutosławski
grudzień 2004

ANDRZEJ KACAŁA

Urodzony 19.05.1945 r. w Wieluniu. Ekonomista z wykształcenia. Obecnie mieszka w Danii (emigracja awanturniczo-przygodowa). Cechują go wszechstronne zainteresowania, ale ma dwie główne pasje: żeglarstwo i kosmos.

Pływać zaczął już jako dzieciak na własnoręcznie budowanych "pływadłach" po stawach cukrowni „Wieluń". Później zaczęło się prawdziwe żeglowanie. Do wyjazdu z Polski był aktywnym członkiem Klubu Żeglarskiego „Perkoz" w Katowicach. Jest członkiem egzotycznego „Musket Cove Yacht Club" na wyspie Malolo Lailai, Fidżi. W 2000 r. zostaje członkiem YKP w Londynie.

Uczestnik wielu żeglarskich wypraw. Niektóre z nich zostały specjalnie wyróżnione nagrodami Rejs Roku. Wyprawa Hudson 2005, w której ostatnio brał udział, została wyróżniona w konkursie podróżników Kolosy 2005. Po wyprawie „Od Hornu do Hornu" na jachcie „Zjawa IV" przyjęty zostaje w 2005 r., do „Bractwa Kaphornowców". W tym samym roku zamustrowany i zaprzysiężony do Bractwa Wybrzeża – Mesy Kaprów Polskich.

Swoje motto życiowe zaczerpnął z C..H.Andersena: *„at rejse er at live"*, co w tłumaczeniu brzmi: *"podróżować znaczy żyć"*. A więc nie tylko żegluje. Ma za sobą wiele innych, ciekawych wypraw lądowych. Dwukrotnie odbył podróż dookoła świata, przemieszczając się lądem, morzem i powietrzem. Odwiedził przeszło 70 krajów.

Duży oryginał. Jako posiadacz imponujacych wąsów w klasie „sumiaste" jest członkiem Londyńskiego Klubu Wąsatych – The Handlebar Club, z tradycjami sięgającymi roku 1947. Miewa różne mniej lub bardziej „szalone" pomysły. Jednym z takich był udział w programie Den Store Mission – Wielka Misja. Program transmitowany był przez duńską telewizję TV2. Z numerem 3222 startował w eliminacjach na duńskiego kosmonautę. Miał nadzieję odwiedzić swoje pozaziemskie posiadłości, gdyż jest właścicielem działki na Księżycu i Marsie.

„Bujając w obłokach" stąpa też twardo po ziemi, jest realistą. W ramach przewidywanego scenariusza emerytalnego, rozbudowuje swoje rancho-siedlisko na Podlasiu. Konsekwentnie realizuje swoje marzenia – zwiedza świat. Wrażeniami dzieli się z najbliższymi, pisząc „dzienniki podróży". Jest to wierny zapis każdego dnia, przeżycia, przygody, refleksje – bardzo osobiste „odkrywanie" odwiedzanych krajów.

Jak mówią o nim koledzy: – tramp, włóczykij, obieżyświat, wagabunda, druh a także omnibus i człowiek wielkiego serca, na którym można polegać.

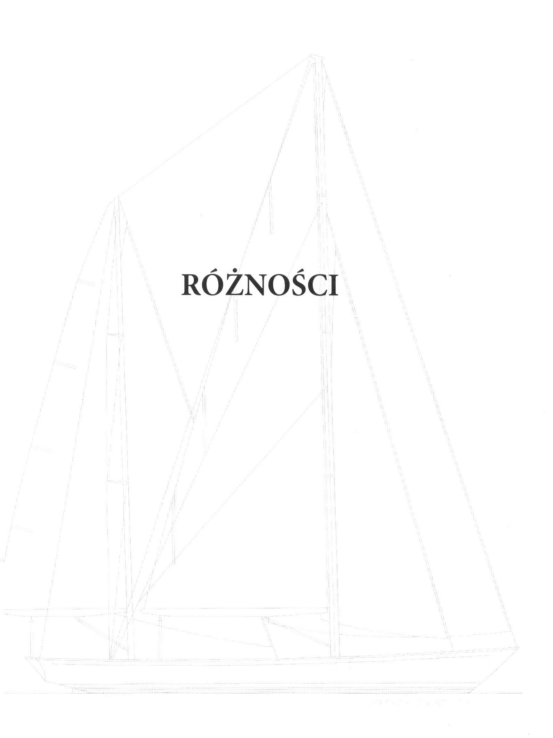

RÓŻNOŚCI

A COLUMN BY ANDREW „MOGIŁA" STANKIEWICZ

Hi, According to the Polish Daily from London, after some article in the Daily Telegraph, Bin Laden stated that his hate of the Christian (sic!) West, his fury and desire for revenge, date from the defeat of the Islamic Ottoman Turks near Vienna on September 12, 1683. (Why have they flown into the Twin Towers, etc. a day early?). Thus, contrary to what Tony Blair says, we now do have in Afghanistan and elsewhere a war between Islam and Christianity, simply the continuation of the Vienna battle. Had the Turks won, there would have been no further trouble, since the whole of Europe would have become Islamic and then the whole world.

As a factor in the present conflict, the Crusades pale into insignificance in comparison to that crucial battle.

Now, therein lays my problem. If highjacked, I thought I would produce my Polish passport and get of lightly. Maybe they would give me a parachute? I was rehearsing this when flying to Geneva recently. Now: no good whatsoever!

The defeat of Ottoman armies was engineered at the gates of Vienna by John III Sobieski, the King of Poland. When the armies of Sultan Mohammed IV begun marching through Slovakia and the Czech territories towards Austria, King John dumped his alliances with France and Sweden, forged a pact with the Austrian Emperor Leopold I and came to his aid with the Polish Army headed by the famous winged Hussars. It was the mad charge of the Hussars that broke the Ottoman lines at Kahlenberg near Vienna. The Turks thought that devils were coming. The Poles are fond of mad charges! Like the bloody Monte Casino... King John then finished the army of Kara Mustapha near Parkany, in the present Slovakia.

Someone thought of writing a letter to the Daily Telegraph pointing out that this was yet another unsung Polish contribution to our civilisation as we know it. But then he had second thoughts. Perhaps Bin Laden does not know it was the Poles? Why stir things up? We have in UK now a significant, a virulent "fifth column" ready to strike, and we have in London and elsewhere some good Polish Clubs, serving excellent food, etc. Why stir things up?

I am glad the Polish victory at Vienna will remain a closely guarded secret. Like the basis for "Enigma", like our crucial input into the Battle of Britain (when Great Britain did NOT stand alone), like wartime delivery of the Hitler's wunderwaffe V1 from occupied Poland, like... Eh, what's the use. It is ALL a secret.

Cheers,
Andrew 2001

ROZWAŻANIA JURKA KULIŃSKIEGO
O EMIGRACJI
(list do Jerzego Knabe)

Pozdrawiam Ciebie, Maćka i wszystkich żeglarzy YKP w Londynie. Wesołych, zdrowych Świąt Bożego Narodzenia i pomyślnosci w Nowym Roku. Co prawda Maryś Lenz zwrócił mi uwagę, że należy składać tylko życzenia szczęścia, a nie zdrowia. Wyjaśniam, co Maryś miał na myśli. Podał mi przykład – marynarze z „Kurska" byli zdrowi, ale nie mieli szczęścia. Dowcip z teki Topora...

A teraz sprawa „wypowiedzi do książki". Naprawdę nie wiem, co napisać, bo moje poglądy na emigracyjne tematy raczej nie znajdują zrozumienia. Co gorzej – mogą kogoś urazić, a tego bym nie chciał. Już kiedyś mówiłem, że gdybym zdecydował się na emigrację (a mogłem, bo miałem zaplecze startowe), to czułbym się moralnie zobowiązany do pełnej, bezgranicznej lojalności wobec kraju, który by mi udzielił gościny. Gdybym kiedyś został w Hiszpanii (oferowano mi dobrą pracę – jako inżynier, nie kelner), to bym czuł się zobowiązany uznać Juana Carlosa za MOJEGO króla, a Hiszpanię za nową ojczyznę. Na pewno dziś nazywałbym sie Jorge Culinguez i na pewno nie zakładałbym polskiego jacht klubu w Vigo, nie zakładal Domu Polskiego, a moje dzieci i wnuczęta nie tańczyłyby krakowiaka na polonijnych uroczystościach. Byłbym członkiem Real Club Nautico de Vigo. Na pewno nie uczyłbym ich języka polskiego. Najwyżej raz na kilka lat przyjechałbym do Polski turystycznie, ale tak z ciekawosci świata. Bo widzisz, ja jestem taki ortodoks światoglądowy. Albo, albo.

Ja nie oceniam negatywnie Polonii. Zwłaszcza tej przymusowej, politycznej (np. z II Korpusu), ale mnie nie stać na dwoistość. Mnie by takie rozdwojenie tożsamości uwierało. Nie wiedziałbym, kim jestem, jak chować dzieci i wnuczęta. Może dlatego mam poglądy rasistowskie, bo na przykład dzieci ze związków biało-czarnych na pewno będą w życiu nieszczęśliwe. Ani czarni, ani biali nie będą ich uznawać za swoich. A więc, gdybym kiedyś został w Hiszpanii, to dołożyłbym wszelkich starań, aby ZATRZEĆ ZA SOBĄ ŚLADY.

Ja kibicuję YKP London, ale nie potrafiłbym się do niego zapisać. Niestety. Tak więc proszę Cię o zwolnienie mnie z „wypowiedzi do książki". Zawsze i z wielką radością będę zamieszczał newsy o YKP London, ale niestety mam inne poglądy. Szanuję wszystkie i byłbym szczęśliwy, gdyby przyjaciele szanowali moje.

Boję się, że będziesz miał do mnie żal. Ale ja jakoś nie lubię nieszczerości.

Żyj wiecznie !
Don Jorge
grudzień 2006

Don Jorge,

Dzięki za szczerość. I za pryncypialną wypowiedź, która właśnie nam się do książki nada, bo co nam po samych laurkach...? Żalu nie mam – gdyby wszyscy myśleli tak samo, byłoby śmiertelnie nudno na tym świecie... Dobrze, że czas „jedynie słusznych poglądów" jest już za nami. A współczesny, powszechny i wyjątkowo żałosny zwyczaj reagowania inwektywami i pomówieniami na odmienne poglądy niechaj też już mija jak najszybciej.

Mam podejrzenie, że życie wieczne jest przereklamowane i może okazać się nieznośne – a zatem

Żyj szczęśliwie!
Jurek Knabe
styczeń 2007

THE SOUND OF MUSIC
– NEW BEAUFORT SCALE
ALTERNATIVE ?

Wind speed – British terminology:

28 – 33 knots	–	Near gale
34 – 40 knots	–	Gale
41 – 47 knots	–	Strong gale
48 – 55 knots	–	Storm
55 – 67 knots	–	Violent storm
68+ knots	–	Hurricane

A "yachtman's gale" would be defined as a wind of 25 – 30 knots gusting regularly up to 40 knots. The mean velocity on the Beaufort notation is the official reading which is used by the Meterological Office both for weather and shipping forecasts. One difficulty which I found in the assessment of wind force (electronic instruments not included) is that gales are rarely uniform in character. The difference in size of boat, the course kept, general wind direction and confused seas make this judgment more difficult. Hence a new scale.

The Sound of Music scale:

0 – 1 °Beaufort = **Engine** – blimey, who's called for a dump

1 – 2 °Beaufort = **Whisper** like movement of the boat, occasional flutter of the sails, flushing of the heads, engine on and off.

3 – 4 ° Beaufort = ***Chatting and singing*** of the crew, occasional flutter of the top leech, unintentional use of winches, flogging sails, squishing and creaks, friction increasing in volume.

5 – 6 ° Beaufort = Slow change of mood, a lot of talking and sometimes rapid action to do anything, quick footsteps on deck, puking, battening down, ***howling gusts.***

Now the fun begins:

7 – 8 ° Beaufort = An increasing unnerving ***scream***

8 – 9 ° Beaufort = when the wind goes through the rigging, disconcerting ***shudder*** when the bow slams into a heavy sea.

10 – 11 ° Beaufort = ***Shrieking*** plus a roaring confused sea, mountains of water converging, diverging, piling up from every direction.

12 ° Beaufort = ***A moan***, becoming a deep tonal vibration like a rampant church organ played by a hyperactive child – no melody though and water everywhere.

12 ° Beaufort and over = ***Sod's law***, don't want to know. Have a nice sail.

Maciej Gumplowicz
February 2007

SETTING THE RECORD STRAIGHT

Sir,

Your information stretches yachting history uncomfortably by repeating again a persistent falsification of inconvenient facts. There is a statement: „Dame Naomi James - First Woman Non-stop Single Handed Circumnavigation Around the World". That is simply not true. It was intended to be but, unfortunately, is inaccurate. Sadly for Naomi she is neither the first nor non-stop single handed woman circumnavigator. Let us stick to the facts and not to aims.

She is not the first because the first woman is the Polish yachtswoman Krystyna Chojnowska-Liskiewicz sailing on the yacht "Mazurek" who completed her circumnavigation on 20 March 1978 and was welcomed 1400 miles later in Las Palmas on 21 April 1978. Naomi completed her circumnavigation on 28 April 1978 and reached harbour on 8 June 1978. It is true that Naomi was faster and did it in 272 days while Krystyna did it in two years. It is also true that Naomi went eastbound around the Horn while Krystyna sailed westbound through Panama. But the fact remains that Krystyna is the first single handed woman around the world (invited for her achievement to the Slocum Society) and Naomi is the second.

Naomi did not actually circumnavigate non-stop because she had emergency stopovers in Cape Town (to repair self steering gear) and in Port Stanley (to repair the mast and rigging following a capsize).

I therefore have to appeal for ‚fair play'. Please write: „Dame Naomi James - First Woman Single Handed Navigation around the World via Cape Horn". That is a historical fact no one can deny without having to alter the true history.

J Knabe
Hon.Secretary
Yacht Klub Polski Londyn

(written more than one time...)

POLSKI YACHT CLUB
LONDON

30 Norfolk Place, London W2 Tel: 01-262 5112

London 28 March 1983

The Observer
8 St,Andrews Hill
L o n d o n   EC4V 5JA

Dear Sirs,

I would not like to appear unfriendly to Naomi James in the hour of her sorrow but I have to set the record straight.

Naomi James was n o t the first woman solo circumnavigator, as mentioned in Bob Fisher's obituary of the late Rob James, (The Observer Sport & Leisure 27.03.83).

The first was a Polish sailor from Gdansk,Krystyna Chojnowska- -Liskiewicz who started her trip on sailing yacht MAZUREK in Las Palmas on 28 March 1976 and sailed solo,via Panama,around the world to finish in Las Palmas on 21 April 1978.

Naomi James left Dartmouth on 9 September 1977 and sailed solo via Cape Horn,to finish in Dartmouth on 8 June 1978.She crossed her own outward track,and thus closed the circumnavigation on 28 April 1978.

Correspondingly,Krystyna closed her circumnavigation on 20 March 1978.On all accounts Naomi was the second.It is not fair to conceal it.Somehow I can not imagine that Bob Fisher does not know the facts.If so,my apologies,nevertheless it is time to learn them.Should he had written that Naomi was the first woman solo circumnavigator v i a Cape Horn - I would have kept my mouth shut.

This particular piece of misinformation occurs too often and has become annoying.Seeing it in The Observer was the last straw.

I would be very grateful to see my letter or some kind of recti- fication in print.

Yours faithfully

Jerzy Knabe

Hon.Secretary PYCL

Bankers: Barclays Bank — Paddington Stn. Branch — Acc No. 608 36109 — 17/18 Spring Street, London W2

327

TEN WAYS TO KILL A CLUB

It is worth noting the good shape of many sailing, skiing, diving and similar clubs. There are people who direct these clubs with a lot of devotion, courage and especially will.

Yet there are ten ways „to sink" a club. Who therefore better than the English, who established the rules of nearly all the sports of the world, to establish the list of them… a list that deserves to be meditated and read with attention.

1 – Don't come to meetings.
2 – If you do come, arrive too late.
3 – Criticize the work of leaders and members, especially if they work.
4 – Never accept an office because it is easier to criticize than to achieve.
5 – Complain if you are not a member of the office but, in case you are, don't come to meetings and don't make any suggestions.
6 – If the president asks your opinion on a topic, answer that you don't have anything to say. After the meeting tell everybody that they do not have the foggiest idea how things should be done.
7 – Do only what is absolutely necessary but, when members roll up their sleeves and give their time whole-heartedly and without a second thought, complain that the club is directed by a clique.
8 – Delay payment of your subscription fee for as long a time as possible.
9 – Do not bother at all about recruiting new members.
10 – Complain that nobody ever publishes anything about your activities, but never make any suggestion or offer any text to the editor.

10 SPOSOBÓW ROZBICIA KLUBU

Istnieje wiele dobrych klubów żeglarskich, narciarskich, nurkowych, itp. Mają ludzi działających z poświęceniem, odwagą i co najważniejsze z chęcią.

Ale jest też dziesięć sposobów na „zatopienie" klubu. Któż lepiej niż Anglicy, którzy ustalili przepisy do niemal wszystkich sportów na świecie, stworzy listę tych metod... którą należy uważnie przeczytać i przemyśleć.

1 – Nie przychodź na zebrania.
2 – Jeżeli już przychodzisz, to się spóźniaj.
3 – Krytykuj pracę Zarządu i innych szczególnie, jeżeli coś robią.
4 – Nigdy nie przyjmuj stanowiska w Zarządzie, bo krytykować łatwiej niż coś zrobić.
5 – Narzekaj, że nie jesteś w Zarządzie, ale gdybyś się w nim znalazł to nie bywaj na naradach i nic nie proponuj.
6 – Jeżeli Komandor zapyta o twoją opinię odpowiedz, że nie masz nic do dodania. Po zebraniu opowiadaj wszędzie, że oni wszyscy nie mają zielonego pojęcia, jak sprawy powinny być załatwiane.
7 – Rób tylko to, czego już naprawdę nie możesz odmówić, ale gdy wszyscy członkowie ochoczo i z sercem zabierają się do roboty – staraj się ich przekonać, że przecież klubem rządzi klika.
8 – Zwlekaj z płaceniem składek tak długo jak tylko możliwe.
9 – Nie troszcz się w ogóle o pozyskanie nowych członków.
10 – Narzekaj, że nikt nie pisze w mediach o klubie i o twoich osiągnięciach, ale nigdy o to nie zabiegaj ani nie przygotuj żadnego tekstu redaktorowi.

Przykazania te znalazlem przed wielu laty w biuletynie Societe Nautique de Saint-Tropez. Uważam, że nic się nie *zmieniło*

J. Knabe 2007

PODZIĘKOWANIA – ACKNOWLEDGEMENTS

W imieniu YKP Londyn redaktorzy wyrażają specjalną wdzięczność wszystkim autorom oraz innym osobom, które przyczyniły się do powstania tej książki.

On behalf of the Yacht Club of Poland London the editors want to express their sincere gratitude to all authors and other persons associated with the project.

Olgierd Baniewicz
Anna Cendrowicz
Pat & Ernie Fenlon
Paweł Frankowski
Frances Gumplowicz
Matthew Gumplowicz
Andrzej Kacała
Ewa Kean-Kruczkowska
Leszek Kosek
Jerzy Kuliński
Ryszard Lutosławski

John Masefield
Agnieszka Mazur
Tomasz Mazur
Mirosław Misayat
Krzysztof Nowicki
Marcin Piotrowski
Aleksy Pugacewicz
Andrzej Stankiewicz
Stefania Szczurkowska
Andrzej Urbańczyk
Eugeniusz Jacek Zazulin

INDEKS NAZWISK

SPIS TREŚCI